De: _____

Para: _____

Pão Diário
Mulheres

Publicações
Pão Diário

© 2017 Ministérios Pão Diário. Todos os direitos reservados.

Autoras:
Alyson Kieda • Anne M. Cetas • Cindy Hess Kasper
Jennifer Benson Schuldt • Joanie Yoder
Julie Ackerman Link • Keila Ochoa • Marion Stroud
Poh Fang Chia • Regina Franklin
Roxanne Robbins • Ruth O'Reilly-Smith

Coordenação editorial: Dayse Fontoura
Tradução: editores do *Pão Diário* e *Nosso Andar Diário*
Revisão: Dayse Fontoura, Rita Rosário, Thaís Soler, Lozane Winter
Adaptação e edição: Rita Rosário
Projeto gráfico e capa: Audrey Novac Ribeiro
Foto da capa: © Seqoya, por Shutterstock
Diagramação: Lucila Lis

Referências Bíblicas:
Exceto se indicado o contrário, as citações bíblicas são extraídas da Nova tradução na linguagem de hoje © 2011, Sociedade Bíblica do Brasil.

Proibida a reprodução total ou parcial, sem prévia autorização, por escrito, da editora. Todos os direitos reservados e protegidos pela Lei 9.610, de 19/02/1998.

Pedidos de permissão para usar citações deste livreto devem ser direcionados a: permissao@paodiario.org

Publicações Pão Diário
Caixa Postal 4190, 82501-970 Curitiba/PR, Brasil
publicacoes@paodiario.org
www.publicacoespaodiario.com.br
Telefone: (41) 3257-4028

Código: YT633
ISBN: 978-1-68043-306-7

Impresso na China

Introdução

*O Senhor é a minha força e o meu escudo; com todo o coração
eu confio nele. O Senhor me ajuda; por isso,
o meu coração está feliz, e eu canto hinos em seu louvor.*
—Salmo 28:7

Por mais que se invista em segurança, o mundo está cada vez mais inseguro. De todas as partes chegam notícias de guerras, conflitos e ataques contra comunidades ou indivíduos. Nesse contexto todo, podemos pensar: Onde encontraremos a paz?

A Bíblia é enfática em sua resposta: a paz que independe das circunstâncias só pode ser encontrada num relacionamento com Deus.

Neste volume de *Pão Diário — Mulheres*, as autoras compartilham sobre como o Senhor se revela a elas em meio às suas alegrias e lutas, vitórias e fracassos. Também falam com honestidade sobre o que aprendem sobre suas experiências de vida à luz da Palavra de Deus.

Com seus testemunhos podemos aprender a confiar no Senhor de todo o coração, pois Ele sempre nos ajuda. E é essa confiança que nos traz a alegria que se manifesta em cânticos em louvor a Deus, mesmo que nossa vida não esteja exatamente onde gostaríamos que estivesse. Aprender a adorar ao Senhor em qualquer circunstância é a chave para se viver em paz.

Nosso desejo é que a meditação nas Escrituras possa aproximá-la ainda mais de seu Criador, à medida que o conhece melhor e que tem sua fé fortalecida. Que essa jornada diária, ao longo deste ano, possa abrir-lhe os olhos para o Deus que a cerca como um escudo!

—Dos editores do *Pão Diário*

A Bíblia em um ano

Janeiro
- [ ] 1 Gênesis 1–3; Mateus 1
- [ ] 2 Gênesis 4–6; Mateus 2
- [ ] 3 Gênesis 7–9; Mateus 3
- [ ] 4 Gênesis 10–12; Mateus 4
- [ ] 5 Gênesis 13–15; Mateus 5:1-26
- [ ] 6 Gênesis 16–17; Mateus 5:27-48
- [ ] 7 Gênesis 18–19; Mateus 6:1-18
- [ ] 8 Gênesis 20–22; Mateus 6:19-34
- [ ] 9 Gênesis 23–24; Mateus 7
- [ ] 10 Gênesis 25–26; Mateus 8:1-17
- [ ] 11 Gênesis 27–28; Mateus 8:18-34
- [ ] 12 Gênesis 29–30; Mateus 9:1-17
- [ ] 13 Gênesis 31–32; Mateus 9:18-38
- [ ] 14 Gênesis 33–35; Mateus 10:1-20
- [ ] 15 Gênesis 36–38; Mateus 10:21-42
- [ ] 16 Gênesis 39–40; Mateus 11
- [ ] 17 Gênesis 41–42; Mateus 12:1-23
- [ ] 18 Gênesis 43–45; Mateus 12:24-50
- [ ] 19 Gênesis 46–48; Mateus 13:1-30
- [ ] 20 Gênesis 49–50; Mateus 13:31-58
- [ ] 21 Êxodo 1–3; Mateus 14:1-21
- [ ] 22 Êxodo 4–6; Mateus 14:22-36
- [ ] 23 Êxodo 7–8; Mateus 15:1-20
- [ ] 24 Êxodo 9–11; Mateus 15:21-39
- [ ] 25 Êxodo 12–13; Mateus 16
- [ ] 26 Êxodo 14–15; Mateus 17
- [ ] 27 Êxodo 16–18; Mateus 18:1-20
- [ ] 28 Êxodo 19–20; Mateus 18:21-35
- [ ] 29 Êxodo 21–22; Mateus 19
- [ ] 30 Êxodo 23–24; Mateus 20:1-16
- [ ] 31 Êxodo 25–26; Mateus 20:17-34

Fevereiro
- [ ] 1 Êxodo 27–28; Mateus 21:1-22
- [ ] 2 Êxodo 29–30; Mateus 21:23-46
- [ ] 3 Êxodo 31–33; Mateus 22:1-22
- [ ] 4 Êxodo 34–35; Mateus 22:23-46
- [ ] 5 Êxodo 36–38; Mateus 23:1-22
- [ ] 6 Êxodo 39–40; Mateus 23:23-39
- [ ] 7 Levítico 1–3; Mateus 24:1-28
- [ ] 8 Levítico 4–5; Mateus 24:29-51
- [ ] 9 Levítico 6–7; Mateus 25:1-30
- [ ] 10 Levítico 8–10; Mateus 25:31-46
- [ ] 11 Levítico 11–12; Mateus 26:1-25
- [ ] 12 Levítico 13; Mateus 26:26-50
- [ ] 13 Levítico 14; Mateus 26:51-75
- [ ] 14 Levítico 15–16; Mateus 27:1-26
- [ ] 15 Levítico 17–18; Mateus 27:27-50
- [ ] 16 Levítico 19–20; Mateus 27:51-66
- [ ] 17 Levítico 21–22; Mateus 28
- [ ] 18 Levítico 23–24; Marcos 1:1-22
- [ ] 19 Levítico 25; Marcos 1:23-45
- [ ] 20 Levítico 26–27; Marcos 2
- [ ] 21 Números 1–3; Marcos 3
- [ ] 22 Números 4–6; Marcos 4:1-20
- [ ] 23 Números 7–8; Marcos 4:21-41
- [ ] 24 Números 9–11; Marcos 5:1-20
- [ ] 25 Números 12–14; Marcos 5:21-43
- [ ] 26 Números 15–16; Marcos 6:1-29
- [ ] 27 Números 17–19; Marcos 6:30-56
- [ ] 28 Números 20; Marcos 7:1-7
- [ ] 29 Números 21–22; Marcos 7:8-13

Março
- [ ] 1 Números 23–25; Marcos 7:14-37
- [ ] 2 Números 26–27; Marcos 8:1-21
- [ ] 3 Números 28–30; Marcos 8:22-38
- [ ] 4 Números 31–33; Marcos 9:1-29
- [ ] 5 Números 34–36; Marcos 9:30-50
- [ ] 6 Deuteronômio 1–2; Marcos 10:1-31
- [ ] 7 Deuteronômio 3–4; Marcos 10:32-52
- [ ] 8 Deuteronômio 5–7; Marcos 11:1-18
- [ ] 9 Deuteronômio 8–10; Marcos 11:19-33
- [ ] 10 Deuteronômio 11–13; Marcos 12:1-27
- [ ] 11 Deuteronômio 14–16; Marcos 12:28-44
- [ ] 12 Deuteronômio 17–19; Marcos 13:1-20
- [ ] 13 Deuteronômio 20–22; Marcos 13:21-37
- [ ] 14 Deuteronômio 23–25; Marcos 14:1-26
- [ ] 15 Deuteronômio 26–27; Marcos 14:27-53
- [ ] 16 Deuteronômio 28–29; Marcos 14:54-72
- [ ] 17 Deuteronômio 30–31; Marcos 15:1-25
- [ ] 18 Deuteronômio 32–34; Marcos 15:26-47
- [ ] 19 Josué 1–3; Marcos 16
- [ ] 20 Josué 4–6; Lucas 1:1-20
- [ ] 21 Josué 7–9; Lucas 1:21-38
- [ ] 22 Josué 10–12; Lucas 1:39-56
- [ ] 23 Josué 13–15; Lucas 1:57-80
- [ ] 24 Josué 16–18; Lucas 2:1-24
- [ ] 25 Josué 19–21; Lucas 2:25-52
- [ ] 26 Josué 22–24; Lucas 3
- [ ] 27 Juízes 1–3; Lucas 4:1-30
- [ ] 28 Juízes 4–6; Lucas 4:31-44
- [ ] 29 Juízes 7–8; Lucas 5:1-16
- [ ] 30 Juízes 9–10; Lucas 5:17-39
- [ ] 31 Juízes 11–12; Lucas 6:1-26

A Bíblia em um ano

Abril
- 1 Juízes 13–15; Lucas 6:27-49
- 2 Juízes 16–18; Lucas 7:1-30
- 3 Juízes 19–21; Lucas 7:31-50
- 4 Rute 1–4; Lucas 8:1-25
- 5 1 Samuel 1–3; Lucas 8:26-56
- 6 1 Samuel 4–6; Lucas 9:1-17
- 7 1 Samuel 7–9; Lucas 9:18-36
- 8 1 Samuel 10–12; Lucas 9:37-62
- 9 1 Samuel 13–14; Lucas 10:1-24
- 10 1 Samuel 15–16; Lucas 10:25-42
- 11 1 Samuel 17–18; Lucas 11:1-28
- 12 1 Samuel 19–21; Lucas 11:29-54
- 13 1 Samuel 22–24; Lucas 12:1-31
- 14 1 Samuel 25–26; Lucas 12:32-59
- 15 1 Samuel 27–29; Lucas 13:1-22
- 16 1 Samuel 30–31; Lucas 13:23-35
- 17 2 Samuel 1–2; Lucas 14:1-24
- 18 2 Samuel 3–5; Lucas 14:25-35
- 19 2 Samuel 6–8; Lucas 15:1-10
- 20 2 Samuel 9–11; Lucas 15:11-32
- 21 2 Samuel 12–13; Lucas 16
- 22 2 Samuel 14–15; Lucas 17:1-19
- 23 2 Samuel 16–18; Lucas 17:20-37
- 24 2 Samuel 19–20; Lucas 18:1-23
- 25 2 Samuel 21–22; Lucas 18:24-43
- 26 2 Samuel 23–24; Lucas 19:1-27
- 27 1 Reis 1–2; Lucas 19:28-48
- 28 1 Reis 3–5; Lucas 20:1-26
- 29 1 Reis 6–7; Lucas 20:27-47
- 30 1 Reis 8–9; Lucas 21:1-19

Maio
- 1 1 Reis 10–11; Lucas 21:20-38
- 2 1 Reis 12–13; Lucas 22:1-20
- 3 1 Reis 14–15; Lucas 22:21-46
- 4 1 Reis 16–18; Lucas 22:47-71
- 5 1 Reis 19–20; Lucas 23:1-25
- 6 1 Reis 21–22; Lucas 23:26-56
- 7 2 Reis 1–3; Lucas 24:1-35
- 8 2 Reis 4–6; Lucas 24:36-53
- 9 2 Reis 7–9; João 1:1-28
- 10 2 Reis 10–12; João 1:29-51
- 11 2 Reis 13–14; João 2
- 12 2 Reis 15–16; João 3:1-18
- 13 2 Reis 17–18; João 3:19-36
- 14 2 Reis 19–21; João 4:1-30
- 15 2 Reis 22–23; João 4:31-54
- 16 2 Reis 24–25; João 5:1-24
- 17 1 Crônicas 1–3; João 5:25-47
- 18 1 Crônicas 4–6; João 6:1-21
- 19 1 Crônicas 7–9; João 6:22-44
- 20 1 Crônicas 10–12; João 6:45-71
- 21 1 Crônicas 13–15; João 7:1-27
- 22 1 Crônicas 16–18; João 7:28-53
- 23 1 Crônicas 19–21; João 8:1-27
- 24 1 Crônicas 22–24; João 8:28-59
- 25 1 Crônicas 25–27; João 9:1-23
- 26 1 Crônicas 28–29; João 9:24-41
- 27 2 Crônicas 1–3; João 10:1-23
- 28 2 Crônicas 4–6; João 10:24-42
- 29 2 Crônicas 7–9; João 11:1-29
- 30 2 Crônicas 10–12; João 11:30-57
- 31 2 Crônicas 13–14; João 12:1-26

Junho
- 1 2 Crônicas 15–16; João 12:27-50
- 2 2 Crônicas 17–18; João 13:1-20
- 3 2 Crônicas 19–20; João 13:21-38
- 4 2 Crônicas 21–22; João 14
- 5 2 Crônicas 23–24; João 15
- 6 2 Crônicas 25–27; João 16
- 7 2 Crônicas 28–29; João 17
- 8 2 Crônicas 30–31; João 18:1-18
- 9 2 Crônicas 32–33; João 18:19-40
- 10 2 Crônicas 34–36; João 19:1-22
- 11 Esdras 1–2; João 19:23-42
- 12 Esdras 3–5; João 20
- 13 Esdras 6–8; João 21
- 14 Esdras 9–10; Atos 1
- 15 Neemias 1–3; Atos 2:1-21
- 16 Neemias 4–6; Atos 2:22-47
- 17 Neemias 7–9; Atos 3
- 18 Neemias 10–11; Atos 4:1-22
- 19 Neemias 12–13; Atos 4:23-37
- 20 Ester 1–2; Atos 5:1-21
- 21 Ester 3–5; Atos 5:22-42
- 22 Ester 6–8; Atos 6
- 23 Ester 9–10; Atos 7:1-21
- 24 Jó 1–2; Atos 7:22-43
- 25 Jó 3–4; Atos 7:44-60
- 26 Jó 5–7; Atos 8:1-25
- 27 Jó 8–10; Atos 8:26-40
- 28 Jó 11–13; Atos 9:1-21
- 29 Jó 14–16; Atos 9:22-43
- 30 Jó 17–19; Atos 10:1-23

A Bíblia em um ano

Julho

- [ ] 1 Jó 20–21; Atos 10:24-48
- [ ] 2 Jó 22–24; Atos 11
- [ ] 3 Jó 25–27; Atos 12
- [ ] 4 Jó 28–29; Atos 13:1-25
- [ ] 5 Jó 30–31; Atos 13:26-52
- [ ] 6 Jó 32–33; Atos 14
- [ ] 7 Jó 34–35; Atos 15:1-21
- [ ] 8 Jó 36–37; Atos 15:22-41
- [ ] 9 Jó 38–40; Atos 16:1-21
- [ ] 10 Jó 41–42; Atos 16:22-40
- [ ] 11 Salmos 1–3; Atos 17:1-15
- [ ] 12 Salmos 4–6; Atos 17:16-34
- [ ] 13 Salmos 7–9; Atos 18
- [ ] 14 Salmos 10–12; Atos 19:1-20
- [ ] 15 Salmos 13–15; Atos 19:21-41
- [ ] 16 Salmos 16–17; Atos 20:1-16
- [ ] 17 Salmos 18–19; Atos 20:17-38
- [ ] 18 Salmos 20–22; Atos 21:1-17
- [ ] 19 Salmos 23–25; Atos 21:18-40
- [ ] 20 Salmos 26–28; Atos 22
- [ ] 21 Salmos 29–30; Atos 23:1-15
- [ ] 22 Salmos 31–32; Atos 23:16-35
- [ ] 23 Salmos 33–34; Atos 24
- [ ] 24 Salmos 35–36; Atos 25
- [ ] 25 Salmos 37–39; Atos 26
- [ ] 26 Salmos 40–42; Atos 27:1-26
- [ ] 27 Salmos 43–45; Atos 27:27-44
- [ ] 28 Salmos 46–48; Atos 28
- [ ] 29 Salmos 49–50; Romanos 1
- [ ] 30 Salmos 51–53; Romanos 2
- [ ] 31 Salmos 54–56; Romanos 3

Agosto

- [ ] 1 Salmos 57–59; Romanos 4
- [ ] 2 Salmos 60–62; Romanos 5
- [ ] 3 Salmos 63–65; Romanos 6
- [ ] 4 Salmos 66–67; Romanos 7
- [ ] 5 Salmos 68–69; Romanos 8:1-21
- [ ] 6 Salmos 70–71; Romanos 8:22-39
- [ ] 7 Salmos 72–73; Romanos 9:1-15
- [ ] 8 Salmos 74–76; Romanos 9:16-33
- [ ] 9 Salmos 77–78; Romanos 10
- [ ] 10 Salmos 79–80; Romanos 11:1-18
- [ ] 11 Salmos 81–83; Romanos 11:19-36
- [ ] 12 Salmos 84–86; Romanos 12
- [ ] 13 Salmos 87–88; Romanos 13
- [ ] 14 Salmos 89–90; Romanos 14
- [ ] 15 Salmos 91–93; Romanos 15:1-13
- [ ] 16 Salmos 94–96; Romanos 15:14-33
- [ ] 17 Salmos 97–99; Romanos 16
- [ ] 18 Salmos 100–102; 1 Coríntios 1
- [ ] 19 Salmos 103–104; 1 Coríntios 2
- [ ] 20 Salmos 105–106; 1 Coríntios 3
- [ ] 21 Salmos 107–109; 1 Coríntios 4
- [ ] 22 Salmos 110–112; 1 Coríntios 5
- [ ] 23 Salmos 113–115; 1 Coríntios 6
- [ ] 24 Salmos 116–118; 1 Coríntios 7:1-19
- [ ] 25 Salmos 119:1-88; 1 Coríntios 7:20-40
- [ ] 26 Salmos 119:89-176; 1 Coríntios 8
- [ ] 27 Salmos 120–122; 1 Coríntios 9
- [ ] 28 Salmos 123–125; 1 Coríntios 10:1-18
- [ ] 29 Salmos 126–128; 1 Coríntios 10:19-33
- [ ] 30 Salmos 129–131; 1 Coríntios 11:1-16
- [ ] 31 Salmos 132–134; 1 Coríntios 11:17-34

Setembro

- [ ] 1 Salmos 135–136; 1 Coríntios 12
- [ ] 2 Salmos 137–139; 1 Coríntios 13
- [ ] 3 Salmos 140–142; 1 Coríntios 14:1-20
- [ ] 4 Salmos 143–145; 1 Coríntios 14:21-40
- [ ] 5 Salmos 146–147; 1 Coríntios 15:1-28
- [ ] 6 Salmos 148–150; 1 Coríntios 15:29-58
- [ ] 7 Provérbios 1–2; 1 Coríntios 16
- [ ] 8 Provérbios 3–5; 2 Coríntios 1
- [ ] 9 Provérbios 6–7; 2 Coríntios 2
- [ ] 10 Provérbios 8–9; 2 Coríntios 3
- [ ] 11 Provérbios 10–12; 2 Coríntios 4
- [ ] 12 Provérbios 13–15; 2 Coríntios 5
- [ ] 13 Provérbios 16–18; 2 Coríntios 6
- [ ] 14 Provérbios 19–21; 2 Coríntios 7
- [ ] 15 Provérbios 22–24; 2 Coríntios 8
- [ ] 16 Provérbios 25–26; 2 Coríntios 9
- [ ] 17 Provérbios 27–29; 2 Coríntios 10
- [ ] 18 Provérbios 30–31; 2 Coríntios 11:1-15
- [ ] 19 Eclesiastes 1–3; 2 Coríntios 11:16-33
- [ ] 20 Eclesiastes 4–6; 2 Coríntios 12
- [ ] 21 Eclesiastes 7–9; 2 Coríntios 13
- [ ] 22 Eclesiastes 10–12; Gálatas 1
- [ ] 23 Cânticos 1–3; Gálatas 2
- [ ] 24 Cânticos 4–5; Gálatas 3
- [ ] 25 Cânticos 6–8; Gálatas 4
- [ ] 26 Isaías 1–2; Gálatas 5
- [ ] 27 Isaías 3–4; Gálatas 6
- [ ] 28 Isaías 5–6; Efésios 1
- [ ] 29 Isaías 7–8; Efésios 2
- [ ] 30 Isaías 9–10; Efésios 3

A Bíblia em um ano

Outubro
- [ ] 1 Isaías 11–13; Efésios 4
- [ ] 2 Isaías 14–16; Efésios 5:1-16
- [ ] 3 Isaías 17–19; Efésios 5:17-33
- [ ] 4 Isaías 20–22; Efésios 6
- [ ] 5 Isaías 23–25; Filipenses 1
- [ ] 6 Isaías 26–27; Filipenses 2
- [ ] 7 Isaías 28–29; Filipenses 3
- [ ] 8 Isaías 30–31; Filipenses 4
- [ ] 9 Isaías 32–33; Colossenses 1
- [ ] 10 Isaías 34–36; Colossenses 2
- [ ] 11 Isaías 37–38; Colossenses 3
- [ ] 12 Isaías 39–40; Colossenses 4
- [ ] 13 Isaías 41–42; 1 Tessalonicenses 1
- [ ] 14 Isaías 43–44; 1 Tessalonicenses 2
- [ ] 15 Isaías 45–46; 1 Tessalonicenses 3
- [ ] 16 Isaías 47–49; 1 Tessalonicenses 4
- [ ] 17 Isaías 50–52; 1 Tessalonicenses 5
- [ ] 18 Isaías 53–55; 2 Tessalonicenses 1
- [ ] 19 Isaías 56–58; 2 Tessalonicenses 2
- [ ] 20 Isaías 59–61; 2 Tessalonicenses 3
- [ ] 21 Isaías 62–64; 1 Timóteo 1
- [ ] 22 Isaías 65–66; 1 Timóteo 2
- [ ] 23 Jeremias 1–2; 1 Timóteo 3
- [ ] 24 Jeremias 3–5; 1 Timóteo 4
- [ ] 25 Jeremias 6–8; 1 Timóteo 5
- [ ] 26 Jeremias 9–11; 1 Timóteo 6
- [ ] 27 Jeremias 12–14; 2 Timóteo 1
- [ ] 28 Jeremias 15–17; 2 Timóteo 2
- [ ] 29 Jeremias 18–19; 2 Timóteo 3
- [ ] 30 Jeremias 20–21; 2 Timóteo 4
- [ ] 31 Jeremias 22–23; Tito 1

Novembro
- [ ] 1 Jeremias 24–26; Tito 2
- [ ] 2 Jeremias 27–29; Tito 3
- [ ] 3 Jeremias 30–31; Filemon
- [ ] 4 Jeremias 32–33; Hebreus 1
- [ ] 5 Jeremias 34–36; Hebreus 2
- [ ] 6 Jeremias 37–39; Hebreus 3
- [ ] 7 Jeremias 40–42; Hebreus 4
- [ ] 8 Jeremias 43–45; Hebreus 5
- [ ] 9 Jeremias 46–47; Hebreus 6
- [ ] 10 Jeremias 48–49; Hebreus 7
- [ ] 11 Jeremias 50; Hebreus 8
- [ ] 12 Jeremias 51–52; Hebreus 9
- [ ] 13 Lamentações 1–2; Hebreus 10:1-18
- [ ] 14 Lamentações 3–5; Hebreus 10:19-39
- [ ] 15 Ezequiel 1–2; Hebreus 11:1-19
- [ ] 16 Ezequiel 3–4; Hebreus 11:20-40
- [ ] 17 Ezequiel 5–7; Hebreus 12
- [ ] 18 Ezequiel 8–10; Hebreus 13
- [ ] 19 Ezequiel 11–13; Tiago 1
- [ ] 20 Ezequiel 14–15; Tiago 2
- [ ] 21 Ezequiel 16–17; Tiago 3
- [ ] 22 Ezequiel 18–19; Tiago 4
- [ ] 23 Ezequiel 20–21; Tiago 5
- [ ] 24 Ezequiel 22–23; 1 Pedro 1
- [ ] 25 Ezequiel 24–26; 1 Pedro 2
- [ ] 26 Ezequiel 27–29; 1 Pedro 3
- [ ] 27 Ezequiel 30–32; 1 Pedro 4
- [ ] 28 Ezequiel 33–34; 1 Pedro 5
- [ ] 29 Ezequiel 35–36; 2 Pedro 1
- [ ] 30 Ezequiel 37–39; 2 Pedro 2

Dezembro
- [ ] 1 Ezequiel 40–41; 2 Pedro 3
- [ ] 2 Ezequiel 42–44; 1 João 1
- [ ] 3 Ezequiel 45–46; 1 João 2
- [ ] 4 Ezequiel 47–48; 1 João 3
- [ ] 5 Daniel 1–2; 1 João 4
- [ ] 6 Daniel 3–4; 1 João 5
- [ ] 7 Daniel 5–7; 2 João
- [ ] 8 Daniel 8–10; 3 João
- [ ] 9 Daniel 11–12; Judas
- [ ] 10 Oseias 1–4; Apocalipse 1
- [ ] 11 Oseias 5–8; Apocalipse 2
- [ ] 12 Oseias 9–11; Apocalipse 3
- [ ] 13 Oseias 12–14; Apocalipse 4
- [ ] 14 Joel 1–3; Apocalipse 5
- [ ] 15 Amós 1–3; Apocalipse 6
- [ ] 16 Amós 4–6; Apocalipse 7
- [ ] 17 Amós 7–9; Apocalipse 8
- [ ] 18 Obadias 1; Apocalipse 9
- [ ] 19 Jonas 1–4; Apocalipse 10
- [ ] 20 Miqueias 1–3; Apocalipse 11
- [ ] 21 Miqueias 4–5; Apocalipse 12
- [ ] 22 Miqueias 6–7; Apocalipse 13
- [ ] 23 Naum 1–3; Apocalipse 14
- [ ] 24 Habacuque 1–3; Apocalipse 15
- [ ] 25 Sofonias 1–3; Apocalipse 16
- [ ] 26 Ageu 1–2; Apocalipse 17
- [ ] 27 Zacarias 1–4; Apocalipse 18
- [ ] 28 Zacarias 5–8; Apocalipse 19
- [ ] 29 Zacarias 9–12; Apocalipse 20
- [ ] 30 Zacarias 13–14; Apocalipse 21
- [ ] 31 Malaquias 1–4; Apocalipse 22

1.º de janeiro

Ele disse, ela disse

Leitura:
Gênesis 3:1-19

É verdade que Deus mandou que vocês não comessem as frutas de nenhuma árvore do jardim? —Gênesis 3:1

Em 1938, uma transmissão radiofônica da ficção *A Guerra dos Mundos*, de H. G. Wells, causou pânico a milhares de norte-americanos. Eles acreditaram que os alienígenas tinham pousado numa fazenda e atacariam o país. Confundiram uma obra de ficção com acontecimentos reais! Falsos boletins de notícias apresentavam um repórter como "testemunha ocular" de ocorrências aterradoras. Os cidadãos confusos encheram delegacias e centenas de pessoas necessitaram de atendimento médico por histeria.

O engano foi um fator-chave na queda da humanidade. A serpente iniciou a conversa com Eva, perguntando: "É verdade que Deus mandou que vocês não comessem as frutas de nenhuma árvore do jardim?" (v.1). Não! Eva corrigiu a serpente, mas acrescentou algo a afirmação do Senhor. Ela afirmou: "Deus nos disse que não devemos comer dessa fruta, nem tocar nela. Se fizermos isso, morreremos" (v.3). Mas Deus não falou sobre tocar a fruta.

A serpente continuou sua campanha para enganar: "…Vocês não morrerão!…" (v.4). Ela insinuou que provar a "substância ilegal" melhoraria a vida da mulher porque ela se tornaria "…como Deus, conhecendo o bem e o mal" (v.5). Você consegue ouvir a serpente rindo ao fundo? (Salmo 37:31; Mateus 4:1-10).

Hoje, Satanás engana as pessoas mentindo sobre o que Deus disse e sugerindo que não há consequências para o pecado. Fuja desse inimigo. —Jennifer Benson Schuldt

Citar com precisão a Palavra de Deus significa que não seremos enganadas por mentiras.

2 de janeiro
Alegria na jornada

Leitura:
Êxodo 3:7-17

Agora venha, e eu o enviarei ao rei do Egito para que você tire de lá o meu povo, os israelitas. —Êxodo 3:10

O anúncio de uma viagem familiar é a forma mais rápida de fazer meus impacientes gêmeos, de 6 anos, arrumar a mochila e entrar no carro. Entretanto, ao chegarmos na autoestrada, o refrão tradicional começa: "Já chegamos?". Essa situação se repete com frequência e podemos ficar cansados dela. As crianças, mesmo assim, nunca desistem da viagem. Elas podem ficar impacientes, mas querem prosseguir para chegar ao destino.

O livro de Êxodo mapeia uma viagem a pé e pelo deserto: a jornada dos israelitas saindo do Egito (3:10), a terra de seus opressores, e indo para Canaã — a Terra Prometida. Estavam esperançosos, mas logo começaram a reclamar e perguntar quando chegariam a Canaã. Muitos desejaram retornar ao Egito (16:1-3).

Jesus disse aos Seus discípulos que fariam uma viagem para o outro lado do lago (Marcos 4:35-41). Eles embarcaram e Jesus logo caiu no sono na popa do barco. Quando uma grande tempestade os cercou, os discípulos aterrorizados por estarem prestes a afundar, acordaram Jesus (vv.36-38). Jesus falou e acalmou a tempestade. Em seguida, o Mestre repreendeu os Seus discípulos por sua falta de fé (vv.39,40).

Quando você se sente cansada num período desértico da vida e começa a duvidar de Deus, ou quando as tempestades da vida começam a distraí-la do que Ele a chamou para fazer, concentre-se em Suas promessas e confie que Ele está com você. —*Ruth O'Reilly-Smith*

Em Hebreus 13:5, o Senhor prometeu que nunca nos deixará ou abandonará.

3 de janeiro
Incentivadores silentes

Leitura:
Atos 11:22-26

*...E animou todos a continuarem fiéis ao Senhor,
de todo o coração.* —Atos 11:23

Uma das qualidades que mais admiro nos outros é o dom de encorajar silenciosamente, nos bastidores. Lembro-me de que ao retornar à minha casa após uma internação hospitalar, descobri que minha amiga Jaqueline (que tinha se submetido a uma cirurgia alguns dias antes) tinha me enviado um livro contendo as promessas de Deus.

Meu tio, Roberto, estava tão agradecido às pessoas que cuidaram dele no hospital de câncer, que enviou centenas de mensagens elogiosas aos supervisores delas.

Minha prima Brenda sofreu a agonizante perda de um filho quase 20 anos atrás e, agora, os seus silenciosos atos de compaixão são valorizados por muitas pessoas.

Com frequência, as pessoas que enfrentaram o maior sofrimento — físico e emocional são exatamente as que mais proporcionam encorajamento a outras pessoas.

No livro de Atos, lemos a respeito de Barnabé, conhecido como "...aquele que dá ânimo" (4:36). Ele era "...homem bom, cheio do Espírito Santo e de fé" (11:24) e animou todos para: "...continuarem fiéis ao Senhor, de todo o coração" (v.23). Seus atos de encorajamento devem ter atingido uma esfera de influência ampla e forte.

Da mesma maneira que fomos abençoadas com o encorajamento, sejamos para os outros como um filho ou filha da consolação que dá ânimo aos que estão ao seu redor. —Cindy Hess Kasper

*O espírito humano retine de esperança
ao som de uma palavra de encorajamento.*

4 de janeiro
Marchas não utilizadas

Leitura:
Tito 3:1-8

...estejam prontos a fazer tudo o que é bom.
—Tito 3:1

Minha primeira bicicleta era de marcha única. Quer eu andasse rápida ou lentamente, subindo ou descendo, aquela marcha fazia tudo. A bicicleta seguinte tinha três marchas: uma para superfícies planas, outra para subir ladeiras e outra para descê-las. Minha terceira bicicleta tinha dez marchas, com uma gama ainda maior de opções. Embora minha última bicicleta tivesse várias opções de marcha, eu não as usava todas sempre que andava nela. Umas eram mais adequadas para dar a partida e subir ladeiras, outras eram adequadas para ganhar velocidade, e outras ainda eram melhores para andar tranquilamente. Mas, a questão é: Embora eu não as usasse todo o tempo, não significava que eu nunca precisaria dessas marchas.

O mesmo pode ser válido para os nossos dons e capacidades espirituais. Em épocas nas quais sinto não estar sendo utilizada para fazer certas coisas que fazia antes, em vez de sentir-me inútil e não reconhecida, agradeço a Deus pela *marcha* que estou sendo capaz de utilizar. Uma habilidade não necessária neste momento não significa que ela nunca o será.

Nossos dons espirituais são necessários de diferentes maneiras em diferentes ocasiões. As necessidades e as circunstâncias mudam de maneiras imprevisíveis. O apóstolo Paulo lembrou a Tito: "...estejam prontos a fazer tudo o que é bom" (Tito 3:1). Que isso também possa ser verdadeiro para nós. —Julie Ackerman Link

Mantenha suas ferramentas sempre prontas – Deus encontrará trabalho para você.

5 de janeiro
Atolado no tremedal de lama

Leitura:
Salmo 40:1-5

*Tirou-me de uma cova perigosa, de um poço de lama.
Ele me pôs seguro em cima de uma rocha
e firmou os meus passos.* —Salmo 40:2

Enquanto eu colocava uma coroa de flores no túmulo dos meus pais, meu marido tirou o carro do local onde tínhamos estacionado para deixar outro veículo passar. Tinha chovido por semanas e o estacionamento estava inundado. Quando saímos dali, vimos que o nosso carro estava atolado. As rodas giravam, afundando-se cada vez mais na lama. Não saíamos do lugar!

Não iríamos a lugar algum sem um empurrão, mas o ombro de meu marido estava machucado e eu tinha acabado de sair do hospital. Precisávamos de ajuda! À distância, vi dois jovens, e eles responderam prontamente aos meus acenos e gritos por ajuda. Felizmente, a força dos dois foi suficiente para empurrar o carro de volta à estrada.

O Salmo 40, destaca a fidelidade de Deus quando Davi clamou por socorro. "Esperei com paciência pela ajuda de Deus, o Senhor. Ele me escutou e ouviu o meu pedido de socorro. Tirou-me de uma cova perigosa, de um poço de lama. Ele me pôs seguro em cima de uma rocha e firmou os meus passos" (vv.1,2). Independentemente desse salmo se referir a um poço de verdade ou a circunstâncias desafiadoras, Davi sabia que podia sempre clamar a Deus por libertação.

O Senhor nos ajudará também quando clamarmos por Ele. Algumas vezes, Ele intervém diretamente, porém, com frequência, age por meio de outras pessoas. Quando admitimos nossa necessidade a Ele — e talvez a outros — podemos contar com a Sua fidelidade. —*Marion Stroud*

*A ajuda de Deus e dos outros
nos enche de esperança.*

6 de janeiro
Novo nascimento

Leitura:
Salmo 139:7-16

*Tu criaste cada parte do meu corpo;
tu me formaste na barriga da minha mãe.*
—Salmo 139:13

O que é que os bebês têm de especial que nos fazem sorrir? Muitas pessoas param tudo ao ver ou ouvir um bebê e juntam-se para observar o pequenino. Percebi isto quando visitei o meu pai em um asilo. Ainda que a maioria dos moradores estivesse presa às cadeiras de rodas e sofressem de demência, a visita de uma família com um bebê quase que infalivelmente trazia uma faísca de alegria aos seus olhos cansados. Alegria que em princípio só ensaiavam, mas que depois, sem dúvida alguma, transformava-se em sorrisos. Foi incrível assistir a esse acontecimento.

Talvez os bebês despertem sorrisos devido ao prodígio de uma nova vida — tão preciosa, pequena e cheia de promessas. Ver um bebê pode nos lembrar de nosso surpreendente Deus e do grande amor que Ele tem por nós. O Senhor nos amou tanto que nos deu vida e nos formou no ventre de nossas mães. "Tu criaste cada parte do meu corpo…" diz o salmista, "…tu me formaste na barriga da minha mãe" (Salmo 139:13).

O nosso Criador não apenas nos concede a vida física, mas também nos oferece o renascimento espiritual por intermédio de Jesus (João 3:3-8). Deus prometeu um novo corpo e a vida eterna aos cristãos, quando Jesus retornar (1 Coríntios 15:50-52). —*Alyson Kieda*

A vida física e o renascimento espiritual são dádivas vindas da mão de nosso Pai. Celebremos!

7 de janeiro
De quem podemos depender?

Leitura:
2 Samuel 9

…Eu serei bondoso com você por causa de Jônatas, o seu pai…
—2 Samuel 9:7

"Que funeral lindo!", disse Cíntia ao sairmos. Nossa amiga Helena havia morrido, e um amigo após o outro, a homenageou contando histórias a respeito de seu jeito divertido. Mas a vida dela não tinha sido só de piadas e risos. Seu sobrinho falou de sua fé em Jesus e da preocupação que ela tinha pelos outros. Ela o tinha acolhido em sua casa, quando ele era jovem e revoltado. Agora, aos 20 anos, disse sobre ela: "Minha tia foi como uma mãe. Nunca desistiu de mim em minhas revoltas. Tenho certeza de que, se não fosse por ela, eu teria perdido a fé." Uau! Que influência! Helena dependia de Jesus e queria que o seu sobrinho confiasse nele também.

No Antigo Testamento, lemos que o rei Davi levou um jovem chamado Mefibosete à sua casa com o propósito de ser bondoso com ele, faria isso em nome de seu pai, Jônatas, que tinha sido seu amigo (2 Samuel 9:1). Anos antes, Mefibosete ficara aleijado quando sua babá o deixou cair durante uma fuga, depois de saberem que, Jônatas, o seu pai, tinha sido morto (4:4). O jovem ficou surpreso que o rei se preocupasse com ele. O rapaz inclusive, referia-se a si mesmo como um "cachorro morto" (9:8). Ainda assim, o rei o tratou como filho (9:11).

Eu queria ser esse tipo de pessoa, você não? Alguém que se importa com os outros e os ajuda a se firmar na fé em Jesus, mesmo quando a vida parece sem esperança. —*Anne Cetas*

Deus faz a maior parte de Seu trabalho pelas pessoas, utilizando-se de pessoas.

8 de janeiro
Aquele que serve

Leitura:
Lucas 22:24-27

Quem é o mais importante? É o que está sentado à mesa para comer ou é o que está servindo? [...]
Mas entre vocês eu sou como aquele que serve. —Lucas 22:27

"Não sou empregada de ninguém!", gritei. Naquela manhã, as demandas da família pareciam demais, pois eu ajudava freneticamente o meu marido a encontrar a sua gravata azul, enquanto alimentava um bebê aos berros, e resgatava um brinquedo perdido debaixo da cama que pertencia ao nosso filho de 2 anos.

Mais tarde, no mesmo dia, ao ler a Bíblia me deparei com este versículo: "Quem é o mais importante? É o que está sentado à mesa para comer ou é o que está servindo? Claro que é o que está sentado à mesa. Mas entre vocês eu sou como aquele que serve."

Jesus não precisava lavar os pés de Seus discípulos, ainda assim Ele o fez (João 13:5). Havia servos para fazer aquele trabalho, mas Jesus escolheu servi-los. A sociedade de hoje insiste em que devemos almejar *ser alguém*. Queremos o emprego mais bem pago, o melhor cargo na companhia, o trabalho de liderança na igreja. Porém, seja qual for a posição que ocupamos, podemos aprender a servir com o nosso Salvador.

Seja como mães, filhas, amigas, funcionárias, líderes ou alunas, nós exercemos papéis diferentes. A questão é: Desempenhamos esses papéis com a atitude de servas? Mesmo que a minha rotina diária, às vezes, seja cansativa, sou grata ao Mestre por me ajudar, porque quero seguir os Seus passos e servir aos outros de bom grado.

Que Deus nos ajude a fazer isso a cada dia. —*Keila Ochoa*

Precisamos ter a atitude de servas – para sermos como Jesus.

9 de janeiro
Sobre hobbies e fofoca

Leitura:
Levítico 19:11-18

...corrija-o com franqueza para que você não acabe cometendo um pecado por causa dele. —Levítico 19:17

Uma mulher se envolveu num hobby saudável, mas, a devotada esposa e mãe, começou a negligenciar sua família, amigos e até o seu relacionamento com Deus.

A esposa do pastor era amiga dela e demonstrou a sua desaprovação ao comportamento por meio de uma amiga em comum que transmitiu suas palavras de reprovação. Sentindo-se humilhada e vítima de julgamento ofensivo, a mulher afastou-se da igreja.

Levítico 19:17 nos ensina a corrigir com franqueza. A mulher havia se envolvido num passatempo inofensivo, que a levou para o caminho da irresponsabilidade. Naquele momento, a atividade já não era benéfica. Ela buscava mais os seus próprios interesses, e não os dos outros (1 Coríntios 10:23,24).

A esposa do pastor perdeu a oportunidade de demonstrar amor a essa mulher, e de corrigi-la com mansidão (Levítico 19:18; Gálatas 6:1). E, mesmo que a correção tivesse sido rejeitada (Provérbios 1:25), sua abordagem poderia ter sido bíblica. Se a esposa do pastor tivesse conversado em particular com a amiga rebelde, talvez ela não tivesse terminado a amizade e se afastado da igreja (Provérbios 16:28).

De que maneira podemos abordar os pecados que observamos nos outros? É essencial que as pessoas saibam que realmente as amamos, mesmo quando tentamos ajudá-las ao ver que elas estão no caminho errado. —*Roxanne Robbins*

Quando alguém está querendo aprender, o conselho de uma pessoa experiente vale mais do que anéis... —Provérbios 25:12

10 de janeiro

Cena viva

Leitura:
João 1:1-14

A Palavra de Deus é viva e poderosa e corta mais do que qualquer espada afiada [...] vai até o íntimo das pessoas....
—Hebreus 4:12

Fui a uma Exposição Interativa da Bíblia, e me comovi com a beleza e sabedoria das Escrituras. Impressionei-me com um exemplar que tinha imagens impressas — belas cenas, umas representando eventos bíblicos e outras, enfeitando suas bordas. As imagens eram visíveis ao se abrir a capa e suas páginas deslizavam suavemente umas nas outras, como se estivessem preparadas para serem viradas.

Entre tantas traduções da Bíblia e guias de estudo, podemos encarar essa disponibilidade da Palavra de Deus como um direito adquirido. Porém, essas letras impressas revelam a natureza e a essência de Deus. Ela amplia o pensamento ou o aprendizado. Ela nos envolve para sermos transformadas à semelhança de Cristo — a Palavra encarnada (Jo 1:1-14).

As Escrituras têm a habilidade de "...ensinar a verdade, condenar o erro, corrigir as faltas e ensinar a maneira certa de viver. E isso para que o servo de Deus esteja completamente preparado e pronto para fazer todo tipo de boas ações" (2 Timóteo 3:16,17). Ela nos molda e motiva. Hebreus 4:12 expõe sobre o seu poder revelador, e os lugares escondidos de nosso coração. Essas passagens apresentam um aspecto importante da Palavra de Deus: nos transformar.

Tornamo-nos uma cena viva da obra de Cristo, ao permitirmos que a Sua Palavra esteja em nossos lábios e em nosso coração de modo que possamos obedecê-la (Deuteronômio 30:14). —*Regina Franklin*

...a palavra de Deus é viva e poderosa...
—Hebreus 4:12

11 de janeiro
Conte a sua história

Leitura:
1 Timóteo 1:12-20

Falarão dos teus atos poderosos, e eu anunciarei a tua grandeza.
—Salmo 145:6

Michael Dinsmore, um ex-presidiário e cristão relativamente novo, foi convidado a dar seu testemunho numa prisão. Após sua fala, alguns internos lhe disseram: "Esse foi o encontro mais animador que tivemos!". Dinsmore ficou maravilhado que Deus pudesse usar a sua simples história.

Em 1 Timóteo, depois que Paulo encarregou Timóteo de pregar o evangelho (1:1-11), ele deu o seu testemunho pessoal para encorajar o jovem (vv.12-16), e falou da misericórdia de Deus em sua vida. Paulo contou que tinha zombado do Senhor, mas que Ele o havia transformado. Em Sua misericórdia, Deus não apenas o tornou fiel e lhe deu uma tarefa, mas também permitiu que fizesse o Seu trabalho (v.12). Paulo se considerava o pior dos pecadores, mas Deus o salvou (v.15).

O Senhor é capaz! Era isso que Paulo queria que Timóteo visse, e também é o que todas nós precisamos ver. Pelo testemunho de Paulo, vemos a misericórdia de Deus. Se Ele pôde usar alguém como esse apóstolo, pode nos usar também. Se Deus pôde salvar o pior dos pecadores, nenhuma de nós está além de Seu alcance.

A história da obra do Senhor em nossa vida pode encorajar outras pessoas. Permita que aqueles que estão à sua volta, saibam que o Deus da Bíblia continua agindo hoje! —*Poh Fang Chia*

Ninguém está fora do alcance do amor de Deus.

12 de janeiro
O que a motiva?

Leitura:
1 João 3:16-24

O nosso amor não deve ser somente de palavras e de conversa. Deve ser um amor verdadeiro, que se mostra por meio de ações.
—1 João 3:18

Em nosso zelo de falar sobre Cristo às pessoas, não podemos esquecer de que o Espírito Santo, às vezes, usa circunstâncias adversas para reforçar o sentimento de necessidade espiritual. Ele também pode usar essas mesmas circunstâncias para nos ajudar a compartilhar o amor de Cristo com essas pessoas.

Jennifer compadecia-se pela situação de sua vizinha chamada Diana, mas não conseguia aproximar-se dela. Uma noite, ela e vários amigos estavam orando por Diana quando a campainha tocou. Era o marido de Diana, e ele estava desesperado. Sua esposa havia quebrado a perna e o tornozelo e não seria capaz de andar por vários meses. "Vocês conhecem alguém que poderia cuidar dela durante esses dias?", ele perguntou.

Triste, mas grata pela oportunidade, Jennifer e seus amigos começaram a cozinhar, limpar e fazer compras para Diana. Vários meses depois, ela percebeu que Diana estava lendo a Bíblia. Diana, explicou: "Queria descobrir o que motiva os cristãos e pedi a meu marido que comprasse esta Bíblia." Logo o casal começou a frequentar a igreja de Jennifer, e finalmente ambos receberam a Cristo como Salvador pessoal.

Você se preocupa com pessoas que precisam do Senhor? Continue a orar e a amá-las "...em amor verdadeiro que se mostra por meio de ações" (1 João 3:18). Elas se questionarão sobre a sua motivação, e no momento certo, vão descobrir que é Jesus! —*Joanie Yoder*

Uma mão amiga pode abrir a porta do coração de uma pessoa para o evangelho.

13 de janeiro
Um problema pessoal

Leitura:
Provérbios 27:1-17

Assim como os perfumes alegram a vida, a amizade sincera dá ânimo para viver. —Provérbios 27:9

O vício de Nate Larkin, pastor, marido, pai, *viciado em sexo* começou depois da visita à área de prostituição de Amsterdam, Holanda, quando acompanhou alunos de um seminário em viagem missionária, em pesquisa sobre a indústria do sexo.

Por fim, Larkin admitiu que estava *alternando* entre duas vidas. Sua vida incluía pornografia pela manhã, mesmo aos domingos, antes de subir ao púlpito. Em profundo conflito, buscou uma solução para esse problema particular.

A solução de Deus dispensava a confidencialidade. Sua esposa descobriu sua obsessão, e ele buscou ajuda com um grupo de homens com lutas semelhantes. Juntos, viviam com base em Tiago 5:16: "Confessem os seus pecados uns aos outros e façam oração […], para que vocês sejam curados."

Ser responsável pelo outro, só funciona quando paramos de nos enganar. As amigas cristãs podem nos ajudar se lhes revelarmos nossas necessidades. A honestidade demonstra seriedade e agrada a Deus (Provérbios 12:22) e envolve correção quando necessário. Isso significa ouvir e agir em "crítica franca" (27:5), e não ser influenciada por pessoas que permitem os hábitos nocivos (28:23). Parceiras de responsabilidade podem conhecer a visão de outras que já passaram por isso. E quem é viciado descobre que "a amizade sincera dá ânimo para viver" (27:9).

Somente Jesus pode perdoar e purificar do pecado (1 João 1:9), e ao mesmo tempo nos libertar de tais desejos (Romanos 8:37). —*Jennifer Benson Schuldt*

Os relacionamentos com outros cristãos podem nos ajudar a afastar-nos das obsessões pessoais.

14 de janeiro
Estações para todas as coisas

Leitura:
Eclesiastes 3:1-13

*Tudo neste mundo tem o seu tempo;
cada coisa tem a sua ocasião.* —Eclesiastes 3:1

Se você for como eu, deve lutar para dizer *não* no momento de receber uma nova responsabilidade — especialmente se for para uma boa causa e diretamente relacionada a ajudar aos outros. Podemos ter boas razões para selecionar com cuidado as nossas prioridades. Entretanto, ao não concordarmos em fazer ainda mais, podemos sentir o peso da culpa ou pensar que, de alguma forma, falhamos em nossa caminhada de fé.

Mas em Eclesiastes 3:1-8, vemos que a sabedoria reconhece que tudo na vida tem o seu período específico — nas atividades do ser humano e na natureza: "Tudo neste mundo tem o seu tempo; cada coisa tem a sua ocasião" (v.1).

Talvez você esteja prestes a se casar ou a ter o seu primeiro filho. Talvez esteja saindo da universidade e entrando no mercado de trabalho, ou quem sabe, se aposentando. Ao passarmos de uma etapa à outra, as nossas prioridades mudam. Talvez precisemos colocar de lado o que fizemos no passado e canalizar a nossa energia em algo diferente.

Quando a vida traz mudanças em nossas circunstâncias e obrigações, precisamos, com responsabilidade e sabedoria, discernir que tipo de concessões devemos fazer, buscando em tudo o que fizermos, fazer "…tudo para a glória de Deus." (1 Coríntios 10:31). O Senhor promete, em Provérbios 3:6, que se nós o reconhecermos em todos os nossos caminhos, Ele nos guiará no caminho em que devemos seguir. —*Poh Fang Chia*

*O comprometimento com Cristo
é um chamado diário e desafiador.*

15 de janeiro
Colheita de generosidade

Leitura:
2 Coríntios 9:1-13

*…Ele dá generosamente aos pobres,
e a sua bondade dura para sempre* —2 Coríntios 9:9

No leste da África, descobri que conseguimos ajudar a alimentar 20 crianças na Uganda por muito menos do que custaria alimentar a mesma quantidade de crianças em outras partes do mundo.

Amo doar e ver o sorriso no rosto das mulheres e crianças que servimos na região subsaariana. Sinto alegria ao ajudar os outros, e ministrar ao povo de Uganda. Posso auxiliá-los, porque outras pessoas fazem doações sacrificiais a mim.

Quando Deus supre as minhas necessidades (2 Coríntios 9:8), tenho tudo o que preciso e ainda sobra para dividir com os outros. O apóstolo Paulo acrescentou: "E Deus, que dá a semente para semear e o pão para comer, também dará a vocês todas as sementes que vocês precisam. Ele fará com que elas cresçam e deem uma grande colheita, como resultado da generosidade de vocês" (v.10). É o princípio da semeadura para quem age com generosidade. Plantar sementes de justiça produz uma colheita de amor (Oseias 10:12) e plantar sementes de paz produz colheita de justiça (Tiago 3:18).

Tudo o que doamos é multiplicado pelo Senhor. Ele nos retribui em bondade e generosidade. A *doação* de Deus consistentemente produz juros altos.

"Não nos cansemos de fazer o bem. Pois, se não desanimarmos, chegará o tempo certo em que faremos a colheita. Portanto, sempre que pudermos, devemos fazer o bem a todos, especialmente aos que fazem parte da nossa família na fé" (Gálatas 6:9,10). —Roxanne Robbins

*Deus nos dá presentes que as palavras
não podem descrever.*

16 de janeiro
O jardim de Deus

Leitura:
Jeremias 1:1-12

O Senhor me disse: —Você está certo; eu também estou vigiando para que as minhas palavras se cumpram.
—Jeremias 1:12

Na primavera passada plantei um canteiro de ervas, mesmo não tendo talento com plantas. Na verdade, eu só as regava quando o solo parecia um deserto. Mas cozinhei com ervas frescas ao longo do verão. Um ano mais tarde, no entanto, a hortelã invadiu todo o espaço, algumas ervas foram aniquiladas e outras não passam de talos secos. Decidi arrancar tudo.

Eclesiastes 3:1-8 nos ensina que a vida também passa por temporadas. Embora a verdade encontrada na Palavra de Deus seja imutável, Ele usa métodos variados em momentos diferentes para alcançar Seus propósitos. Nosso papel, como Seu povo, é ouvir a Sua voz, compreender os momentos e saber como responder (1 Crônicas 12:32; João 10:4).

As verdades bíblicas são universais, mas sua aplicação pode ser individualizada. O que Deus pede de você, pode não ser o mesmo que Ele pede de outra pessoa.

Até na igreja, fazemos comparações e nos sentimos ameaçados se Deus tocar alguém de forma diferente da que experimentamos. Julgamos os outros por nossas preferências pessoais ou relacionamento individual com Jesus. E sobre isso, as Escrituras em Jeremias 1, nos alertam:

- Deus sabe o que faremos antes mesmo de nascermos (v.5).
- O Senhor nos chamou como indivíduos (vv.7-9).
- Nosso papel é obedecer a Sua Palavra, o dele é cumpri-la (Isaías 55:11; Jeremias 1:12). —*Regina Franklin*

Deus sempre cumpre a Sua Palavra.

17 de janeiro
Você está usando sua eletricidade?

Leitura:
2 Coríntios 3:5-18

Porque aqueles que já tinham sido escolhidos por Deus ele também separou a fim de se tornarem parecidos com o seu Filho.
—Romanos 8:29

Qual é o objetivo de Deus para sua vida? O autor, Max Lucado, resume desta forma: "Deus o ama do jeito que você é, mas Ele se recusa a deixá-lo como está. Ele quer que você seja como Jesus." Isto envolve mudança, mas acreditamos que muitas vezes não é possível. E dizemos: "Ando sempre preocupada", ou "sempre senti raiva — eu sou assim." Paulo disse em Romanos 8:29 que o propósito de Deus é nos tornar como Jesus. Então, o que impede este processo?

Em seu livro *Simplesmente como Jesus* (CPAD, 1998), Lucado fala sobre uma mulher rica, que viveu há 100 anos. Ela era muito segura com o seu dinheiro, e os vizinhos se surpreenderam quando a casa dela passou a ter energia elétrica. Semanas depois, o leitor do medidor registrou muito pouco uso de energia, e lhe perguntou: "Você está usando a sua eletricidade?" É claro!", ela respondeu. "Todas as noites eu acendo as luzes por tempo suficiente para acender minhas velas; depois eu as desligo."

Se já colocamos a nossa fé em Cristo, já estamos conectados a uma fonte de poder — o Espírito Santo, que trabalha em nós para nos tornar mais parecidas com Jesus (2 Coríntios 3:18). Então, não nos contentemos com as "velas espirituais" para nos sentirmos confortáveis com os nossos velhos hábitos. Precisamos permitir que o Espírito Santo transforme a nossa vida e nos torne como Jesus.

Você está usando a sua força espiritual? —*Joanie Yoder*

Somente o poder de Deus pode transformar a sua vida.

18 de janeiro

O grande médico

Leitura:
Gênesis 2:7-15

… Eu sou o Senhor, que cura vocês…
—Êxodo 15:26

Os médicos que conheço são inteligentes, trabalhadores e cheios de compaixão. Eles aliviaram a minha dor em muitas ocasiões, e sou grata por sua capacidade em diagnosticar doenças, prescrever medicamentos, consertar ossos quebrados e dar pontos em ferimentos. Mas isto não significa que coloco a minha fé nesses profissionais em vez de colocá-la em Deus.

Por motivos conhecidos apenas pelo Senhor, Ele designou os seres humanos para serem os Seus parceiros no cuidado da criação (Gênesis 2:15), e os médicos estão entre eles. Estudam a ciência e aprendem como Deus projetou o corpo. Usam esse conhecimento para nos ajudar a restaurar a saúde. Mas a única razão de os médicos poderem fazer alguma coisa, é o fato de Deus ter nos criado com a possibilidade de cura. Os cirurgiões seriam inúteis, se as incisões não cicatrizassem.

Os cientistas podem aprender como o Senhor criou o funcionamento do corpo e desenvolver terapias para restaurar ou curar, mas não são eles que curam, é Deus (Êxodo 15:26). Os médicos apenas cooperam com o propósito e desígnio original de Deus.

Sou grata pela ciência e pelos doutores, mas o meu louvor e a minha gratidão vão para Deus, que projetou o Universo ordenado, e nos criou com mentes que podem descobrir como ele funciona. Creio, portanto, que toda cura é divina, porque nenhuma cura acontece sem Deus. —*Julie Ackerman Link*

*Ao pensar em tudo o que é bom,
agradeça a Deus.*

19 de janeiro
Deuses no café

Leitura:
Josué 10:16-15

O sol ficou parado, e a lua também parou...
—Josué 10:13

Os amantes de café em Helsinki, Finlândia, puderam tomar uma xícara grátis desta bebida no café *Kauko*. Para isso, eles se dispuseram a ficar à mercê da ação de usuários da internet que iriam controlar o ambiente interno da loja por controle remoto. Esses "deuses no café" ajustavam a iluminação, música e decoração durante um minuto, e as *webcams* permitiam que os usuários da internet observassem as reações dessas pessoas.

Embora esses *deuses* tivessem poder durante tempo limitado e em um espaço finito, Deus tem o controle definitivo de tudo o que existe (Salmo 115:3). Ele demonstrou a Sua soberania: "E o Senhor Deus fez com que os inimigos ficassem apavorados..." (Josué 10:10). A ação de Deus pelo bem de Israel mostra que Ele tem poder sobre os que se opõem a nós.

Quando os inimigos tentaram fugir, o Senhor jogou do céu grandes pedras de granizo sobre eles. "E morreram mais pessoas com essa chuva de pedras do que no combate com os israelitas" (v.11), provando que Deus pode mudar o clima num momento. Toda gota de chuva, onda do oceano e rajada de vento responde ao Seu comando e Seu poder se estende pelo Universo. Israel continuava a destruir seus oponentes, e a nação começou a ficar sem tempo. Deus se manifestou e respondeu ao pedido de Josué: mais luz do dia (v.12). O sol e a lua pararam.

Não precisamos moldar todas as circunstâncias em nosso favor.
—Jennifer Benson Schuldt

*Podemos nos aquietar e saber
que o Senhor é Deus.*

20 de janeiro
Contente com o conflito?

Leitura:
Tito 3:1-11

Se uma pessoa causar divisões entre os irmãos na fé, aconselhe essa pessoa uma ou duas vezes; mas depois disso não tenha nada mais a ver com ela. —Tito 3:10

Quando eu era criança, minha família foi conhecer uma menina de 7 anos que pretendíamos adotar. Acostumada a relacionamentos passageiros, ela chamou meus pais de "mãe" e "pai" no primeiro encontro. Cheios de otimismo, acreditamos que mudaríamos seu mundo, e que ela entenderia as relações de uma família saudável. Porém, a noção de *normal* dela, para nós era o *caos*.

Devido à sua própria fragilidade, algumas pessoas não se contentam sem provocar conflitos ao seu redor. Inseguras sobre o amor dos outros, tentam buscar segurança no controle do ambiente e na criação de facções. No entanto, as Escrituras fazem distinção entre o bom e o mau contentamento e Paulo encoraja os cristãos a estarem satisfeitos em qualquer circunstância (Filipenses 4:11; 1 Timóteo 6:7,8).

Cristo redefine a nossa noção de normal e saudável. Ao deixarmos de depender de nós mesmas, descobrimos que Ele nos chama a confiar em Sua proteção, e não na nossa. Mesmo assim, algumas pessoas escolhem não confiar na promessa de que Jesus fará tudo novo (2 Co 5:17; Apocalipse 21:5). Em Tito 3, Paulo nos mostra como lidarmos com conflitos de relacionamento. Primeiro, responder com graça, por meio da correta compreensão do que Jesus fez por nós na cruz (vv.4-7); ensinar, exemplificar e alertar, se necessário (vv.8-10). Se a mudança não ocorrer, afastar-se (vv.10,11).

Mostremos a luz da Sua verdade (1 João 1:5). —*Regina Franklin*

Refletir o amor de Jesus não significa compactuar com a disfunção dos outros.

21 de janeiro
Graça não merecida

Leitura
Efésios 2:1-10

*E existe uma diferença entre aquilo que Deus dá
e o pecado de um só homem.* —Romanos 5:16

Ao iniciar minha caminhada com o Senhor, uma amiga me disse que, quando eu compreendesse melhor o quanto sou indigna da graça de Jesus, eu aceitaria essa graça ainda mais. Ainda penso sobre isso, quando abandono o reconhecimento do meu pecado e da minha necessidade desesperada de um Salvador para achar que, talvez, eu mereça um tratamento especial baseado em minhas *boas obras*.

Quando o orgulho se instala e o nosso pensamento se torna cada vez mais distorcido, as Escrituras nos relembram:

• "Todos nós nos tornamos impuros, todas as nossas boas ações são como trapos sujos…" (Isaías 64:6).

• "…a misericórdia de Deus é muito grande, e o seu amor por nós é tanto, que, quando estávamos espiritualmente mortos por causa da nossa desobediência, ele nos trouxe para a vida que temos em união com Cristo. Pela graça de Deus vocês são salvos" (Efésios 2:4,5).

• "Pois pela graça de Deus vocês são salvos por meio da fé. Isso não vem de vocês, mas é um presente dado por Deus. A salvação não é o resultado dos esforços de vocês; portanto, ninguém pode se orgulhar de tê-la" (vv.8,9).

Quando participamos da obra do Senhor, não estamos conquistando nosso caminho para o céu. Mas estamos refletindo a Sua graça e obra salvífica em nossa vida ao fazer "as boas obras que ele já havia preparado para nós" (Efésios 2:10). —*Roxanne Robbins*

…Porque, quando perco toda a minha força, então tenho a força de Cristo em mim. —2 Coríntios 12:10

22 de janeiro
Provérbios chineses

Leitura:
2 Timóteo 2:1-6

...continuem fortes e firmes. [...] no trabalho do Senhor, pois vocês sabem que todo o seu esforço nesse trabalho sempre traz proveito. —1 Coríntios 15:58

Este provérbio chinês é comum: "Puxe a planta para cima para ajudá-la a crescer", e diz respeito a um homem impaciente da dinastia Song. Ele estava ansioso para ver suas mudas de arroz crescerem logo. E pensou numa solução: ele puxaria alguns centímetros de cada muda. Após um dia de trabalho tedioso, o homem inspecionou o seu arrozal.

Ele alegrou-se, pois as plantas pareciam ter "crescido" um pouco mais. A sua alegria durou pouco, uma vez que as plantas começaram a murchar porque suas raízes já não estavam tão profundas.

Em 2 Timóteo 2:6, o apóstolo Paulo compara o trabalho de um ministro do evangelho ao de um agricultor. Ele escreveu para encorajar Timóteo a ver que, assim como ocorre na lavoura, fazer discípulos pode ser um trabalho contínuo e árduo. Você ara, semeia, espera e ora. Você quer ver os frutos do seu trabalho rapidamente, mas o crescimento leva tempo. E como o provérbio chinês tão apropriadamente ilustra, qualquer esforço para apressar tal processo será inútil. O comentarista bíblico William Hendriksen afirma: "Se Timóteo [...] se esforçar plenamente no desempenho da tarefa espiritual dada a ele por Deus, ele verá na vida dos outros os prenúncios dos gloriosos frutos mencionados em Gálatas 5:22,23".

Enquanto trabalhamos fielmente, esperamos pacientemente no Senhor que faz as plantas crescerem (1 Coríntios 3:7). —*Poh Fang Chia*

Nós plantamos a semente, Deus produz a colheita.

23 de janeiro
Ambiente tóxico

Leitura:
Deuteronômio 12:29-32

Não […] adorem os seus deuses, pois isso seria um pecado mortal.
—Deuteronômio 12:30

Dois golfinhos morreram intoxicados num parque marinho. Os legistas supõem que alguém tenha colocado algo como heroína na água do tanque desses animais. Os treinadores encontraram os golfinhos "tremendo e espumando pela boca". Com tais sintomas, parece que eles morreram devido ao ambiente tóxico.

Algo surpreendente é Deus ter levado Seu próprio povo a uma terra espiritualmente tóxica, poluída com idolatria. Para prepará-los a esse desafio, Moisés disse: "O Senhor, nosso Deus, acabará com os povos da terra que vocês vão invadir […] não imitem aquela gente. Não sigam a religião deles, nem adorem os seus deuses, pois isso seria um pecado mortal" (Deuteronômio 12:29,30). Moisés os mandou derrubar os altares pagãos, despedaçar as colunas sagradas, as imagens de ídolos e queimar os postes-ídolos (v.3).

Ao fim desse trabalho, Deus sabia que os Seus filhos ainda poderiam vir a adorar falsos deuses, por tentação vinda de falsos profetas, membros da família e até amigos íntimos. Se os israelitas seguissem seus pares e dessem as costas a Deus, Ele saberia que eles não o amavam de todo o coração.

Hoje, vivemos em ambientes tóxicos em que a ameaça de idolatria é menos óbvia, mas igualmente perigosa. Deixar que a cultura dite a nossa adoração pode significar curvar-se às celebridades, aos filhos ou honrar a natureza em vez do Criador (Êxodo 20:3). —*Jennifer Benson Schuldt*

Despedace os ídolos, inclusive os menos óbvios, de sua vida e cumpra o primeiro mandamento.

24 de janeiro

Sabedoria para testemunhar

Leitura:
João 4:5-26

A mulher respondeu: —O senhor é judeu, e eu sou samaritana. Então como é que o senhor me pede água?…
—João 4:9

Podemos aprender muito sobre o testemunho eficaz examinando o encontro do Senhor com a mulher no poço (João 4:5-26). Ele quebrou todo protocolo social ao falar com aquela mulher samaritana. E pedir-lhe um copo de água foi uma maneira de valorizá-la. Mais tarde, Jesus teve a oportunidade perfeita para condenar o seu estilo de vida pecaminoso, mas Ele não o fez.

O autor Paul Little afirma que, ao contrário de Jesus, somos rápidas para condenar. Ele escreveu: "Muitas vezes temos a ideia equivocada de que se não condenarmos uma determinada atitude ou ação, estaremos consentindo com a sua efetivação." E acrescenta: "Não apenas devemos evitar condenar as pessoas, mas precisamos aprender a arte do elogio genuíno."

Little relata um encontro que, certa vez, o escritor Charles Trumbull teve num trem. Um homem bêbado, despejando palavras de baixo calão, embarcou no comboio e cambaleou até o assento ao lado dele. Quando o homem lhe ofereceu uma bebida de sua garrafa, Trumbull não condenou o estado em que ele se encontrava. Em vez disso, ele respondeu: "Não, obrigado, mas posso ver que você é um homem muito generoso." Os olhos do homem se iluminaram. Enquanto conversavam, ele ouviu a respeito daquele que oferece a verdadeira água da vida. Mais tarde, aquele mesmo homem entregou sua vida a Cristo.

Quando você compartilhar a sua fé, lembre-se da eficácia de fazer um elogio e evitar a condenação. —*Joanie Yoder*

Amar o perdido é o primeiro passo para levá-lo a Cristo.

25 de janeiro
Uma porta que se fecha

Leitura:
2 Coríntios 5:18–6:2

Quando chegou o tempo de mostrar minha bondade, eu atendi o seu pedido e o socorri quando chegou o dia da salvação.
—2 Coríntios 6:2

Bip, bip. As luzes piscando e o som de aviso alertou os viajantes que a porta do trem estava prestes a se fechar. Mesmo assim, alguns retardatários empreenderam uma corrida frenética, atravessando a plataforma para entrar num dos vagões. A porta se fechou sobre um deles. Felizmente, o passageiro se ajeitou na porta e embarcou em segurança. Questionei-me por que as pessoas assumiam tais riscos, se o próximo trem chegaria em apenas 4 minutos.

Há uma porta muito mais importante pela qual devemos entrar antes que ela se feche. É a porta da misericórdia de Deus. O apóstolo Paulo nos diz: "...chegou o tempo de mostrar minha bondade, eu atendi o seu pedido e o socorri quando chegou o dia da salvação" (2 Coríntios 6:2). Cristo veio, morreu por nossos pecados e ressuscitou. Ele abriu o caminho para nos reconciliarmos com Deus e proclamou para nós o dia da salvação.

O tempo é hoje! Mas um dia a porta da misericórdia vai se fechar. Para aqueles que receberam e serviram a Cristo, Ele dirá: "...Venham, vocês que são abençoados pelo meu Pai! Venham e recebam o Reino que o meu Pai preparou para vocês desde a criação do mundo" (Mateus 25:34). Porém, aqueles que não o conhecem, irão para o castigo eterno (v.46).

Nossa resposta a Jesus Cristo determina o nosso destino. Hoje, Jesus a convida: "Eu sou a porta. Quem entrar por mim será salvo..." (João 10:9). —*Poh Fang Chia*

Não há melhor dia do que hoje para entrar para a família de Deus.

26 de janeiro
Um salmo pela luta

Leitura:
Salmo 42

*O meu coração está profundamente abatido,
e por isso eu penso em Deus.*
—Salmo 42:6

Vi um jovem avançar para a frente da fila e fazer seu pedido usando gestos e palavras entrecortadas. Ele pagou com dificuldade, devidos aos seus pulsos virados e dedos apontando para o corpo. Também caminhava com dificuldade, mas com coragem.

Muitas de nós lutamos com limitações interiores: pesar, dependência, depressão e ansiedade. Nossas tarefas diárias por vezes acabam em exaustão e preocupação. O autor do Salmo 42 descreve os problemas: "Choro dia e noite, e as lágrimas são o meu alimento" (v.3); "sinto dor no coração" (v.4); "meu coração está profundamente abatido" (v.6). Devido a esses sentimentos, certas perguntas dominaram sua mente: "Por que estou tão triste?" (v.5); "Por que tenho de viver sofrendo?" (v.9).

No desespero do salmista havia uma esperança. Ele recorreu a quem poderia ajudá-lo, declarando: "Ainda o louvarei. Ele é o meu Salvador e o meu Deus" (vv.5,6). Nas noites em que não conseguia dormir, cantava melodias centradas em Deus e orava, como ele mesmo dizia: "ao Deus que me dá vida" (v.8). Ele sabia que, apesar de seu sofrimento, Deus o sustentava naquele momento, derramando diariamente afeição sobre ele (v.8).

Lembrar-se de Deus (v.6) o inspirou a erguer-se. Isso o ajudou a perseverar, a despeito de emoções intensas e perguntas não respondidas. Se você está enfrentando dificuldades, busque o Deus vivo.

—Jennifer Benson Schuldt

…os que confiam no Senhor recebem sempre novas forças. —Isaías 40:31

27 de janeiro
Exercitando-se

Leitura:
Romanos 7:14-25

Pois não faço o bem que quero, mas justamente o mal que não quero fazer é que eu faço. —Romanos 7:19

Certa noite, minha amiga e eu nos exercitávamos num parque local fazendo ginástica e exercícios aeróbicos. E enquanto minhas pernas completavam a série de elevação para fortalecer os músculos, a mente buscava desesperadamente um modo de não ter de correr a última volta de nosso exercício. Eu estava convencida de que estava acabada.

Cristo nos promete a paz que não vem deste mundo (João 14:27). Em meio à tentação, porém, podemos nos debater com pensamentos que ameaçam descarrilar nossa perspectiva espiritual. Paulo destaca essa tensão: "As pessoas que têm a mente controlada pela natureza humana acabarão morrendo espiritualmente; mas as que têm a mente controlada pelo Espírito de Deus terão a vida eterna e a paz" (Romanos 8:6). Embora o caminhar cristão se fundamente na fé, Deus engaja a nossa mente e coração (Hebreus 10:16).

Na batalha entre a carne e o espírito (Romanos 7:22-25), estratégias de autoajuda e argumentos lógicos não movem fortalezas espirituais. E as tentativas de evitar confrontação com o inimigo por meio de concessões só nos levarão a mais cativeiro.

A vitória vem quando seguimos o processo de Deus. Nosso clamor desesperado ao Senhor em meio às lutas e a escolha por obedecer (Salmo 119:169,170,173), uma decisão por vez, nos leva ao lugar de autoridade onde dominamos os pensamentos rebeldes (2 Coríntios 10:5) contrários à obra que Cristo realizou na cruz. —Regina Franklin

Como o exercício físico, conhecer Jesus é um processo contínuo, diário.

28 de janeiro
Quando doar não ajuda

Leitura:
Salmo 84:11,12

O Senhor Deus […] ama e honra os que fazem o que é certo e lhes dá tudo o que é bom. —Salmo 84:11

As crianças em situação de rua povoam os cruzamentos em Kampala, capital de Uganda. Conheço muitas crianças pelo nome e, elas regularmente se aglomeram ao redor do meu carro para conversar e rir comigo.

Eu me importo com elas, mas não lhes dou dinheiro. Após 4 anos, aprendi que na maioria dos casos, dar dinheiro não os ajuda. Vou usar Carlos como exemplo. Aos 11 anos, Carlos era um garotinho fofo. Quando começou a pedir esmola, conseguia ganhar por dia 10 mil moedas ugandenses (uma pequena quantia).

Carlos recusou-se a aceitar uma bolsa de estudos para continuar ganhando dinheiro nas ruas. Entretanto, à medida que ficava mais velho, poucos lhe davam dinheiro. A mendicância chegou ao fim, e ele não tinha qualquer instrução que o preparasse para um trabalho legítimo.

Em Provérbios 3:27,28 lemos: "Sempre que puder, ajude os necessitados. Não diga ao seu vizinho que espere até amanhã, se você pode ajudá-lo hoje." Quando uma criança lhe pede ajuda, é natural pensar: *Um pouco de dinheiro pode ajudá-la agora.* Mas aconselho você a considerar em oração sobre oferecer dinheiro a essa criança. É bom doar com liberalidade aos necessitados, mas, às vezes, é bem melhor ajudar de outras maneiras.

Quando não recebemos algo imediatamente após orarmos a Deus, podemos descansar, sabendo que Ele está escolhendo o que é melhor para edificar o nosso caráter e fé. —Roxanne Robbins

Deus se importa demais conosco para nos oferecer soluções rápidas. Ele quer o melhor para nós.

29 de janeiro
Uma simples palavra

Leitura:
Gênesis 12:1-9

…Abrão […] partiu de Harã, como o Senhor havia ordenado.
—Gênesis 12:4

Assinei uma revista que promove a simplicidade, traz soluções descomplicadas para problemas domésticos etc. Uma das edições listou 799 novos usos para itens que você já possui. Outra apresentou refeições saborosas feitas com apenas três ingredientes.

Em alguns casos, a compreensão da vontade de Deus para nossa vida vem da *simples* palavra: *obediência*. Abrão obedeceu quando Deus lhe disse para deixar sua terra natal (Gênesis 12:1). Embora tivesse 75 anos e soubesse que a viagem seria desafiadora, ele obedeceu. Ele *simplesmente* obedeceu. Deve ter sido tentador questionar a vontade de Deus ou pedir a opinião de amigos, nessa situação.

Todas nós perguntamos o que Deus quer que façamos em certas situações. Às vezes, a resposta é complexa; em outras, é tão simples quando obedecer às instruções do Senhor. Por exemplo, sabemos que Deus quer que sejamos:

Puras moralmente: "…sejam completamente dedicados a ele e que fiquem livres da imoralidade" (1 Tessalonicenses 4:3).

Gratas em qualquer situação: "…sejam agradecidos a Deus em todas as ocasiões" (5:18).

Exemplos de santidade: "…Deus quer que vocês façam o bem para que os […] tolos não tenham nada que dizer contra vocês" (1 Pedro 2:15).

Hoje, se você estiver se questionando sobre o que fazer em determinada situação, reflita sobre esta pergunta Como posso obedecer a Deus e a Sua Palavra? —*Jennifer Benson Schuldt*

*Muitas decisões que precisamos tomar
têm elementos de obediência embutidos nelas.*

30 de janeiro
Continue correndo

Leitura:
Filipenses 3:1-16

...mas continuo a correr para conquistar o prêmio, pois para isso já fui conquistado por Cristo Jesus. —Filipenses 3:12

Você já se sentiu oprimida pelos desafios de viver para Cristo? Você não está sozinha. Até mesmo Paulo já se sentiu assim. Em 2 Coríntios 1:8, ele admitiu honestamente que os problemas que ele e Timóteo haviam suportado na Ásia tinham consumido ambos, além da medida, e temiam por suas vidas. Mas Paulo lhes disse que aprenderam esta lição: "...a confiar não em nós mesmos e sim em Deus" (v.9).

Em Filipenses 3:12-14, Paulo escreveu novamente com sinceridade sobre sua caminhada cristã, admitindo que ele não tinha alcançado a perfeição, mas continuava: "...a correr para conquistar o prêmio". Ele identificou esta peregrinação ao longo da vida como "o prêmio da vitória".

Anos atrás, um grupo de ingleses tentou conquistar o monte Everest. Enfrentaram frio, vento, nevascas e avalanches. Quando eles chegaram a uma distância de 600 metros do pico, montaram o acampamento. Dois homens, Mallory e Irvine, avançaram ansiosamente, com a expectativa de retornar em cerca de 16 horas. Eles nunca mais retornaram. O registro oficial disse simplesmente: "Quando vistos pela última vez, estavam indo em direção ao pico."

Independentemente dos obstáculos, vamos continuar cumprindo o chamado de Deus, confiando nele e não em nós mesmas. No final da vida, que se possa dizer de nós: "Quando vistas pela última vez, elas estavam indo em direção ao pico!". —*Joanie Yoder*

Quando se sentir pressionada, não desanime. Prossiga!

31 de janeiro
Carta de amor

Leitura:
Salmo 119:97-104

Como eu amo a tua lei! Penso nela o dia todo. —Salmo 119:97

Todas as manhãs quando chego em meu escritório, tenho um hábito simples: verifico todos os meus e-mails. Na maioria das vezes, eu os leio de forma superficial. Porém, há alguns que fico ansiosa para abrir. Você adivinhou — aqueles que recebo de pessoas que me são queridas.

Alguém já disse que a Bíblia é a carta de amor de Deus para nós. Mas assim como eu, talvez alguns dias, você não sinta o desejo de ler essa carta de amor e o seu coração não se identifica com as palavras do salmista: "Como eu amo a *tua* lei!" (Salmo 119:97). As Escrituras são o *teu* mandamento (v.98), *teus* ensinamentos (v.99), *tua* palavra (vv.17,101) (ênfase adicionada).

Uma pergunta de Thomas Manton (1620–70), quando era professor na Abadia de Westminster, Inglaterra, continua relevante hoje. Ele perguntou: —Quem é o autor das Escrituras? Deus.

—Qual é o fim das Escrituras? Deus.

—Por que as Escrituras nos foram dadas, senão para podermos desfrutar eternamente do Deus bendito?"

Diz-se que, quanto mais você conhece uma pessoa, menos você a admira. Mas em relação a Deus — acontece o inverso. A familiaridade com as Escrituras, ou melhor, com o Deus da Palavra, gera afeição, e a afeição produz familiaridade ainda maior.

Quando abrir a sua Bíblia, lembre-se de que Deus — aquele que a ama mais do que qualquer outro — tem uma mensagem para você.

—*Poh Fang Chia*

*Estudar as Escrituras nos ajuda
a conhecer o Deus da Bíblia.*

1.º de fevereiro

Devagar

Leitura:
2 Pedro 3:1-9

*Não retarda o Senhor a sua promessa,
como alguns a julgam demorada.* —2 Pedro 3:9

Se surgisse um concurso para descobrir a virtude mais popular, desconfio que a *rapidez* venceria a *competência*. Em muitas partes do mundo, as pessoas parecem estar obcecadas pela velocidade. Contudo, a febre da rapidez não nos leva a lugar algum.

"Chegou a hora de desafiarmos a nossa obsessão em fazer tudo com maior rapidez," afirma Carl Honoré em seu livro *Devagar* (Editora Record, 2005). "A velocidade nem sempre é a melhor política."

De acordo com a Bíblia, esse autor está certo. Pedro nos advertiu que nos últimos dias as pessoas duvidariam do Senhor por parecer que Ele está demorando para cumprir a promessa da Sua volta. No entanto, Pedro destaca que esta aparente demora é algo positivo. Na verdade, Deus está demonstrando Sua paciência e dando mais tempo para que as pessoas se arrependam (2 Pedro 3:9), e também sendo fiel ao Seu caráter, sendo paciente ou tardio em irar-se (Êxodo 34:6).

Nós também devemos ser tardios em irar-nos — e tardios para falar (Tiago 1:19). Segundo Tiago, a "prontidão" está reservada para os nossos ouvidos. Devemos estar prontos para ouvir. Pense em quantos problemas poderíamos evitar se aprendêssemos a ouvir — escutar de verdade, não apenas parar de falar — antes que abríssemos a boca.

Em meio à correria para atingir as nossas metas e prazos, lembremo-nos de nos apressar em ouvir e desacelerar os nossos sentimentos e a nossa língua. —*Julie Ackerman Link*

*Ao perder a paciência com alguém, pense sobre
o quanto Deus é paciente com você.*

2 de fevereiro
A cada suspiro

Leitura:
Jó 12

A vida de todas as criaturas está na mão de Deus; é ele quem mantém todas as pessoas com vida. —Jó 12:10

Até encontrar Nicole, com duas semanas, num orfanato na África Oriental, jamais tinha pensado no valor de um único suspiro. Ela cabia na palma da minha mão, nascera prematuramente e fora abandonada pela mãe na sala de parto do hospital. Desde cedo foi afligida pela meningite e atormentada por dolorosas escaras em seus frágeis ossos dos quadris.

Seu suspiro estampava o seu desejo de viver. *Por que ela luta para sobreviver?*, pensei. Afinal, em seu curto período de vida, já havia experimentado o tipo de agonia e separação que levou Jó a desejar o fim da vida.

"A vida neste mundo é dura…", Jó lamentou (7:1). "Todos somos fracos desde o nascimento; a nossa vida é curta e muito agitada" (14:1), exclamou. Ele acreditava: que os seus "…olhos nunca mais [veriam] a felicidade" (7:7); e "…o que [me esperava] agora [era] a sepultura" (17:1).

Jó não compartilhava da confiança inabalável do salmista, que escreveu: "Tu me tens feito passar por aflições e sofrimentos, mas me darás forças novamente e me livrarás da sepultura" (Salmo 71:20). Ainda assim, o Senhor o restaurou, curou e encheu a sua vida de alegria. Do mesmo modo como fizera com o salmista, Deus arrancou Jó "…do poder da morte…" (Salmo 49:15).

Deus prolongou os dias da bebê Nicole, curou-a da meningite e restaurou o seu corpo. Hoje, ela é uma criança feliz que ama correr, brincar, rir e falar sobre o Pai que lhe deu a vida. —Roxanne Robbins

O Senhor permite que passemos por momentos de isolamento, mas nos restaura e nos fortalece.

3 de fevereiro
A pessoa certa

Leitura:
Malaquias 2:10-17

Judá profanou o santuário do Senhor, o qual ele ama, e se casou com adoradora de deus estranho. —Malaquias 2:11

Em um fórum on-line, uma mulher escreveu: "Solteira, mais de 30 anos e sendo pressionada a casar-se. Ainda não encontrei o homem certo, mas oro por isso. Gostaria de bons conselhos."

Você a aconselharia a considerar os que não creem em Jesus?

Alguém disse: "Se o teu problema é prático, comece a resolvê-lo acertando a sua teologia!". O profeta Malaquias fez isso ao abordar a questão de casar-se com quem não cria em Deus. Com perguntas retóricas, o profeta estabeleceu que, por Deus ser o Criador e Redentor de Seu povo, temos a obrigação de honrar, amar, temer, adorar e obedecê-lo (2:10). E para Deus era abominação o casamento com alguém de um povo estranho (v.11).

Deus quer que o Seu povo seja santo, separado para Ele (Êxodo 19:6). Ter um relacionamento amoroso com alguém que não ama e obedece ao Senhor comprometerá, inevitavelmente, essa santidade (34:11-16).

Em 1 Coríntios 7:12-16, Paulo não estabeleceu justificativas para o casamento com incrédulos. Quando ele ensinou aos que tinham se casado com descrentes em Corinto, Paulo não endossou tal união. Ele os aconselhou a crer, mesmo após o casamento. E disse: "A mulher não está livre enquanto o seu marido estiver vivo. Caso o marido morra, ela fica livre para casar com quem quiser, contanto que case com um cristão" (v.39).

Embora casar-se com um cristão não garanta um casamento do tipo "felizes para sempre", essa é orientação de Deus para escolher a pessoa certa. —*Poh Fang Chia*

O matrimônio santo espelha o relacionamento santo e amoroso que Deus estabeleceu conosco.

4 de fevereiro
Abrigados

Leitura:
Salmo 62

Somente em Deus eu encontro paz e nele ponho a minha esperança. —Salmo 62:5

A placa de "Vende-se" em nosso jardim proclama que a nossa vida está em transição. Dando um passo de fé, estávamos vendendo nossa casa e nos mudando para um local a 50 km de distância. Confiamos que Deus é poderoso e já ansiávamos pelo local desconhecido. Estou sempre em paz e disposta a avançar quando o Senhor mandar.

"Sei o que é estar necessitado e sei também o que é ter mais do que é preciso. Aprendi o segredo de me sentir contente em todo lugar e em qualquer situação, quer esteja alimentado ou com fome, quer tenha muito ou tenha pouco. Com a força que Cristo me dá, posso enfrentar qualquer situação" (Filipenses 4:12,13). Isso é desejável em teoria, romântico em perspectiva e, na realidade dolorido. Viver sob a proteção de Deus é um exercício de rendição.

A verdadeira estabilidade não vem do acúmulo de bens, de uma casa ou do mesmo emprego durante 40 anos. Tudo isso parece trazer mais segurança, mas não passa de frágil ilusão. A qualquer momento, tudo pode mudar.

Mesmo prevista, a mudança não é fácil. Felizmente, Deus é capaz de lidar com nossas questões quando chegamos a lugares inesperados. Mas há algo incrível em admirar o Deus da criação enquanto esperamos que Ele se mova por nós (Salmo 62:1,5).

Não sabíamos quando nossa casa seria vendida nem a casa para onde nos mudaríamos. Essa realidade era um pouco perturbadora. Mas confiamos na Palavra de Deus. —*Regina Franklin*

Somente Ele é a rocha que me salva; ele é o meu protetor, e eu nunca serei derrotado. —Salmo 62:2

5 de fevereiro
Amor como este

Leitura:
1 Coríntios 13:1-13

Eu poderia falar todas as línguas [...], se não tivesse amor, as minhas palavras seriam como o som de um gongo. —1 Coríntios 13:1

Quando meu filho estava aprendendo a ler, percebeu que podia decifrar os letreiros de limite de velocidade. Animado com isso, gritava: "Mãe o limite é 30!". Nas primeiras vezes, achei graça. Nas seguintes, tolerável. Depois disso, irritante, embora soubesse que ele queria ser útil.

Às vezes, os cristãos causam o mesmo efeito àqueles que não andam com Deus. Alertamos repetidamente e irritamos a outra pessoa. Podemos seguir o exemplo de Paulo: "Eu poderia falar todas as línguas que são faladas na terra e até no céu, mas, se não tivesse amor, as minhas palavras seriam como o [...] barulho de um sino" (1 Coríntios 13:1). A comunicação amorosa pode abrir portas e ouvidos, enquanto, o despejar conselhos afasta as pessoas e tampa os ouvidos.

Sem amor, conselhos religiosos podem parecer sermões e, pior ainda — hipócritas. Paulo disse: "*Que o amor de vocês não seja fingido. [...] Amem uns aos outros com o amor de irmãos em Cristo e se esforcem para tratar uns aos outros com respeito*" (Romanos 12:9,10). Dê-lhes espaço. Tente compreender a perspectiva do outro mesmo quando for diferente da sua. Isso pode significar agir com bondade ou dizer palavras de estima.

Somos capacitadas a fazer isso por meio do amor de Jesus por nós. Ele nos ama profunda, sincera e eternamente, e podemos compartilhar amorosamente este tipo de afeição com as pessoas que mais precisam.

—Jennifer Benson Schuldt

... Assim como eu os amei, amem também uns aos outros. —João 13:34

6 de fevereiro
Ele é confiável

Leitura:
Romanos 8:18-30

Pois sabemos que todas as coisas trabalham juntas para o bem daqueles que amam a Deus…
—Romanos 8:28

Quando citamos Romanos 8:28, muitas vezes começamos com as palavras: "Todas as coisas trabalham juntas para o bem." Mas o versículo começa assim: "Pois sabemos que todas as coisas trabalham juntas para o bem daqueles que amam a Deus." Nosso conhecimento vem pela fé. Por ela temos a confiança de que Deus nunca irá nos decepcionar.

Eu li a história sobre um naufrágio. Quando o único sobrevivente chegou a uma pequena ilha desabitada, ele orou a Deus para resgatá-lo, mas a ajuda não veio. Ele, então, construiu uma cabana de troncos de árvore para sua proteção. Um dia ele voltou de sua jornada para procurar alimentos e encontrou sua cabana em chamas, a fumaça subia para o céu. Com raiva, ele exclamou: "Deus, como pode o Senhor ter feito isto comigo?". Na manhã seguinte, ele foi acordado por equipes de resgate. "Como vocês sabiam que eu estava aqui?", ele lhes perguntou. "Nós vimos o seu sinal de fumaça", eles responderam.

O Pastor Lud Golz escreveu: "Às vezes, o amor de Deus se parece ao ódio por causa das dificuldades que Ele permite em nosso caminho. O resultado final, no entanto, sempre confirma a Sua verdadeira natureza."

Da próxima vez que parecer que a sua última esperança se foi junto com a fumaça, lembre-se do que "sabemos" ser verdade (Romanos 8:28). Quando Deus diz que todas as coisas trabalham juntas para o bem daqueles que o amam, Ele quer dizer *todas* as coisas! —Joanie Yoder

*Deus pode testar a nossa fé,
para que confiemos em Sua fidelidade.*

7 de fevereiro
Orações sem resposta?

Leitura:
Lucas 18:1-8

Jesus contou a seguinte parábola, mostrando aos discípulos que deviam orar sempre e nunca desanimar. —Lucas 18:1

Uma de minhas maiores lutas é uma oração não respondida. Talvez você passe pelo mesmo. Você pede a Deus que resgate um amigo de um vício, conceda salvação a um ente querido, que cure uma criança doente, restaure um relacionamento. Acreditamos que todas estas coisas devem ser da vontade de Deus. Você ora por anos, mas não recebe qualquer resposta dele e não vê resultado algum.

Você lembra o Senhor que Ele é poderoso. Que seu pedido é algo bom. Você suplica. Você espera. Você duvida — talvez Ele não a ouça, ou talvez, Ele não seja tão poderoso no fim das contas. Você desiste de pedir, por dias ou meses. Você se sente culpada por duvidar. E, lembra-se de que Deus quer que você leve suas necessidades a Ele e novamente lhe fala sobre os seus pedidos.

Podemos algumas vezes nos sentir como a viúva persistente na parábola de Jesus registrada em Lucas 18. Ela continua voltando ao juiz, incomodando-o e tentando cansá-lo para que ele ceda. Mas sabemos que Deus é mais gentil e mais poderoso que o juiz na parábola. Confiamos nele, porque Ele é bom, sábio e soberano. Lembramo-nos de que Jesus disse que nós devemos "...orar sempre e nunca esmorecer" (v.1).

Portanto pedimos ao Senhor: "Reúne, ó Deus, a tua força, força divina que usaste a nosso favor" (Salmo 68:28). E depois confiamos nele... e esperamos. —Anne Cetas

O atraso não é uma resposta negativa, por isso continue orando.

8 de fevereiro
No mesmo barco

Leitura:
Mateus 8:23-27

Jesus subiu num barco, e os seus discípulos foram com ele.
—Mateus 8:23

Quando o navio aportou, os passageiros do cruzeiro saíram o mais rápido possível. Eles haviam passado os últimos dias sofrendo com a presença de um vírus e centenas de pessoas tinham adoecido. Um dos passageiros, entrevistado ao desembarcar, disse: "Não quero reclamar exageradamente. Sei que todos estávamos no mesmo barco." Seu trocadilho aparentemente involuntário fez o repórter sorrir.

Em Mateus 8, lemos sobre outra viagem sobre as águas (vv.23-27). Jesus entrou no barco e os Seus discípulos o seguiram (v.23). Uma terrível tempestade se formou e os discípulos de Jesus temeram por suas vidas. Eles acordaram o Senhor, pois presumiram que Ele não estava ciente da crise.

Ainda que Jesus estivesse literalmente no mesmo barco que os Seus seguidores, Ele estava despreocupado com a tempestade. Como Criador Todo-Poderoso, Ele não a temia, e "…Ele se levantou, falou duro com o vento e com as ondas, e tudo ficou calmo" (v.26).

Mas nós não somos todo-poderosas e somos muito inclinadas a temer! Então o que podemos fazer quando as tempestades da vida nos assolam? Sejam elas passageiras ou soprem por longos períodos, podemos confiar em Jesus, pois estamos no mesmo barco com Aquele a quem até mesmo os ventos e o mar obedecem. —*Cindy Hess Kasper*

Deus está tão próximo do cristão que nenhum perigo consegue comparar-se ao Seu poder.

9 de fevereiro
Palavra de sustentação

Leitura:
Gênesis 26:22-24

...Não tenha medo, pois eu estou com você. [...] eu abençoarei você e farei com que os seus descendentes sejam muitos. —Gênesis 26:24

O medo de perder nosso bebê apertava o meu coração, e busquei conforto nas Escrituras. Abri minha Bíblia e li: "Naquela noite o Senhor apareceu a ele e disse: – Eu sou o Deus de Abraão, o seu pai; não tenha medo de nada, pois estou com você. [...] eu abençoarei você e farei com que os seus descendentes sejam muitos " (26:24). Essas palavras me acalmaram e dormi em paz.

O ultrassom de emergência na manhã seguinte confirmou que a gravidez estava indo bem. Mas houve uma revelação surpreendente — eu não estava carregando uma criança, mas duas! Mais tarde, dei à luz a um menino e uma menina, gêmeos. Imagine uma bênção abundante!

Em Gênesis 22:1-19 lemos que Deus testou Abraão, ordenando que sacrificasse seu único filho, Isaque. Quando o menino perguntou ao pai onde estava o cordeiro para a oferta, Abraão respondeu: "Deus dará [...] um carneirinho para o sacrifício, meu filho. E continuaram a caminhar juntos" (v.8).

Isaque confiou em seu pai, como Abraão confiou na palavra de Deus. Ele sabia que o Senhor proveria, mesmo nessa situação aparentemente adversa.

Quando enfrento um desafio em nossa família, essa promessa se mantém firme em meu coração. Nela posso confiar. A reação emocional aos desafios da vida pode nos deixar exaustas, temerosas e vulneráveis. Lembre-se de Suas palavras: "...não tenha medo de nada, pois estou com você. [...] Eu abençoarei você". —Ruth O'Reilly-Smith

Vamos nos firmar na inmutável Palavra de Deus e descansar nas promessas de nosso Pai fiel.

10 de fevereiro
Ferido

Leitura:
Isaías 61:1-3

Ele me enviou para animar os aflitos.
—Isaías 61:1

Minha filha acha fácil compreender a intenção oculta nas palavras de amigos em quem confia. Contudo, até a afirmação mais benigna de alguém que a feriu pode, frequentemente, se tornar uma flecha apontada para seu coração.

Em Isaías 61, lemos sobre a obra de Jesus como nosso Messias. Tornamo-nos conscientes de que não podemos administrar o nosso pecado e que o nosso perdão vem pelo Seu sangue. Às vezes, esquecemo-nos de que aquelas feridas que pagaram o preço por nosso pecado são mais do que suficientes para curar o nosso coração partido.

Mateus 5:4 diz: "Felizes as pessoas que choram, pois Deus as consolará." Os poderes das trevas amam nos manter num lugar de dor e contenda. Protegemos os lugares onde fomos feridas e atacamos se alguém se aventurar a aproximar-se. Com o acúmulo da dor, a nossa cautela se transforma em suspeita. O mais leve comentário se enche de intenção agressiva, e os mal-entendidos se enchem de discórdia, fazendo surgir ofensas.

O verdadeiro discernimento nos chama a ver todas as coisas pelo ponto de vista da cruz, o lugar de reconciliação com Deus, conosco e com os outros. Podemos trocar a nossa mágoa por Sua cura (Isaías 61:1).

O mesmo sangue que permanece suficiente para encobrir o nosso pecado mais tenebroso pode também curar a nossa dor mais profunda (Salmo 109:22,26). —*Regina Franklin*

*A vida plena em Cristo
não começa apenas na eternidade.*

11 de fevereiro
Viva honestamente

Leitura:
2 Timóteo 1:1-7

...o nosso amor não deve ser somente de palavras e de conversa...
—1 João 3:18

À medida que as nossas crianças crescem, nós, que somos mães ou líderes, oramos para que elas aprendam, cada vez mais, a discernir entre o certo e o errado. Mas esteja preparada! Eventualmente estas crianças vão comparar nossas ações com nossas palavras. Se o que fizermos e o que dissermos não coincidir, elas ficarão confusas, sem saber o que seguir — nossas ações ou nossas palavras.

Em sua segunda carta a Timóteo, Paulo pôde dizer honestamente: "Agradeço a Deus, a quem sirvo com a consciência limpa, como também os meus antepassados serviram" (1:3). Suas ações e suas palavras concordavam.

Paulo, em seguida, descreveu a fé do jovem Timóteo como "genuína" e destacou a sua herança espiritual: a fé genuína de sua avó Lóide e Eunice, a sua mãe (v.5). Mais tarde, em sua carta, o apóstolo exortou Timóteo: "Continue firme nas verdades que aprendeu e em que creu de todo o coração. Você sabe quem foram os seus mestres na fé cristã. E, desde menino, você conhece as Escrituras Sagradas" (3:14,15). Os cristãos cujas ações e palavras são consistentes podem influenciar gerações de pessoas para Cristo.

As crianças observam com muita atenção as práticas de nossa vida. "Faça o que eu digo" não é padrão de excelência, mas ao contrário, uma vida honesta que convida: "Faça o que eu faço." Isso significa ter ações e palavras que correspondam. Como é isso em relação a você?

—*Joanie Yoder*

As crianças são mais propensas a fazer o que você faz do que a fazer o que você diz.

12 de fevereiro
Preparadas ou não

Leitura:
Mateus 24:30-51

Por isso vocês também fiquem vigiando, pois o Filho do Homem chegará na hora em que vocês não estiverem esperando.
—Mateus 24:44

Certa manhã, um ladrão apoiou uma escada sobre o muro dos fundos de um restaurante e subiu ao telhado esperando roubar o lugar. Porém, o proprietário o aguardava, pois o restaurante tinha sido roubado três vezes nas semanas anteriores, e ele se recusava a ser vítima novamente.

Jesus falou algo semelhante aos discípulos: "...se o dono da casa soubesse quando ia chegar o ladrão, ficaria vigiando [...] vocês também fiquem vigiando, pois o Filho do Homem chegará na hora em que vocês não estiverem esperando" (vv.43,44).

Somente Deus sabe o momento exato em que Jesus voltará (v.36), e a Bíblia nos encoraja a vigiar. Ela nos dá uma dica do que acontecerá antes da volta de Jesus: guerras, desastres naturais e perseguições aumentarão, e falsos líderes religiosos infestarão o mundo (vv.7-9,23,24).

Apesar disso, não devemos temer ao vigiar e esperar (Romanos 13:11-14), mas esperar com alegria a volta de Jesus e permitir que ela inspire santidade em nossa vida. Pedro nos ofereceu algumas dicas sobre isso. Orando fielmente, amando sinceramente e dividindo generosamente (1 Pedro 4:7-9). Assim glorificamos Àquele que aguardamos.

Jesus virá como um ladrão que não se espera durante a noite. Felizmente, podemos confiar que Deus nos conservará firmes até o fim para que no dia da volta do nosso Senhor Jesus Cristo não sejamos achadas com culpa (1 Coríntios 1:7,8). —*Jennifer Benson Schuldt*

...seremos levados nas nuvens, [...] para nos encontrarmos com o Senhor. —1 Tessalonicenses 4:17

13 de fevereiro
Não há outro Deus

Leitura:
Êxodo 20:1-6

Não adore outros deuses; adore somente a mim.
—Êxodo 20:3

Jason é sério em relação aos seus estudos, e está se esforçando para obter uma bolsa de estudos de doutorado no exterior. Ele come, bebe e dorme matemática em detrimento dos seus relacionamentos!

Qualquer estudante responsável deve ser diligente. No entanto, é fácil que a carreira, família, os hobbies e outras preocupações cotidianas sejam elevados a um status divino. Podemos dar-lhes devoção total.

Ter outro deus diante do único Deus é provocá-lo ao santo ciúme. João Calvino explicou: "Isso é como uma mulher sem-vergonha, que traz um adúltero diante dos olhos de seu marido só para irritá-lo mais."

Podemos obedecer a esse mandamento em Êxodo 20:3? Sim. A Lei revela nossa tendência pecaminosa de termos outros deuses, mas com a ajuda do Espírito Santo podemos obedecer devido ao sacrifício que Cristo realizou por nós na cruz. O autor Philip Ryken coloca: "Não como um modo de nos justificarmos perante o Senhor, mas como uma maneira de agradar ao Deus que nos justificou perante Ele."

Que o nosso coração reflita as palavras do autor de hinos Robert Robinson: "Quão grande devedor da graça sou diariamente constrangido a ser! Que a Tua bondade prenda, como um grilhão, o meu coração errante a ti. Propenso a vagar, Senhor, eu o sinto propenso a deixar o Deus que amo; eis aqui meu coração — tome-o e sele-o para as Tuas cortes celestes." —*Poh Fang Chia*

Meu povo, eu, o Senhor, sou o seu Deus...
—Êxodo 20:2

14 de fevereiro
Um investimento seguro

Leitura:
3 João 1:1-15

Do presbítero ao querido Gaio, a quem amo de verdade.
—3 João 1:1

Tínhamos acabado de subir quase 300 degraus de uma escada em espiral, quando sentei e vi um mostruário repleto de embalagens transparentes com moedas e notas. Eram réplicas de dinheiro fora de circulação. Uma moeda em forma de triângulo me intrigou. Eram similares, na cor, à moeda corrente e meditei sobre a inutilidade delas hoje em dia.

A temporalidade deste mundo destaca o caráter fugaz das coisas que buscamos (1 João 2:17). Tudo se torna obsoleto ou inútil. Nossas posses não nos seguirão para a vida eterna.

Jesus nos alertou a nos agarrarmos ao eterno quando disse: "Não ajuntem riquezas aqui na terra, onde as traças e a ferrugem destroem, e onde os ladrões arrombam e roubam. Pelo contrário, ajuntem riquezas no céu, onde as traças e a ferrugem não podem destruí-las, e os ladrões não podem arrombar e roubá-las" (Mateus 6:19,20).

Vemos a ênfase do apóstolo em cuidar dos trabalhadores cristãos que estavam na estrada e em necessidade. Notamos que a prioridade do céu é o povo. Diante disso, as palavras de João demonstram que investir na vida de outros, verdadeiramente honra a Deus e a Sua verdade (3 João 1:5-8).

Precisamos lembrar que os prédios de igrejas envelhecem, os equipamentos enguiçam, mas as pessoas são a pulsação de Deus. Investir em pessoas não é fácil e a resistência pode ser feroz (vv.9-12). Mas o retorno é inestimável (Provérbios 11:30). —*Regina Franklin*

Uma pessoa correta traz bênçãos para a vida dos outros... —Provérbios 11:30

15 de fevereiro

Rainha por um dia

Leitura:
Salmo 22:27-29

Pois o S<small>ENHOR</small> *é Rei e governa as nações.* —S<small>ALMO</small> 22:28

Após uma reunião no Mildmay Uganda, um centro especializado em atendimento holístico a soropositivos e aidéticos, a diretora da entidade me pediu que participasse do ensaio geral com as crianças da pediatria para a recepção da rainha da Inglaterra. Atuei como se fosse a rainha visitante.

Alguns minutos mais tarde, tocou-se uma marcha solene e um dublê do príncipe Philip me acompanhou até a área designada para a rainha. Quando sentei na cadeira que a rainha ocuparia no dia seguinte, fiquei maravilhada com a oportunidade que as crianças teriam de levantar seus bracinhos frágeis e dançar perante a realeza.

E pensei no quanto será magnífico quando todos demonstrarem grande honra e respeito pelo nosso Senhor Jesus Cristo. As Escrituras prometem:

• "Todas as nações lembrarão de Deus, o S<small>ENHOR</small>, todos os povos da terra se voltarão para ele, e todas as raças o adorarão. Pois o S<small>ENHOR</small> é Rei…" (Salmo 22:27,28).

• "O S<small>ENHOR</small> reina no céu com poder. A sua força é maior do que a fúria do oceano e mais poderosa do que as ondas do mar […] o teu Templo é santo…" (Salmo 93:4,5).

• "Louvemos o Senhor, o Deus de Israel, pois ele veio ajudar o seu povo e lhe dar a liberdade. Enviou para nós um poderoso Salvador…" (Lucas 1:68,69).

• "…Juro pela minha vida, diz o Senhor, que todos se ajoelharão diante de mim e todos afirmarão que eu sou Deus" (Romanos 14:11).

—Roxanne Robbins

O Senhor Jesus Cristo merece toda a nossa honra e respeito.

16 de fevereiro
Enfrentando o impossível

Leitura:
Josué 5:13–6:5

—*Olhe! Eu estou entregando a você a cidade de Jericó...*
—Josué 6:2

Há 10 anos, os valores das casas estavam despencando. Mas duas semanas depois que eu e meu marido colocamos nossa casa de 40 anos à venda, apareceu um comprador e fechamos a venda. Em seguida, os empreiteiros começaram a trabalhar numa outra casa que eu tinha herdado e que seria o nosso novo lar. Mas dias antes do fechamento da venda da casa onde eu morava ser concretizada, o comprador desistiu. Ficamos desolados! Agora tínhamos duas propriedades — uma cujo valor despencava e a outra era uma ruína virtual que não podíamos vender, e para a qual nem podíamos nos mudar. Até surgir um novo comprador, não poderíamos pagar o empreiteiro. Foi uma situação desagradável.

Quando Josué lutou em Jericó, uma cidade fortificada e bloqueada, talvez tenha sentido que estava enfrentando uma situação impossível (Josué 5:13–6:27). Mas um Homem com uma espada desembainhada apareceu a Josué. Alguns teólogos acreditam que o Homem era o próprio Jesus. Josué ansiosamente perguntou-lhe se Ele estaria do lado dos israelitas ou de seus inimigos na batalha que aconteceria. Ele respondeu: "Estou aqui como comandante do exército de Deus, o Senhor..." (5:14). Josué curvou-se em adoração antes de dar mais um passo. Ele ainda não sabia como Jericó seria entregue em suas mãos, mas ouviu a Deus e o adorou. E, em seguida, obedeceu às instruções do Senhor e o impossível aconteceu. —*Marion Stroud*

Nada é impossível para o Senhor!

17 de fevereiro

Olhos para ver

Leitura:
Josué 3:1-11

A ti levanto as mãos em oração; como terra seca, eu tenho sede de ti. —Salmo 143:6

Meu primeiro vislumbre da Terra Prometida de cima das colinas de Moabe foi decepcionante. "Era muito diferente quando os israelitas chegaram aqui?", perguntei à nossa guia, enquanto olhávamos para Jericó. Esperava um grande contraste em relação ao lado leste do Jordão. "Não," ela respondeu. "Tem a mesma aparência por milhares de anos."

Eu reformulei a pergunta. "O que os israelitas viram quando chegaram aqui?". Ela respondeu: "O maior oásis da face da terra."

Então eu a compreendi. Eu atravessei o deserto árido no conforto de um ônibus com ar-condicionado cheio de garrafas de água gelada. Os israelitas tinham caminhado anos peregrinando num deserto quente e seco. Para eles, o verde pálido estendido à visível distância significou água refrescante e geradora de vida. Eles estavam sedentos; eu me sentia revigorada. Eles estavam exaustos; eu estava descansada. Eles tinham peregrinado por 40 anos para chegar até esse local; eu apenas quatro horas, dentro de um confortável veículo.

Como um oásis, a bondade de Deus é encontrada em lugares secos e difíceis. Com que frequência, me pergunto, falhamos em ver a Sua bondade, porque os nossos sentidos espirituais têm sido entorpecidos pelo conforto? Algumas vezes, os dons de Deus são vistos mais claramente quando estamos cansadas e sedentas. Que tenhamos sempre a presença do Senhor (Salmo 143:6). —*Julie Ackerman Link*

Jesus é a única fonte que pode satisfazer a alma sedenta.

18 de fevereiro
Achados e perdidos

Leitura:
Lucas 15:1-10

…Alegrem-se comigo porque achei a minha moeda perdida.
—Lucas 15:9

Durante muitos anos trabalhei com jovens viciados em drogas. Nunca desisti de nenhum deles — até trabalhar com Samuel. Ele tinha problemas peculiares e era extremamente rebelde. Sem perceber, comecei a me afastar dele. Então, Deus alertou-me para minha atitude errada.

Um dia fui dormir na casa de uma amiga e me dei conta de que havia perdido um anel valioso e o procurei insistentemente. Até afastei a cama e nada de encontrar o anel. Finalmente pensei: *Esta busca está tomando demais minha atenção. Vou voltar para Deus e Sua Palavra.*

Quando me ajoelhei ao lado da cama, abri minha Bíblia em Lucas 15 e comecei a ler sobre a mulher que procurava diligentemente uma moeda perdida. Quando refleti a respeito da parábola, era como se Deus estivesse me dizendo: "Você se esforçou muito procurando seu anel perdido. Está disposta a se esforçar dessa maneira para alcançar Sam?". Com os olhos fechados, respondi com sinceridade: "Sim, Senhor, estou!".

Quando abri os olhos, descobri meu anel na cama, perto de minha Bíblia. Como fiquei feliz! Porém, alguns meses depois, eu e os anjos nos alegramos muito mais por Samuel, que finalmente entregara sua vida a Cristo!

Pergunte a si mesma: Sou tão diligente na busca de pessoas perdidas como sou na busca de objetos perdidos? —*Joanie Yoder*

Pelo fato de nós mesmas termos sido achadas, temos a missão de buscar os perdidos.

19 de fevereiro

A casa torta

Leitura:
Mateus 7:21-29

*Quem ouve esses meus ensinamentos e vive
de acordo com eles [...] construiu a sua casa na rocha.*
—Mateus 7:24

Instável, confusa, oscilante. Estas palavras descrevem a aparência da Casa Torta — a casa mais fotografada na Polônia. Certo observador comentou que a estrutura dá a impressão de que a casa está "derretendo ou caindo de exaustão". O designer Szotynscy Zaleski criou o exterior para retratar poucas linhas retas, e o resultado é uma composição arquitetônica semelhante aos espelhos de parques de diversão.

Jesus falou sobre uma casa fadada a desabar. A chuva, a enchente e os ventos a fariam "...cair e ficar totalmente destruída" (v.27). Sua estrutura desmoronaria por estar edificada sobre a areia instável.

Como a areia, o mundo ao redor muda sem parar. A tecnologia logo se torna ultrapassada. As amizades acendem e esfriam. A moda e os grupos musicais brilham com inconstância. Permitir que estas coisas moldem a nossa vida gera instabilidade, e podemos permitir que substituam Jesus como alicerce da nossa vida.

Quando entendemos os ensinamentos de Cristo, mas não os praticamos (v.26), andamos em bases instáveis, deixando para trás o fundamento de viver em Sua verdade. Enganamo-nos se apenas *ouvirmos* a Palavra, mas não a *praticarmos* (Tiago 1:22,23).

Entretanto, Jesus disse: "Quem ouve esses meus ensinamentos e vive de acordo com eles é como um homem sábio que construiu a sua casa na rocha" (Mateus 7:24). Busque a estabilidade em Jesus. —*Jennifer Benson Schuldt*

*Edifique a sua vida sobre as verdades bíblicas
que são sólidas como a rocha.*

20 de fevereiro
A vontade de Deus

Leitura:
Gênesis 1:1-31

A terra era um vazio, sem nenhum ser vivente, e estava coberta por um mar profundo. A escuridão cobria o mar, e o Espírito de Deus se movia.... —Gênesis 1:2

O ultrassom parecia filme de ficção científica, e eu pude ver a promessa daquele que seria o nosso primeiro filho. Ainda não sabia o seu sexo, os traços de personalidade ou qualidades daquele coração que agora batia. A imagem dessa pequena vida no útero, as fotos do ultrassom eram tesouros para meu marido e eu, e nos lembravam de que o que não podíamos ver a olho nu, era de fato uma pessoa.

A capacidade de produzir e tornar visível algo que era invisível é inerente a todas as coisas vivas (Gênesis 1:12,24). Entretanto, os humanos são os únicos com capacidade de ter esperança. Embora desfigurados pelo pecado, carregamos o DNA de nosso Criador (v.27).

Baseamos as nossas esperanças no firme alicerce desta verdade: *Deus cumpre os Seus desígnios* (Salmo 139:13,15,16; Filipenses 1:6; Hebreus 6:18). Como a formação de uma criança no útero de sua mãe, a materialização da esperança em vida acontece em estágios — muitos deles imperceptíveis a olho nu.

Os tempos de espera podem ser difíceis, pois as nossas emoções se tornam especialmente alteradas em momentos de prolongada demora. Quando questionamentos, nossos e de outros, vão se aglomerando, precisamos escolher firmarmo-nos na esperança da vida eterna, "...assim como âncora mantém seguro o barco" (Hebreus 6:19). Nosso papel? Mantermos o foco, sermos pacientes e aceitarmos a Sua vontade amorosa com *esperança*. —Regina Franklin

A esperança, concretizada ou não, baseia-se nos planos perfeitos de Deus.

21 de fevereiro
No começo

Leitura:
Gênesis 1:1-31

No começo Deus criou os céus e a terra…
—Gênesis 1:1

No filme *A Noviça Rebelde*, Maria canta "Dó-Ré-Mi", cuja letra fala sobre começar pelo básico para aprender o alfabeto ou a cantar. Gênesis, o livro dos começos, traz a resposta sobre o que realmente é a vida. O capítulo 1 inicia com o pressuposto de que Deus existe, não discute a Sua existência; simplesmente *começa com Deus*.

Vemos o poder de Deus e o propósito do homem. O Senhor falou e o Universo — com toda sua incrível biodiversidade — veio a existir. Mas a glória suprema da criação de Deus foi o homem e a mulher que foram criados à Sua imagem (v.27). Feitos para viver no local dado pelo Senhor, sob o Seu governo para apreciarem as Suas bênçãos. "Pois todas as coisas foram criadas por ele, e tudo existe por meio dele e para ele. Glória a Deus para sempre! Amém!" (Romanos 11:36).

Séculos se passam nos 49 capítulos seguintes. Temos o relato sobre como o pecado entrou no mundo, seus efeitos catastróficos, o plano de Deus para restaurar a bênção ao mundo por meio de Seu povo escolhido. Estabelecem-se as bases para Jesus vir e nos conceder nova vida nele. Gênesis é citado mais de 165 vezes no Novo Testamento.

O professor de ensino bíblico, Ray Stedman, escreveu: "Nos 50 capítulos de Gênesis há um segredo para viver — o relacionamento pessoal diário com o Deus vivo, que era no princípio, que fez os céus e a terra, e que criou a raça humana à Sua própria imagem." —*Poh Fang Chia*

Deus quer ter comunhão e um relacionamento vivo com o povo que Ele carinhosamente criou.

22 de fevereiro

Carros e computadores

Leitura:
Salmo 44:1-8

*…Eles venceram com o teu poder, […]
Assim tu mostraste o teu amor por eles.* —João 14:3

Eu não tirava os olhos da tela do computador, mas a tela escureceu outra vez, e eu soube que precisaria de um novo computador.

Com o prazo de entrega prestes a acabar, tentei não me preocupar. Algumas palavras do salmo me vieram à mente…: "Alguns confiam nos seus carros de guerra, e outros, nos seus cavalos, mas nós confiamos no poder do Senhor, nosso Deus" (20:7). Todo desafio que enfrentamos nos faz questionar: confiaremos em nossos recursos e forças ou dependeremos de Deus?

É Deus quem dá a vitória, e os israelitas tiveram muitas chances de provar isto quando lutaram com as nações que habitavam Canaã. Algumas delas mais poderosas do que Israel (Deuteronômio 7:1). Porém, no final, o povo de Deus atribuía a Ele suas vitórias.

Gerações mais tarde, lembraram-se de que seus antepassados não tinham vencido as batalhas por causa de estratégias ou armas. E cantaram a Deus: "Com a tua própria mão expulsaste as nações […]. Eles venceram com o teu poder, com a tua força e com a luz da tua presença. Assim tu mostraste o teu amor por eles" (vv.2,3).

Como filhas de Deus, temos a garantia de que Ele nos ama e nos auxilia. Isto nos fortalece quando enfrentamos os desafios. Sim, carros e computadores podem quebrar, mas Deus pode nos capacitar a fazer *proezas* para a Sua glória. —*Jennifer Benson Schuldt*

*Com Deus do nosso lado, venceremos;
ele derrotará os nossos inimigos.* —Salmo 60:12

23 de fevereiro
Gratidão ou murmuração

Leitura:
Colossenses 2:1-10

Estejam enraizados nele, construam a sua vida sobre ele e se tornem mais fortes na fé [...]. E deem sempre graças a Deus.
—Colossenses 2:7

Imagine se lhe dessem uma tigela de areia contendo pequenas partículas de ferro, com a ordem de remover o ferro da areia. Você teria duas opções. Enfiar os dedos na areia à procura das partículas de ferro. Porém, você encontraria muito poucas. Ou você poderia colocar um ímã na areia e deixá-lo atrair inúmeras partículas de ferro.

Como os dedos na areia, o coração lamuriante encontra bem poucas misericórdias. Mas quando o coração grato se move pela vida, ele encontra incontáveis bênçãos, assim como o ímã encontra o ferro.

De todas as escolhas que fazemos na vida, poucas nos afetam tão poderosamente quanto nossa escolha entre a gratidão e a murmuração. Um olhar honesto sobre nossa vida revelará qual escolha fizemos. Se for a murmuração, provavelmente veremos poucas bênçãos. Se for a gratidão, não só encontramos inúmeras bênçãos — elas também parecem nos encontrar!

Paulo ensinou que o coração transbordando de gratidão é fundamentado na fé (Colossenses 2:7). Em Filipenses, ele insiste com os fiéis, repetindo: "Tenham sempre alegria, unidos com o Senhor! Repito: tenham alegria!" (4:4).

Qual escolha você fez? Gratidão ou murmuração? A murmuração deixa de ver as bênçãos, mas a gratidão encontra bênçãos em todos os lugares — até mesmo em lugares secos e arenosos! —*Joanie Yoder*

Com um pouco de prática, qualquer pessoa, cheia de amor e de verdade pode dominar a arte da gratidão.

24 de fevereiro
Roupa impura

Leitura:
Zacarias 3:1-10

[O anjo] disse: Assim eu tiro os seus pecados e agora vou vesti-lo com roupas de festa. —Zacarias 3:4

A pergunta ardia no coração dos repatriados: "Deus pode usar alguém como eu?". Os israelitas tinham voltado do cativeiro, a Terra Prometida estava em ruínas e o templo destruído. Eles perceberam que haviam errado muito e questionavam: *Deus pode nos usar para restabelecer a maneira adequada de adorá-lo?*

Também podemos nos atormentar por questões como: "Quem sou eu para ensinar a Palavra de Deus?", "Preciso arrumar minha vida e começar a servi-lo!".

Nossa consciência é atormentada quando o Espírito Santo nos repreende, e Satanás amontoa suas acusações contra nós. O tentador tem um bom argumento. Como Josué, o sumo sacerdote que Zacarias viu em sua visão, somos culpadas da acusação (Zacarias 3:1).

Josué tentava ministrar perante o Senhor na qualidade de sacerdote, mas estava vestindo roupas sujas (vv.1-4). A palavra hebraica para *suja* significa literalmente: *coberto por excrementos.*

Mas na visão do profeta, Deus revela que purifica os pecadores com base em Sua graça e os torna dignos de servi-lo (vv.4,5).

Deus deu a Josué um encargo e uma promessa, por intermédio de um anjo Seu. O encargo: obedecer às Suas leis e cumprir os seus deveres (v.7). A promessa: administrar o templo (v.7).

"Mas pela graça de Deus sou o que sou, e a graça que ele me deu não ficou sem resultados. […]não sou eu quem tem feito isso, e sim a graça de Deus que está comigo" (1 Coríntios 15:10). —*Poh Fang Chia*

A graça de Deus me compele a servi-lo.

25 de fevereiro
Firmadas

Leitura:
Salmo 119:105-112

...é preciso que vocês continuem fiéis, firmados sobre um alicerce seguro, sem se afastar da esperança que receberam...
—Colossenses 1:23

A sala estava uma catástrofe, ela tinha servido para os atores em idade escolar descansarem e entreter-se entre as suas cenas para o musical da escola. Com as cortinas fechadas, sobrevivi e fui limpar tudo. Ao dobrar o tapete, as palavras escritas na parte de baixo chamaram minha atenção: *A tua palavra é lâmpada para guiar os meus passos, é luz que ilumina o meu caminho* (Salmo 119:105).

Então lembrei-me que tinha escrito esse versículo no tapete como uma declaração simbólica do meu verdadeiro chamado. Em meio às pilhas de papel sobre a minha mesa, às tarefas para fazer e às lições para planejar, minha responsabilidade básica era permanecer na verdade e na autoridade de Jesus. Não importa o que a vida nos trouxer, podemos apenas tentar sobreviver ou verdadeiramente vencer. O segredo está em posicionarmos os nossos *pés*.

Jesus disse que cada dia teria seus próprios desafios (Mateus 6:34), e Ele declarou Sua soberania sobre o que iríamos enfrentar (João 16:33). Estar firmada na Palavra de Deus não é simplesmente um clichê cristão. Exige crer no que Deus diz acima do que ouvimos ou lemos. Além disso, é uma decisão de crer que Jesus — a Palavra viva de Deus (João 1:1-4). Ele é poderoso acima de tudo.

A nossa declaração de fé é uma decisão de permanecer firme e seguir as verdades da Palavra de Deus (Salmo 105:11,12; 1 Coríntios 16:13; 2 Coríntios 1:21,24). —Regina Franklin

Antes de ser criado o mundo, aquele que é a Palavra já existia. Ele estava com Deus e era Deus. —João 1:1

26 de fevereiro
Dia de colheita

Leitura:
Gálatas 6:1-10

*Não se enganem: ninguém zomba de Deus.
O que uma pessoa plantar, é isso mesmo que colherá.*
—Gálatas 6:7

Certa tarde de outono, passei de carro por um campo no qual um fazendeiro tinha estacionado uma enorme máquina ao lado da estrada. Uma placa amarela dizia: "Estamos colhendo." Ao dar uma olhada no campo, reconheci instantaneamente o que o fazendeiro plantara vários meses antes — minúsculas sementes de milho. Sabia disso porque ele estava se preparando para conduzir sua colheitadeira através de hectares de pés de milho maduros.

Embora possa parecer óbvio que ao plantar milho se colherá milho, às vezes negamos a relação entre semear e colher em nossa vida espiritual. O apóstolo Paulo escreveu: "Não se enganem: ninguém zomba de Deus. O que uma pessoa plantar, é isso mesmo que colherá" (Gálatas 6:7). Viver para agradar a nossa carne resulta em corrupção, expressa na forma de desejar o que não é nosso, egocentrismo e até abuso de substâncias químicas (5:19-21). Caminhar com o Espírito produz paz, bondade e domínio próprio (5:22,23 ARA). Pela graça de Deus, podemos escolher "…plantar no terreno do Espírito de Deus, desse terreno [colheremos] a vida eterna" (6:8).

Suponha que Jesus declarasse hoje como o dia de colheita em nossa vida e nos pedisse para ajuntarmos o resultado de nossas escolhas diárias de todo o último ano. O que teríamos para mostrar ao Senhor?
—Jennifer Benson Schuldt

*As sementes que plantamos hoje determinam
o tipo de fruto que colheremos amanhã.*

27 de fevereiro

Abastecer

Leitura:
Êxodo 15:1-21

A tua mão direita, ó Senhor, tem um poder terrível...
—Êxodo 15:6

E m Uganda dirijo uma van a diesel, por isso quando o namorado da minha irmã me emprestou sua picape também a diesel durante minha estadia em meu país, pensei que não teria problemas. Entretanto, na primeira abastecida, enchi o tanque com gasolina especial.

As consequências foram desagradáveis e caras. O carro andou uns 10 metros, enguiçou e foi rebocado até a oficina. Para voltar a funcionar, foi necessário a lavagem do tanque de combustível, mangueiras, filtros e injetores.

Custou caro, mas me deixou mais cuidadosa. Esse incidente me fez imediatamente considerar as fontes de força, ou fraqueza, que permito em meu coração.

No Antigo Testamento, às vezes Deus direcionou o uso de fontes alternativas de energia, como "a madeira do poste" (Juízes 6:26), "fezes secas" (Ezequiel 4:12) ou as pilhagens de guerra, como "as armas, os escudos, os arcos, as flechas, os porretes e as lanças" (39:9). Entretanto, a energia emocional veio de situações como o nascimento de uma criança (Gênesis 21:6,7), a visita de um filho amado (48:2) ou o encorajamento de um amigo (Deuteronômio 3:28). A energia espiritual vinha somente de Deus — para que as pessoas não se orgulhassem de sua "força e trabalho" (8:17) e esquecessem que somente o Deus Soberano pode realizar "...coisas tão grandes e maravilhosas..." (3:24).

De onde vem a sua "energia"? —Roxanne Robbins

...mas os que confiam no Senhor recebem sempre novas forças... —Isaías 40:31

28 de fevereiro
Nossa mensagem

Leitura:
1 Coríntios 2:1-8

Porque, quando estive com vocês, resolvi esquecer tudo, a não ser Jesus Cristo e principalmente a sua morte na cruz.
—1 Coríntios 2:2

Já ouvi pessoas dizerem que o Senhor às vezes usa hinos simples para tocá-los com verdades profundas. Canções como "Por que Ele vive", "Grande é tua fidelidade" ou "Jesus Salva" os impressiona como se eles estivessem ouvindo estas verdades pela primeira vez. Algo semelhante aconteceu comigo em 1986. Participei de uma convenção que reuniu 10 mil evangelistas de muitos países. A nossa preocupação comum era levar o plano divino de salvação para o nosso mundo perdido e carente. Quando fui aos seminários e ouvi brilhantes preletores, comecei a pensar se a tarefa urgente de evangelismo estava além de minha capacidade. Na sequência, uma cantora foi convidada à plataforma. Meu espírito se tornou tranquilo e confiante quando sua bela voz proclamou: "As pessoas precisam do Senhor!". Ela nos lembrou, por meio da canção, que todas as pessoas ao nosso redor precisam ouvir sobre Jesus e colocar sua fé nele.

Compartilhar o evangelho significa compartilhar Cristo, Sua morte e Sua ressurreição com pessoas perdidas no pecado. Paulo disse que ele não ministrava com eloquência ou sabedoria mundana. Ele preferiu nada saber "a não ser [sobre] Jesus Cristo e sua morte na cruz" (1 Coríntios 2:2).

Sim, há muito conhecimento a ser obtido, mas a chave para adquiri-lo é conhecer ao Senhor. É por isso que as pessoas precisam *dele*. Lembre-se: a nossa mensagem é Cristo. —Joanie Yoder

Quanto mais Jesus ocupa a sua mente, mais você fala sobre Ele.

29 de fevereiro

Não afetadas

Leitura:
Ageu 2:1-23

...Para Deus, são impuros todo o povo deste país, tudo o que eles fazem e todos os sacrifícios que são oferecidos no altar.
—AGEU 2:14

Nem toda influência é a mesma. Um pedaço de carvão difere de um diamante em constituição e valor, embora ambos contenham carbono. Os resíduos do carvão, resistentes e pretos, marcam o que ele toca. O diamante, mais forte e valioso, não transfere seu brilho. Carregue um saco de carvão ou de diamantes, e a lição será visível.

O pecado e a santidade funcionam da mesma maneira. Enquanto a transigência deixa um resíduo que mancha por onde quer que se mova, a santidade não exerce impacto pelo toque externo. Ao contrário, seu impacto é visto quando compreendemos corretamente as promessas de Deus "mesmo que agora não haja trigo nos depósitos" (Ageu 2:19) e quando plantamos de acordo com Seus propósitos. Respondendo ao pecado da apatia do povo, Ageu traçou um paralelo entre o estado do templo inacabado e as decisões que tomamos na vida. Não podemos cair em apatia e permanecer não afetadas. Isso se tornará visível em nossas ações e atitudes (vv.13,14).

Ir à igreja e associar-se com pessoas fortes na fé não produz a fé apaixonada (v.12). É preciso uma reforma no coração (Romanos 2:28,29), em nossa identidade e depois no comportamento (1 Pedro 1:15,16).

Quando nos firmamos em Jesus com amor visível e obediência, Sua presença nos toca. Odiando o pecado da apatia, que mancharia a oferta da nossa vida, sabemos que o Senhor Todo-poderoso está entre nós (Ageu 2:11). —*Regina Franklin*

Deus não anula Suas promessas e se agrada quando praticamos nossa fé nele.

1.º de março

Atalhos perigoso

Leitura:
Mateus 4:1-10

Jesus respondeu: —As Escrituras Sagradas afirmam: "O ser humano não vive só de pão, mas vive de tudo o que Deus diz."
—Mateus 4:4

Durante as eleições em meu país, uma mãe batalhadora que eu conhecia trocou o seu voto por um pacote de fraldas. Nós havíamos conversado sobre os benefícios de cada candidato, portanto a escolha que ela fez, me decepcionou. "Mas e as convicções?", perguntei-lhe. Ela permaneceu em silêncio. Seis meses depois que o seu candidato tinha vencido, os impostos subiram ainda mais. Tudo agora é bem mais caro do que antes, inclusive as fraldas!

Em países ao redor do mundo, a corrupção na política não é novidade. A corrupção espiritual também não. Satanás tentou seduzir Jesus a "negociar" as Suas convicções (Mateus 4:1-10). O tentador o procurou, quando o Senhor se encontrava cansado e faminto. Ele ofereceu a satisfação imediata para Jesus, pães frescos em segundos, um livramento miraculoso, os reinos do mundo e sua glória.

Mas Jesus era sábio. Ele sabia que os atalhos são inimigos perigosos. Eles podem oferecer uma estrada livre de sofrimentos, porém, no fim das contas, a dor que carregam é muito pior do que qualquer coisa que possamos imaginar. Jesus disse três vezes durante a Sua tentação: "As Escrituras Sagradas afirmam…" (vv.4,7,10). Ele se manteve firme ao que sabia ser a verdade de Deus e de Sua Palavra.

Quando somos tentadas, Deus pode nos ajudar também. Podemos depender dele e da verdade de Sua Palavra para nos ajudar a evitar os atalhos perigosos. —*Keila Ochoa*

O caminho de Deus não é fácil, mas conduz à satisfação eterna.

2 de março
Em escondido

Leitura:
Salmo 119:9-16

Guardo a tua palavra no meu coração para não pecar contra ti. —Salmo 119:11

Quando nasci, meu tataravô já não conseguia mais enxergar. Ele era conhecido pelos lindos objetos de madeira que havia talhado — e também como alguém que citava muitos versículos das Escrituras. Ele e seu amigo Eli frequentemente compartilhavam os versículos que conheciam. Um pouco de espírito competitivo ficou evidente ao admitirem que Eli citava mais referências, enquanto meu tataravô conseguia citar mais versículos.

Hoje, a família frequentemente se lembra dele como o "avô cego." A memorização das Escrituras tornou-se para ele um guia de vida quando perdeu sua visão física. Mas por que é importante memorizarmos a Palavra de Deus?

O Salmo 119 nos dá instruções sobre como seguir a Deus escondendo Sua Palavra em nosso coração. Primeiro, desta maneira, nos armamos quando a tentação chega (v.11; Efésios 6:17). Em seguida, ao meditarmos em Sua Palavra, passamos a conhecê-lo melhor. E por último, quando as Suas palavras estão gravadas em nossa mente temos mais condições de ouvir Sua voz quando Ele nos instrui e guia. Usamos essas frases memorizadas das Escrituras quando falamos com Ele, quando o adoramos e testemunhamos ou ensinamos a outros (Colossenses 3:16).

A Palavra de Deus é "...viva, e eficaz..." (Hebreus 4:12). Esconda as suas preciosas palavras "em seu coração" (Salmo 119:11), pois estarão sempre com você. —*Cindy Hess Kasper*

Quando a Palavra de Deus está escondida em nosso coração, Seus caminhos se tornam os nossos caminhos.

3 de março
Use o que tem

Leitura:
2 Reis 4:1-7

Eliseu perguntou: — O que posso fazer por você? Diga! O que é que você tem em casa? —2 Reis 4:2

Em 2008, os economistas confirmaram que o Reino Unido estava em recessão. Naquela época, muitos perderam seus empregos e as agitadas ruas do centro financeiro silenciaram. Muitas empresas conhecidas se tornaram insolventes.

Como DJ de uma rádio cristã, fui chamada para falar a pessoas atingidas pela crise econômica. Para encorajá-las, compartilhei 2 Reis 4:1-7, sobre a viúva que procurou a ajuda do profeta Eliseu. O marido dela era "…um dos membros de um grupo de profetas…" e havia morrido. Alguns homens iriam levar seus dois filhos como pagamento de dívidas (v.1). Eliseu perguntou à viúva: "…O que é que você tem em casa?…" (v.2). Ela tinha apenas um jarro de azeite (v.2). Miraculosamente, Deus permitiu que o azeite jorrasse até que ela tivesse enchido muitas vasilhas (vv.5,6). Depois, ela as vendeu para pagar as dívidas e viveu do que sobrou.

Quando os discípulos pediram a Jesus que dispersasse uma multidão faminta, para que cada um buscasse o que comer, Ele lhes disse: "…Deem vocês mesmos comida a eles" (Mateus 14:16). Com pouca fé, responderam: "…Só temos aqui cinco pães e dois peixes" (v.17). Jesus alimentou a todos miraculosamente. "Todos comeram e ficaram satisfeitos…" (v.20).

Não procure os outros por causa de suas necessidades, veja o que Deus já lhe proveu. Ele pode multiplicar os talentos e tesouros que lhe deu e abençoar e sustentá-lo. —*Ruth O'Reilly-Smith*

Deus multiplica o que temos quando nós o entregamos a Ele.

4 de março
Dos erros às maravilhas

Leitura:
João 21:15-19

Faze com que voltemos a ti, ó Senhor, sim, faze-nos voltar! Faze com que a nossa vida seja outra vez como era antes.
—Lamentações 5:21

O artista James Hubbell diz: "Os erros são dádivas." Sempre que ele está trabalhando em um projeto e algo sai errado, ele não o recomeça. Ele procura uma maneira de retrabalhar o erro para fazer algo melhor. Nenhum de nós pode evitar errar, e todos nós temos a maneira favorita de lidar com eles. Podemos tentar escondê-los, corrigir ou nos desculparmos por eles.

Às vezes, também fazemos isso com o nosso pecado. Mas Deus não nos descarta e depois recomeça. Ele nos redime e nos torna ainda melhores.

O apóstolo Pedro tinha a tendência de fazer e dizer o que parecia melhor no momento. Ele é conhecido como *impetuoso*. Amedrontado após Jesus ser preso, Pedro afirmou três vezes que não conhecia o Senhor! Mas depois, com base nas três declarações de amor de Pedro, Jesus transformou sua humilhante negação numa maravilhosa oportunidade de restauração (João 21). A despeito do passado imperfeito de Pedro, Jesus o restaurou ao ministério com estas palavras: "Apascenta as minhas ovelhas" (v.17).

Se você *tropeçou* e a situação parece irreversível, o que mais importa, nesse momento, é se você ama Jesus ou não. Quando o amamos, Jesus pode transformar os nossos mais graves tropeços em incríveis maravilhas. —*Julie Ackerman Link*

Deus pode transformar os nossos erros em maravilhas.

5 de março
Verdade em um táxi

Leitura:
João 14:1-11

…Eu sou o caminho, e a verdade, e a vida; ninguém pode chegar até o Pai a não ser por mim. —João 14:6

Certo dia, enquanto estava no centro da minha cidade, chamei um táxi. Ao entrar, percebi várias propagandas de um guru da Nova Era afixadas no assento à minha frente. O motorista afirmou que esse místico era o *divino* de nossa época. Ele acreditava que Deus designara diversos líderes para todas as eras e que Jesus havia sido meramente, o designado para o Seu tempo.

É claro que tive de discordar. Enquanto conversávamos, mencionei as palavras de Jesus: "Eu sou o caminho, e a verdade, e a vida; ninguém pode chegar até o Pai a não ser por mim" (João 14:6). Contrariamente à crença do taxista, Jesus não fora apenas um de uma série de líderes religiosos iluminados — Ele é o único caminho para conhecer a Deus, e somente através dele podemos chegar ao céu.

Jesus não declarou simplesmente ser a autoridade espiritual definitiva. Ele provou isso com a Sua morte e ressurreição. Cristo ofereceu "…só um sacrifício para tirar pecados, uma oferta que vale para sempre…" (Hebreus 10:12). "O senhor é o Messias, o Filho do Deus vivo" (Mateus 16:16).

Jesus disse a respeito de si mesmo: "…eu estou no Pai e o Pai está em mim…" (João 14:11). Portanto, não necessitamos investigar qualquer novo caminho de salvação. É melhor aprendermos tudo o que pudermos sobre Cristo; Ele é o único que pode proporcionar a convicção espiritual. —*Jennifer Benson Schuldt*

Impostores espirituais só nos levarão a um passeio, mas Jesus nos levará ao céu.

6 de março
Onde você mora?

Leitura:
Salmo 90:1-17

Senhor, tu tens sido o nosso refúgio.
—Salmo 90:1

Há um ditado que diz: "Mesmo que seja o mais humilde, não há lugar como o nosso lar." Mas estamos realmente dispostas a viver num lar humilde?

De modo trágico, muitos não têm lar algum, nem mesmo um lar humilde. Este pensamento deve nos tornar mais gratas por qualquer que seja o lar que tenhamos.

Vários anos atrás, fui colocada à prova nessa questão. Por 10 meses minha casa foi um grande quarto onde eu possuía apenas o básico — nem mais, nem menos. Durante esse tempo, o Senhor me ensinou a ser feliz com o que possuía. E cheguei a mesma convicção expressa por Moisés no Salmo 90:1: "Senhor, tu tens sido o nosso refúgio." A verdadeira morada do cristão não é feita de tijolo e argamassa — Deus é o refúgio.

Eu estava um pouco relutante em deixar aquele quarto, agora precioso, para trás e voltar para minha casa. Mas eu compreendi que não importa onde eu more, hoje ou no futuro, Deus sempre será o meu verdadeiro lar.

As palavras seguintes estavam escritas na parte externa de uma igreja: "Não importa onde você vive, desde que você viva onde está." Se Deus é o lugar de sua morada, você está vivendo onde está. Se você não estiver satisfeita onde está, confie em Deus e agradeça por tudo o que Ele lhe tem dado. —Joanie Yoder

Para contentar-se, permita que Deus seja a sua morada.

7 de março
Restauração

Leitura:
Hebreus 12:1-13

Portanto, levantem as suas mãos cansadas e fortaleçam os seus joelhos enfraquecidos.
—Hebreus 12:12

Depois de uma cirurgia no joelho, iniciei a fisioterapia exigida para restabelecer meus movimentos. O procedimento cirúrgico tinha gerado um trauma em minha perna, e meus músculos tinham paralisado. Anos de movimentos físicos destruídos em 20 minutos. Mas comprometida com o processo de cura, a escolha era clara: ou aceitava a dor ou poderia evitá-la e permanecer incapacitada.

As feridas que surgem dos relacionamentos não são menos traumáticas do que as físicas. As circunstâncias dolorosas nos fazem sentir inúteis e incapazes de aceitar as variações normais de emoções. Quer soframos pelo resultado das nossas próprias falhas quer das ações de terceiros, não seremos restauradas sem o poder da cruz, e precisamos também:

• Compreender a vontade de Deus e fixar os olhos em Jesus (Hebreus 12:1,2; 2:9,10).

• Perseverar enquanto Jesus aperfeiçoa a nossa fé (12:2,3; Isaías 53:5).

• Confiar no amor do Pai, mesmo quando Ele nos disciplina e mostra que precisamos mudar (12:5-7; Apocalipse 3:19).

À medida que Deus reconstrói a nossa vida, devemos nos submeter à Sua obra. Ele cuida do nosso coração quebrantado (Isaías 61:1) e também quando levantamos as mãos cansadas, e quando fortalecemos os joelhos enfraquecidos e fazemos caminhos retos para os nossos pés (12:13). Ele nos restaura quando escolhemos *orar* e *obedecer*. —Regina Franklin

Jesus exemplificou a esperança ao ir para a cruz voluntariamente.

8 de março
Banquete ou fome

Leitura:
Amós 8:11-14

Naquele dia, até moços e moças fortes desmaiarão de sede.
—Amós 8:13

Você pode entrar numa livraria cristã hoje e encontrar fileiras e fileiras de livros nas prateleiras, e, sem pisar numa igreja, você pode ouvir milhares de *podcasts* e sermões on-line. A enorme quantidade de recursos bíblicos disponíveis ao nosso alcance é espantosa. Então, é possível nos dias de hoje, experimentar fome da Palavra de Deus? Precisamos dar ouvidos à advertência do profeta Amós (8:11) ou será que isso foi relevante apenas para o antigo Israel?

As consequências de ignorar as Escrituras são devastadoras. Essencialmente, Deus disse: "Ele os deixou passar fome e depois lhes deu para comer o maná, […] Deus fez isso para que soubessem que o ser humano não vive só de pão, mas vive de tudo o que o Senhor Deus diz'" (Deuteronômio 8:3).

A Palavra de Deus proporciona o alimento e a restauração espiritual. Se ela não estiver disponível, definharemos por desnutrição espiritual (Amós 8:13). Amós os advertiu pela complacência, idolatria e opressão dos pobres de Israel. Somos culpadas disso nos dias de hoje?

Jesus disse algo semelhante aos Seus discípulos, e os ensinou: "Pois quem tem receberá mais, para que tenha mais ainda. Mas quem não tem, até o pouco que tem lhe será tirado" (Mateus 13:12).

Isso não significa que Deus retirará de nós todos os exemplares da Bíblia, mas sim que, quando buscarmos nele ajuda, conselho ou conforto, não o obteremos. —*Poh Fang Chia*

A única maneira de evitar essa fome é banquetear-se em Sua Palavra e obedecê-la.

9 de março
Abatida, mas não derrotada

Leitura:
1 Pedro 2:13-17

Pois Deus quer que vocês façam o bem para que os ignorantes e tolos não tenham nada que dizer contra vocês. —1 Pedro 2:15

Os policiais nas rodovias de Uganda, em inspeções aleatórias, estão ali para garantir que os motoristas portem a documentação correta. Mas, às vezes, acusam os motoristas falsamente para receber propinas.

Fui parada diversas vezes e acusada de espionar para outro país porque um passageiro do meu carro tirou uma foto enquanto seguíamos pelo rio Nilo. Em outra, um homem inventou uma história e convenceu o policial de que eu causara um acidente de moto que o levou a amputar a perna. Precisei contratar um advogado para provar minha inocência. Mais tarde descobrimos que o homem tinha as duas pernas!

É assustador e perturbador ser vítima de abuso de poder. Mas isso é pouco, perto do que o apóstolo Paulo enfrentou enquanto viajava em terras estrangeiras. Ele escreve que durante suas viagens missionárias foi: açoitado, apedrejado, naufragou, se perdeu no mar, aprisionado; ameaçado por ladrões, por rios revoltos, por cidadãos raivosos, militares e, pior de tudo, por homens que se diziam cristãos, e não eram (2 Coríntios 6:5; 11:24-26).

Porém, a alegria dele no Senhor aumentou quando aprendeu o segredo de viver satisfeito em cada situação "…quer esteja alimentado ou com fome, quer tenha muito ou tenha pouco" (Filipenses 4:12).

Se você acha difícil reagir com honra quando é maltratado, peça ajuda a Deus. Fazendo isso, seu testemunho de Jesus será mais amplo e Ele será glorificado. —Roxanne Robbins

Por causa do Senhor, sejam obedientes a toda autoridade humana… —1 Pedro 2:13

10 de março

União familiar

Leitura:
Efésios 4:1-16

...Façam tudo para conservar, por meio da paz que une vocês, a união que o Espírito dá.
—Efésios 4:3

Meu marido, meus filhos e eu temos uma tradição familiar divertida, e acontece quando estamos em casa e alguém grita "abraço familiar!". Habitualmente, nos encontramos na cozinha; eu abraço as crianças e meu marido envolve-nos em seus braços. Essa é nossa maneira de expressar amor e desfrutar um breve momento de união familiar.

Embora desfrutemos de abraços grupais ocasionais, nem sempre é fácil manter esse senso de unidade. Afinal de contas, cada pessoa de nossa família é singular. Temos necessidades, capacidades e pontos de vista diferentes — muito semelhante à família de Deus (Efésios 4:11,12).

A despeito de inevitáveis diferenças em relação a outros cristãos, Paulo nos diz: "Façam tudo para conservar, por meio da paz que une vocês, a união que o Espírito dá" (v.3). A harmonia com outros cristãos é importante, pois reflete a unidade entre Jesus e Seu Pai celestial. Jesus orou assim pelos cristãos: "...que todos sejam um [...] como tu, meu Pai, estás unido comigo, e eu estou unido contigo..." (João 17:21).

Quando surgem problemas na família de Deus, a Bíblia ensina como devemos reagir: "Sejam sempre humildes, bem educados e pacientes, suportando uns aos outros com amor" (Efésios 4:2). Esta é a maneira de desfrutar a união familiar com pessoas que compartilham os fundamentos da nossa fé. —*Jennifer Benson Schuldt*

Nossos corações estão unidos pelo amor de Cristo.

11 de março
Cargas frágeis

Leitura:
Colossenses 3:12-17

…sejam bons e atenciosos uns para com os outros. E perdoem uns aos outros, assim como Deus, por meio de Cristo, perdoou vocês.
—Efésios 4:32

Enquanto dirigia na estrada, Dolores percebeu que um carro a seguia muito próximo. Podia quase sentir a irritação do motorista enquanto ela dirigia, cuidadosamente, fazendo várias curvas com muita lentidão.

É claro que o motorista do outro carro não tinha como saber que Dolores estava transportando quase 45 quilos de purê de batatas, duas panelas cheias de molho e muitos outros itens para um jantar na igreja — suficientes para alimentar 200 pessoas! Percebendo a frustração do outro motorista, Dolores pensou: *se ele soubesse que carga frágil estou transportando, entenderia por que estou dirigindo desta forma.*

Rapidamente ocorreu-lhe outro pensamento: *Com que frequência sou impaciente com pessoas por não imaginar que tipo de carga elas podem estar carregando?*

Com que facilidade emitimos julgamento sobre alguém, presumindo que conhecemos todos os fatos sobre a situação? A Palavra de Deus nos leva a uma direção mais caridosa, nos instruindo a tratar uns aos outros com amabilidade, humildade e paciência (Colossenses 3:12). Podemos ser muito mais amorosas quando apoiamos e perdoamos mutuamente (v.13).

Tratemos os outros como gostaríamos de ser tratadas (Lucas 6:31), lembrando que nem sempre sabemos que tipo de fardo eles podem estar carregando. —*Cindy Hess Kasper*

Se você está prestes a perder a paciência, avalie como Deus tem sido paciente com você.

12 de março
Poder em louvar

Leitura:
2 Crônicas 20:15-22

…Louvem a Deus, o Senhor*, porque a sua misericórdia dura para sempre.* —2 Crônicas 20:21

Willie Myrick foi sequestrado em frente à sua casa quando tinha 9 anos. Por horas, rodou de carro com o sequestrador, sem saber o que lhe aconteceria. Durante esse tempo, o garoto decidiu cantar a canção chamada *Grande é o Senhor, e mui digno de ser louvado*. Enquanto cantava repetidamente, o raptor cuspia profanações e mandava que ele se calasse. Finalmente, parou o carro e soltou o garoto — ileso.

Esse garoto demonstrou que o louvor sincero ao Senhor requer que nos concentremos no caráter de Deus deixando de olhar para o que tememos, para o que está errado em nossa vida e para a autossuficiência em nosso coração.

Os israelitas alcançavam este lugar de entrega quando enfrentavam seus agressores. Enquanto se preparava para a batalha, o rei Josafá organizou um coro para marchar à frente, em direção ao exército inimigo. O coro cantava: "Louvem a Deus, o Senhor, porque a sua misericórdia dura para sempre" (2 Crônicas 20:21). Quando a música começou, os inimigos ficaram confusos e se destruíram uns aos outros. Como previu o profeta Jaaziel, Israel não precisou lutar (v.17).

Estejamos nós enfrentando uma batalha ou nos sentindo presas, podemos glorificar a Deus em nosso coração. Verdadeiramente, "…O Senhor Deus é grande e merece todo o nosso louvor…" (Salmo 96:4).

—*Jennifer Benson Schuldt*

A adoração é um coração transbordante de amor a Deus.

13 de março
Ouvindo

Leitura:
Mateus 6:5-34

Não sejam como eles, pois, antes de vocês pedirem, o Pai de vocês já sabe o que vocês precisam. —Mateus 6:8

Recentemente, percebi que sou perita em algo que não merece elogios. Eu *finjo* ouvir. Ou perco a atenção, por estar planejando dizer algo em seguida no calor do debate. Duvido que eu seja a única a sobressair-me nesse dom. Às vezes, não tenho ideia do que foi dito, e procuro ouvir com cuidado na esperança de descobrir. Outras, me denuncio por não ter ideia do rumo da conversa.

Poucas de nós perdemos o foco quando somos as únicas a falar — é o ouvir que gera dificuldades. O mesmo pode ser dito sobre a oração.

Temos a nossa lista de prioridades daquilo que queremos que Deus saiba sobre nós, nossa lista de pedidos de oração e uma expectativa geral do que esperamos obter em nosso tempo com Ele. As Escrituras nos ensinam que persistir em oração é valioso (Lucas 11:5-10). Podemos começar a vivenciar essa passagem, e outras sobre a oração, usando nossa *voz em oração*.

A Oração do Senhor, que nos oferece um modelo de como orar, deve ser feita a partir do que ouvimos. Clamamos por *Seu* Reino, vontade e provisão, mas devemos *ouvir* os detalhes de como devemos viver tudo isto em nosso dia a dia. Ouvir é difícil, não apenas por exigir atenção, mas também pela disposição de colocar os outros à frente de nós mesmos.

Podemos procurar pela mão de Deus e não reconhecer o que Ele quer, mas quando *ouvimos* o desejo do Seu coração para nós, seguramos firmes a Sua mão. —*Regina Franklin*

...ponham em primeiro lugar na sua vida o Reino de Deus e aquilo que Deus quer... —Mateus 6:33

14 de março

Jesus, socorro!

Leitura:
Lucas 11:5-10

Por isso tenhamos confiança e cheguemos perto do trono divino, onde está a graça de Deus. Ali receberemos misericórdia… —Hebreus 4:16

A bebê de minha amiga sofreu lesão cerebral durante o parto. Os médicos pensavam que, mesmo que a criança sobrevivesse, ela não teria uma vida normal.

Quando recebi a notícia, quis orar, mas não soube como orar naquele exato momento. Sabia a quem deveria orar: Deus. Ele é o Soberano, e diz que me ouve quando clamo (Lucas 11:9,10).

Recordo-me, então, de que Deus faz milagres. Ele ressuscitou a filha de Jairo! Todos tinham certeza de que ela era incurável. Mas "Jesus foi, pegou-a pela mão e disse bem alto: 'Menina, levante-se!' Ela tornou a viver e se levantou imediatamente" (8:49-55). Jesus não se limitou a afugentar a morte; Ele curou a menina da enfermidade que lhe havia roubado a vida.

Mas, e se Deus não curar? Certamente não é por falta de poder. Deus é pleno em amor! Ao olhar para a cruz, tenho a confiança de que Deus é amor (1 João 4:9,10). Então isso nos deixa com uma última possibilidade: Por acaso, Ele não sabe o que é o melhor? Jó foi desafiado a olhar para a criação para saber que Deus é amor (Jó 38–39). Deus é bom e Ele sabe o que é o melhor.

Os salmos me revelam que eu posso me aproximar de Deus com absoluta honestidade. Isso é o que levarei. E me lembrarei do que Oswald Chambers escreveu: "Eu creio que, como o próprio Jesus nos disse, por meio de oração intercessória, o grande poder de Deus age de maneiras que não somos capazes de compreender." —*Poh Fang Chia*

Ao orar simplesmente confiarei em Seu poder, amor e sabedoria.

15 de março
Demais para mim

Leitura:
Mateus 26:36-46

…Meu Pai, se é possível, afasta de mim este cálice de sofrimento!… —Mateus 26:39

"Deus nunca nos dá mais do que podemos suportar," foi o que alguém disse a um pai cujo filho de 5 anos havia perdido a batalha contra o câncer. Estas palavras, que foram ditas com a intenção de encorajá-lo, na verdade o deprimiram e o fizeram se perguntar o porquê de ele não conseguir *suportar* de modo algum a perda de seu filho. A dor era tão insuportável que ele mal podia respirar. Reconhecia que o seu pesar era tão imenso que precisava desesperadamente que Deus o sustentasse.

O versículo que alguns usam para fundamentar essa afirmação de que "Quando uma tentação vier, Deus dará forças a vocês para suportá-la, e assim vocês poderão sair dela" está em 1 Coríntios 10:13. Mas o contexto destas palavras é a tentação, não o sofrimento. Podemos escolher o livramento que Deus provê, mas não podemos escolher o livramento do sofrimento.

O próprio Jesus quis livrar-se do sofrimento pelo qual passaria, quando orou: "A tristeza que estou sentindo é tão grande, que é capaz de me matar. […] Meu Pai, se é possível, afasta de mim este cálice de sofrimento!" (Mateus 26:38,39). Contudo, Ele deliberadamente passou por isso para a nossa salvação.

Quando a vida parece um fardo pesado demais para carregarmos, neste momento, lançamo-nos à misericórdia de Deus e Ele nos acolhe.

—Anne Cetas

Se Deus está ao seu lado e o sustenta com Seus braços, você pode enfrentar qualquer situação.

16 de março
O melhor casamento

Leitura:
Apocalipse 21:1-8

Fiquemos alegres e felizes! Louvemos a sua glória! Porque chegou a hora da festa de casamento do Cordeiro, e a noiva já se preparou... —Apocalipse 19:7

Nos últimos 800 anos ou mais, um novo costume foi acrescentado à cerimônia judaica de casamento. Ao final dela, o noivo quebra uma taça de vinho com o pé. O vidro quebrado simboliza a destruição do templo no ano 70 d.C. Ao constituir o seu próprio lar, os jovens casais são relembrados de que a casa de Deus foi destruída.

Entretanto, Deus não é um sem-teto. Ele apenas escolheu um novo lugar para habitar: em nós, Seus seguidores. Na metáfora bíblica, os cristãos são tanto a Noiva de Cristo, quanto o templo no qual Deus habita. O Senhor está reunindo o Seu povo para construir um novo lar que será o Seu lugar de permanente habitação. Ao mesmo tempo, o Senhor está preparando a Noiva e planejando um casamento que incluirá todos os de Sua família, desde o início dos tempos.

Nosso papel é fácil, embora, algumas vezes, seja doloroso. Cooperamos com Deus enquanto Ele age em nós para nos tornar mais semelhantes a Seu Filho Jesus. Algum dia, no melhor casamento de todos, nosso Senhor nos apresentará a si mesmo, sem mácula, nem ruga. Seremos santos e sem defeitos (Efésios.5:27). Esse casamento colocará um fim a toda tristeza e sofrimento. —*Julie Ackerman Link*

A volta de Jesus é certa!

17 de março
Voz da fé

Leitura:
Habacuque 3:1-19

*…mesmo assim eu darei graças ao Senhor
e louvarei a Deus, o meu Salvador.*
—Habacuque 3:18

A notícia da tragédia trouxe lágrimas imediatas, que ela não conseguiu conter. Sua mente se agitava com perguntas, e o medo ameaçava dominá-la. A vida estava indo bem até ser, abruptamente, interrompida e transformada para sempre, sem aviso.

A tragédia é assustadora e sempre nos pega de surpresa, seja ela: perda de saúde, condição financeira, um ente querido, meios de sustento, moradia etc. Habacuque sabia que a tragédia estava por vir, e temeu. Deus o tinha avisado que os caldeus castigariam Israel por sua infidelidade. E o profeta disse: "…fiquei assustado, e os meus lábios tremeram de medo. Perdi todas as forças e não pude ficar de pé…" (v.16). Essa confissão honesta aparece entre duas grandes declarações: a fidelidade de Deus na história (vv.3-15) e a resposta de fé de Habacuque nesse Deus fiel (vv.17-19).

Quando dúvidas nos assolam e não compreendemos as provações pelas quais passamos, precisamos rever como Deus agiu na história. Foi o que Habacuque fez (vv.3-16). Nossa fé não se baseia em ficção, fundamenta-se em Deus, que tem sido fiel ao longo dos anos.

O medo é uma emoção legítima diante da tragédia. No entanto, não pode nos imobilizar. Sigamos adiante louvando a Deus (v.18).

O pastor John MacArthur escreveu: "Quando todo o inferno irrompe em seu mundo, quando o ruim se torna o pior, […] lembre-se de seu Deus que solucionou os problemas de Habacuque." —*Poh Fang Chia*

*Conheça o Senhor Deus
e deposite a sua confiança nele.*

18 de março
Invista nas gerações

Leitura:
Deuteronômio 6:1-25

No futuro os seus filhos perguntarão: "Por que foi que o Senhor, nosso Deus, nos deu estes mandamentos e estas leis?"
—Deuteronômio 6:20

Eu me emociono ao ver os jovens da geração de *hoje*, não da próxima louvando ao Senhor. São filhos de Deus. Enquanto ouço outros dizerem que jamais fariam o que meu marido e eu fazemos — pastorear jovens, vejo nossa função como um grande privilégio.

Ao tirar o Seu povo do cativeiro, Deus foi bem específico dizendo-lhes que a liberdade exigiria sacrifícios: o Seu, por intermédio da graça, e o deles, por meio da santidade. Abandonar suas correntes, entretanto, era um pequeno preço a pagar pela abundância que descobririam na terra prometida por Deus. Em Sua advertência ao povo sobre os limites dentro dos quais iriam receber a bênção divina, o Senhor deu ordens claras: Instruam a próxima geração para que a terra não se perca.

Vemos que a essência do ensino vem da comunhão, do falar da Sua verdade ao longo do caminho (Deuteronômio 11:18-20). Assumir um cargo voluntário na igreja é importante e útil, mas o verdadeiro investimento está nos relacionamentos.

No Corpo de Cristo, ministrar às gerações mais jovens não é responsabilidade de um seleto grupo com dom especial. Se falhamos em transmitir-lhes a verdade das Escrituras, corremos o risco de perder a essência de Deus e enfraquecer a nossa herança. Se cremos naquele que dedicou tempo às crianças (Lucas 18:16), então a Igreja do Senhor não deveria ter dificuldades para encontrar cristãos comprometidos a fazer o mesmo hoje em dia. —*Regina Franklin*

O chamado e a responsabilidade são para todos.

19 de março

Preste atenção

Leitura:
Rute 2:13-20

…Que Deus abençoe o homem que se interessou por você!…
—Rute 2:19

Enquanto estava em pé na fila do caixa, tentei estimar o valor de minha compra ao mesmo tempo em que evitava que o meu filho saísse andando para longe. Mal percebi que a mulher à minha frente se misturou aos outros em direção à saída deixando suas compras para trás. O balconista segredou-me que ela não tinha dinheiro suficiente para pagar a conta. Senti-me terrível; se eu tivesse percebido antes, eu a teria ajudado.

Boaz percebeu o apuro de Rute quando a viu rebuscando nos campos (Rute 2:5). Ele soube que ela enviuvara recentemente e era quem ganhava o pão para si mesma e para a sogra. Boaz percebeu que Rute necessitava de proteção e alertou os seus segadores para deixarem-na em paz (v.9). Ele forneceu comida extra a esta mulher, instruindo seus trabalhadores a deixarem os grãos caírem de propósito (v.16). Boaz lidou inclusive com as necessidades emocionais de Rute, confortando-a (vv.11,12). Quando Noemi ouviu isso, disse: "…Que Deus abençoe o homem que se interessou por você!…" (v.19).

Você está ciente das necessidades das pessoas ao seu redor — em sua igreja, vizinhança ou até debaixo de seu teto? Pense hoje em como você pode aliviar o fardo de alguém. Só então você estará cumprindo o plano de Deus para a sua vida (Gálatas 6:2; Efésios 2:10). —*Jennifer Benson Schuldt*

Deus trabalha por nosso intermédio para suprir as necessidades daqueles ao nosso redor.

20 de março
O poder da fraqueza

Leitura:
2 Coríntios 1:3-11

Com a força que Cristo me dá, posso enfrentar qualquer situação.
—Filipenses 4:13

Recebi a carta de uma mulher que tinha lido sobre a maneira como eu havia aprendido a viver dependente de Deus. Ela sentiu-se desafiada quando leu que a força de Cristo se manifestara por meio de minha fraqueza, particularmente quando comecei um estudo bíblico, enquanto me recuperava de uma condição nervosa.

Ela leu sobre minhas mãos trêmulas, e como meus vizinhos foram encorajados a admitir as suas próprias fraquezas e a confiar em Cristo ao me verem aprendendo a fazer o mesmo. Essa senhora escreveu: "Ri e chorei ao ler a sua história. Sinto-me profundamente encorajada por Deus poder me usar, apesar de eu me sentir fraca."

Pensamos que podemos atrair outras pessoas a Cristo mais eficazmente por intermédio de nossos pontos fortes do que por nossas fraquezas. Mas o Senhor usou fraquezas e problemas na vida do apóstolo Paulo para ensiná-lo a confiar no poder de Deus (2 Coríntios 1:9). Ele testemunhou: "Quando perco toda a minha força, então tenho a força de Cristo em mim" (12:10).

Quando os cristãos agem como se eles mal soubessem o que é a fraqueza, as pessoas que estão com dificuldades geralmente pensam: "Jamais eu poderia ser assim." Mas quando os cristãos admitem que experimentam a força de Cristo em suas fraquezas, eles proclamam esta esperança: "A força que Cristo me dá, Ele pode conceder a você!". Qual força você proclamará hoje — a sua própria ou a de Deus? —*Joanie Yoder*

Para experimentar a força de Deus devemos primeiro reconhecer a nossa fraqueza.

21 de março
Alegre-se em Deus

Leitura:
1 Crônicas 16:8-36

Sem Deus, como teríamos o que comer ou com que nos divertir?
—Eclesiastes 2:25

A tripulação de uma companhia aérea se hospeda num hotel na rua onde moro. Durante sua estadia de 24 horas no país, eles visitam a nossa organização, *Tukutana*. Eles passam um tempo com as crianças e, normalmente, as presenteiam. Certa ocasião, porém, duas mulheres chegaram de mãos vazias. Brincaram com as crianças e ensinaram músicas de seus países.

Tudo acabou e Irene, de 13 anos, falou: "elas foram as melhores, porque elas gostaram da gente". Esse comentário me lembrou da citação: "A principal finalidade do homem é glorificar a Deus e *se alegrar* com Ele para sempre."

Assim como Irene, o Senhor deseja a nossa amizade, mais do que o nosso trabalho e presentes. Ele quer que nos alegremos apenas com a Sua presença. Para deleitarmo-nos em Deus, precisamos buscar "…a ajuda do Senhor"; e estar "…sempre na sua presença" (1 Crônicas 16:11). Podemos descobrir profunda satisfação em Seu caráter, Seu amor e em Seus atributos.

Respeitando fielmente o que as Escrituras ensinam, viveremos: "…sempre unidos com o Filho e com o Pai" (1 João 2:24). E nos alegraremos em Deus e com a vida eterna que Ele nos promete.

Ao nos alegrarmos em Deus e louvarmos "…a sua glória e o seu poder", daremos "…ao Senhor a honra que ele merece" (1 Crônicas 16:28,29). Na verdade, rico ou pobre, "…aqueles que adoram o Senhor o louvarão. Que sejam sempre prósperos e felizes!" (Salmo 22:26). —Roxanne Robbins

Deem graças ao Senhor porque ele é bom, e o seu amor dura para sempre. —1 Crônicas 16:34

22 de março

Todos a bordo

Leitura:
2 Pedro 3:1-13

O Senhor […]não demora a fazer o que prometeu, […] ele tem paciência com vocês porque não quer que ninguém seja destruído.
—2 Pedro 3:9

Um dia ao deixar meu marido na estação de trem, observei o condutor procurar por retardatários. Uma mulher, com os cabelos molhados, saiu correndo do estacionamento e entrou no trem. Em seguida, um homem, de terno escuro, entrou na estação a passos largos e embarcou. O condutor esperou pacientemente enquanto diversos retardatários corriam para embarcar no último minuto.

Assim como o condutor foi paciente com os que embarcavam, Deus espera pacientemente que as pessoas venham a conhecê-lo. Entretanto, um dia Jesus voltará e "…os céus vão desaparecer com um barulho espantoso, e tudo o que há no Universo será queimado" (2 Pedro 3:10). Quando isto acontecer, ou quando o nosso corpo mortal perder a vida, será tarde demais para iniciar um relacionamento com Deus.

"O Senhor […] tem paciência com vocês," diz Pedro, "porque não quer que ninguém seja destruído, mas deseja que todos se arrependam dos seus pecados" (v.9). Se você se atrasou em decidir seguir a Cristo, eis a boa notícia — ainda é possível comprometer-se com Ele. "Se você disser com a sua boca: 'Jesus é Senhor' e no seu coração crer que Deus ressuscitou Jesus, você será salvo" (Romanos 10:9). Ele a chama. Você correrá em Sua direção? —*Jennifer Benson Schuldt*

A hora de decidir-se pelo Senhor é agora.

23 de março
Obrigada, amigas

Leitura:
Colossenses 4:7-18

Sempre que penso em vocês, eu agradeço ao meu Deus.
—Filipenses 1:3

Albert Lee, nosso ex-diretor internacional, ajudou-nos a estabelecer 36 escritórios, e a distribuir recursos para mais de 150 países. Ao completar 60 anos, escreveu: "Ao refletir sobre minha vida, minha história poderia ser resumida com duas palavras: *muito ajudado*".

Nenhum ministério pode ser realizado sozinho. Até mesmo o apóstolo Paulo precisou da ajuda de amigos. Foi auxiliado por Tíquico, que tinha um coração de servo, era confiável e tão fiel quanto um amigo em quem você confiaria para deixar as chaves de sua casa ao viajar (Colossenses 4:7; 2 Timóteo 4:12; Tito 3:12). Tíquico nunca buscou destaque pessoal; ele simplesmente servia.

Aristarco acompanhou Paulo na viagem de Éfeso a Jerusalém e Roma (Atos 19:29, 20:4, 27:2; Colossenses 4:10). E permaneceu com Paulo em todas as adversidades. Epafras, homem conhecido por suas zelosas orações (vv.12,13), também acompanhou Paulo. Você pode imaginar como ele serviu de encorajamento para Paulo ao agonizarem juntos enquanto oravam pelos outros.

Há também o doutor Lucas (v.14), que se uniu a Paulo em sua segunda viagem missionária e permaneceu até o fim. Ele conheceu cada dor e cicatriz deste apóstolo. E, como ambos eram muito cultos, com certeza, devem ter gostado de debater ideias.

Muitas de nós poderemos ser um Tíquico, Aristarco, Epafras ou Lucas. Juntas, podemos expandir o reino de Jesus até Ele voltar. —*Poh Fang Chia*

*Precisamos umas das outras
para compartilhar os fardos do caminho.*

24 de março

Quando caem os muros

Leitura:
Números 22:1-5; 25:1-9

Os israelitas partiram e acamparam nas planícies de Moabe, a leste do rio Jordão e na altura de Jericó... —Números 22:1

Amo ouvir as vozes graves ressoando pela casa enquanto o pequeno grupo de jovens adora ao Senhor com músicas.

A adoração é poderosa e o livro de Atos (16:16-26) registra como Paulo e Silas, presos por pregar e praticar a liberdade de Cristo, enfrentaram as correntes com a dignidade divina em seus lábios. Até a própria terra reagiu, demonstrando que nossa adoração ao único e verdadeiro Deus derruba as fortalezas de trevas em nossa vida.

Mas não foi a primeira vez que Deus derrubou muros.

A queda dos muros da cidade de Jericó se tornou um símbolo bem conhecido do que pode ser feito por meio do poder da oração e da obediência (Josué 6:1-20). Entretanto, ironicamente, o dia em que os muros caíram não foi a única vez que o povo de Israel esteve naquele lugar. Em Números 22, lemos sobre a primeira geração de israelitas que saiu do Egito e que, em determinado momento, tinha apenas um rio separando o seu acampamento da cidade. Infelizmente, a vitória não era para ser deles.

Balaque poderia exigir que fossem amaldiçoados, mas nem mesmo um rei determinado a destruí-los poderia desfazer as promessas de Deus. A queda foi simples. Eles se entregaram à sedução e sucumbiram ao culto a si mesmos (25:1-3).

A promessa lhes foi negada porque se recusaram a seguir o Espírito de Deus. A escolha é nossa. Seremos levados pela carne, ou assistiremos à queda miraculosa dos muros? —*Regina Franklin*

... Adore ao Senhor, seu Deus, e sirva somente a ele.
—Mateus 4:10

25 de março

Encurralado

Leitura:
Lucas 6:27-36

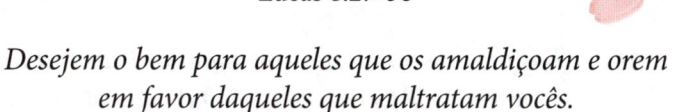

Desejem o bem para aqueles que os amaldiçoam e orem em favor daqueles que maltratam vocês.
—Lucas 6:28

Certo domingo de manhã, o evangelista norte-americano, D. L. Moody entrou em uma casa em Chicago, EUA, para acompanhar algumas crianças à Escola Dominical. Durante sua visita, três homens o encurralaram em um canto e o ameaçaram por querer fazer isto. "Pelo menos deem-me a chance de fazer uma oração," Moody disse. Os homens acabaram permitindo que ele clamasse a Deus, e Moody orou por eles tão sinceramente que acabaram indo embora.

Se eu estivesse no lugar dele, teria pedido ajuda ou procurado sair pela porta dos fundos. Não tenho certeza de que teria feito o que Jesus ordenou a Seus seguidores: "Desejem o bem para aqueles que os amaldiçoam e orem em favor daqueles que maltratam vocês" (Lucas 6:28).

Caso você se sinta *encurralada* por alguém, procure por segurança, se achar necessário, e siga o ensinamento de Jesus: ore por essa pessoa. "[Então Jesus disse: – Pai, perdoa esta gente! Eles não sabem o que estão fazendo] (Lucas 23:34). A oração é a nossa melhor defesa.

—Jennifer Benson Schuldt

*Pagar o bem com o bem é humano;
pagar o mal com o bem é divino.*

26 de março
Favoritas de Deus

Leitura:
João 10:1-18

…As ovelhas reconhecem a sua voz quando ele as chama pelo nome, e ele as leva para fora do curral.
—João 10:3

Quando minha primeira filha nasceu, eu a amava tanto que chegava quase a doer. E tolamente temi que não fosse capaz de amar tanto o nosso próximo filho ou que talvez teria que dividir meu amor entre eles para ser justa. Mas quando a nossa segunda filha chegou, descobri, com alegria, que a amava tão intensamente quanto amava a primeira, contudo, com exclusividade.

Essa descoberta me lembrou de que o nosso grande Deus é capaz de amar cada um de Seus filhos, totalmente, sem com isto diminuir o Seu amor pelos outros filhos, porque Ele ama cada um com exclusividade. Portanto, cada cristão que pede pela ajuda de Deus vai recebê-la tão completamente como se não houvesse ninguém mais precisando da atenção do Pai.

Na vida e no ensinamento de Jesus, encontramos ampla evidência disto. Em João 10, Ele declarou que é "o bom pastor" que chama, cuida e conhece as Suas ovelhas pelo nome e é conhecido por elas (vv.3,11,14). Jesus, então, comparou este relacionamento entre o pastor e as ovelhas à relação que Ele desfruta com Seu Pai (v.15). Como somos especiais para Ele!

Em resposta àqueles que nos advertem a agir contra a ideia de que o Senhor tem os Seus favoritos, certa vez, ouvi um pregador dizer: "Claro, Deus tem favoritos! Somos *todos* os seus favoritos!". Como Suas filhas, podemos ter a certeza de Sua atenção e amor. —Joanie Yoder

Para renovar o seu amor por Cristo, lembre-se do amor dele por você.

27 de março
Um bom trabalhador

Leitura:
2 Timóteo 2:14-26

Faça todo o possível para conseguir a completa aprovação de Deus, como um trabalhador que não se envergonha do seu trabalho... —2 Timóteo 2:15

Você acha que Deus a vê como boa serva? Algumas de nós sentimos que nunca poderíamos ser suficientemente boas para merecer tal elogio; outras confessam que buscar a Sua aprovação não é prioridade. Também é fácil ser indevidamente modesta ou, ter uma imagem exageradamente positiva de si mesma. Então, como autoavaliar-se corretamente?

O apóstolo Paulo nos fornece um padrão objetivo para nos autoavaliarmos. Ele define um bom trabalhador como alguém que "não se envergonha do seu trabalho, mas ensina corretamente a verdade do evangelho". Embora esse ensino seja endereçado a um pastor, ele se aplica igualmente a todos os cristãos. Precisamos estudar a Palavra de Deus, interpretando-a de maneira sã e proclamando-a sem distorção. Todo cristão é responsável por ensinar, repreender, corrigir e instruir outros cristãos com a Palavra de Deus, seja para grandes públicos, pequenos grupos ou discipulado individual.

Paulo nos alerta a evitar "...os falatórios contrários..." (v.16), que não edificam e minam a fé dos outros. William Barclay explica: "O objetivo de toda discussão e de toda ação cristã é aproximar as pessoas umas das outras e de Deus." Nosso objetivo não é vencer discussões. Somos canais; Deus é o agente de mudança (v.25).

Estejamos prontas para explicar a Palavra da verdade corretamente. Nosso mundo é um lugar de grande confusão e falta de compreensão das leis morais de Deus. —*Poh Fang Chia*

Nossa resposta a Deus determinará se somos boas servas.

28 de março
Distorção

Leitura:
1 Reis 22:1-28

Porém Micaías respondeu: — Juro pelo Senhor, *o Deus vivo, que eu falarei o que ele mesmo mandar!* —1 Reis 22:14

Os que já tiveram filhos podem atestar como as crianças são literais, especialmente quanto às regras. Um dia, disse ao meu filho para não encostar as mãos na irmã. Em seguida o vi colocando os ombros, pés, joelhos, menos as mãos, ao redor dela. Em sua interpretação, ele estava respeitando os limites impostos.

Nós também, sofremos de algum tipo de *distorção*. Seja interpretando os mandamentos de Deus para se enquadrarem em nossas prioridades, usando de falsidade para autopromoção, ou reunindo conselheiros que dirão o que queremos ouvir. Isso é perigoso. Ao manipular os fatos, tentamos nos manter nos limites legais, mas perdemos a essência da questão. A desonestidade, premeditada ou não, destrói os relacionamentos. A enganação corrói nosso senso de identidade e bem-estar.

Como a verdadeira essência de Deus é fundamentada na verdade, nós o rejeitamos quando agimos nas sombras do engano. Jesus disse: "Eu sou o caminho, a verdade e a vida; ninguém pode chegar até o Pai a não ser por mim" (João 14:6). Sem verdade, não existe adoração (4:23).

Vemos na história do rei Acabe e do rei Josafá que as consequências são drásticas quando há aliança com quem *distorce* a verdade. Embora Josafá tenha sobrevivido à batalha naquele dia, o inimigo, na guerra espiritual, destruiu o filho dele, o qual se casou com uma das filhas de Acabe (2 Reis 8:16-18). E quanto a nós? —Regina Franklin

Deus honra aqueles que vivem na verdade.

29 de março
Lembre-se

Leitura:
Salmo 105:1-5

Agradeçam a Deus, o Senhor, anunciem a sua grandeza e contem às nações as coisas que ele fez. —Salmo 105:1

Levei meu filho e seu amigo etíope, também adotado, à praia onde cresci. Observando-os se atirarem nas águas do golfo, se jogarem na areia e, curiosos cutucarem uma água-viva levada pelas ondas à beira do mar, fiquei maravilhada com a obra de Deus.

Os dois tiveram começos traumáticos. Aos 4 anos, numa pobre aldeia ugandense, meu filho perdeu sua mãe, pai, irmão gêmeo e sete tios e tias. O amigo etíope fora abandonado e encontrado perto de um rio, ainda bebê.

Pela graça de Deus, ambos sobreviveram e são uma expressão tangível do Salmo 105:5: "Lembrem de tudo o que Deus tem feito, lembrem dos seus grandes e maravilhosos milagres." Eles representam:

As obras maravilhosas de Deus: O Senhor planejou nosso encontro à beira da estrada, e levou meus amigos à Etiópia no momento certo.

Milagres de Deus: Ambos estão vivos e saudáveis.

Julgamentos por Ele proferidos: Um juiz de Uganda sentenciou que agora sou a mãe de meu filho. Um juiz etíope designou meus amigos como pais de seu filho. "Ó Senhor, nosso Deus, tu tens feito grandes coisas por nós. Não há ninguém igual a ti. Tu tens feito muitos planos maravilhosos para o nosso bem. Ainda que eu quisesse, não poderia falar de todos eles…" (Salmo 40:5).

Esforcemo-nos para andar pela fé, e nos encorajemos ao pensar neles e *lembrar* da ação de Deus. Reflita sobre as provisões do Senhor, e você crescerá em confiança e proclamará as Suas ações. —Roxanne Robbins

Ao enfrentar desafios, ande pela fé.

30 de março

Aprecie a sua refeição

Leitura:
1 Coríntios 11:23-34

…Façam isto em memória de mim.
—1 Coríntios 11:24

Não se trata da mesa, seja ela quadrada ou redonda, nem das cadeiras — sejam elas de plástico ou madeira. Não se trata da comida, ainda que isto ajude se tiver sido feita com amor. Usufruímos de uma boa refeição quando desligamos a TV e os nossos celulares e concedemos a nossa atenção às pessoas com as quais estamos.

Simplesmente amo me reunir ao redor da mesa, desfrutar de uma boa conversa com amigos e a família e falar sobre variados assuntos. Entretanto, a tecnologia instantânea dificulta essa interação. Algumas vezes, estamos mais preocupados com o que outros — às vezes a quilômetros de distância — têm a dizer do que com o que a pessoa à nossa frente à mesa está dizendo.

Somos convidadas para outra refeição à mesa quando nos reunimos em um único local para celebrar a Ceia do Senhor. Não importa se a igreja é grande ou pequena. Não importa o tipo de pão que é servido. Precisamos desligar os nossos pensamentos das preocupações e inquietações e nos aproximarmos de Jesus.

Quando foi a última vez que desfrutamos da mesa do Senhor? Contentamo-nos em Sua presença, ou estamos mais preocupadas com o que está acontecendo em outro lugar qualquer? Isto é importante, "Porque, todas as vezes que comerdes este pão e beberdes o cálice, anunciais a morte do Senhor, até que ele venha" (1 Coríntios 11:26). —*Keila Ochoa*

Relembrar a morte de Cristo nos dá coragem para o dia de hoje e esperança para o amanhã.

31 de março
Verdade

Leitura:
Lucas 24:36-53

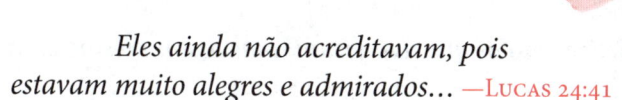

Eles ainda não acreditavam, pois estavam muito alegres e admirados... —Lucas 24:41

O jovem aguarda a noiva, paralisado de emoção por vê-la linda com o vestido branco esvoaçante. Ao trocarem as alianças e os votos de casamento, ele diz a si mesmo: "É bom demais para ser verdade!". Noutro canto do mundo, a enfermeira coloca uma criança recém-nascida nos braços da mãe. Ao fitar com amor a face rosada e os dedinhos do bebê, a mãe se enche de alegria e admiração.

Talvez foi assim que os discípulos se sentiram quando seu amado Senhor apareceu diante deles no cenáculo. "Eles ainda não acreditavam, pois estavam muito alegres e admirados..." (Lucas 24:41). Era bom demais para ser verdade, mas era verdade — Jesus estava vivo. Ele ressuscitou!

Uma das provas mais fortes da ressurreição é o fato de os discípulos, a princípio, terem tido dificuldade para crer. Se tivessem crido imediatamente, poderíamos pensar que seu testemunho da ressurreição fora maculado por seu profundo desejo.

Mas Jesus mostrou-lhes as Suas mãos, pés e o lado para que eles examinassem como prova adicional de que Seu corpo era real (vv.39,40). Ele também comeu um peixe assado diante deles (vv.42,43).

Cristo morreu por nossos pecados e ressuscitou corporalmente dos mortos e oferece perdão e vida eterna como uma dádiva a todo pecador. Embora possamos ser tentadas a, por vezes, duvidar disso, a veracidade da morte e ressurreição está descrita em detalhes na Palavra de Deus (vv.44-47). —*Poh Fang Chia*

Proclame a boa-nova da ressurreição: Jesus oferece o perdão dos pecados aos que se arrependem.

1.º de abril

Venha a mim

Leitura:
João 20:24-31

…Felizes são os que não viram, mas assim mesmo creram!
—João 20:29

Charlotte Elliott escreveu o hino "Tal qual estou", em 1834. Por muitos anos ela fora inválida e ainda que quisesse ajudar num evento para arrecadar e prover fundos para uma escola de meninas, estava doente demais. Ela se sentia inútil, e esta angústia interior a fez duvidar de sua fé em Cristo. Nesse contexto, ela escreveu: "Tal qual estou" como resposta à sua dúvida. Talvez estas palavras expressem melhor o ponto crucial de sua angústia:

> *Tal como estou, sem direção,*
> *Confuso em grande comoção,*
> *Temendo, em luta e tentação;*
> *Ó Salvador, eu venho a ti.* (HCC 217)

Três dias após Sua morte e sepultamento, Jesus ressuscitou e convidou o discípulo a quem a história apelidou de *Tomé, o incrédulo* a examinar as marcas de Sua crucificação (João 20:27). Quando Tomé tocou as cicatrizes de Jesus, ele finalmente acreditou em Sua ressurreição. Cristo lhe disse: "—Você creu porque me viu?, disse Jesus. —Felizes são os que não viram, mas assim mesmo creram!" (v.29).

Como cristãs nos dias de hoje, somos aquelas que também não viram, mas ainda assim creram. Entretanto, nossas circunstâncias terrenas, em alguns momentos, levantam sérios questionamentos em nossa alma. Neste momento, ainda clamamos: "…Eu tenho fé! Ajude-me a ter mais fé ainda!" (Marcos 9:24). Jesus nos recebe tal como estamos.

—*Jennifer Benson Schuldt*

O Cristo ressurreto é a Porta
para que você tenha plenitude de vida.

2 de abril
Maravilhoso

Leitura:
Hebreus 12:18-29

Vocês chegaram até Jesus, que fez a nova aliança e que borrifou o sangue que fala de coisas muito melhores... —Hebreus 12:24

Fomos às montanhas ensolaradas, onde o brilho do sol refletia sobre a relva imaculada, cobrindo crateras de vales em indescritíveis extensões. Sentimos temor e nos maravilhamos com o que vimos.

As palavras *temor* e *maravilha* expressam o espanto e o temor reverente, e já foram substituídas por outras mais comuns, como *incrível*. Talvez por isso, não estejamos tão familiarizados com o que significa contemplar Deus com profunda admiração.

Reverenciarmos a Deus não significa ficarmos estáticas, como se víssemos algo inacreditável; tampouco significa que estremecemos de medo e temor. Em vez disso, como o salmista nos diz: "Louvem a Deus, o Senhor, todos os que o temem. Descendentes de Jacó, *prestem culto* a Deus! Povo de Israel, adore o Senhor! Ele não abandona os pobres, nem esquece dos seus sofrimentos. Ele não se esconde deles, mas responde quando gritam por socorro" (Salmo 22:23,24).

A graça de Deus deveria nos deixar sem palavras diante dele. Porém, surge o desejo de tornar Deus não mais importante do que a última sensação de êxtase, ou de o vermos como alguém distante e cruelmente autoritário. O "...fogo destruidor" (Hebreus 12:29) não deseja a nossa destruição, mas queima qualquer coisa que possa nos destruir.

Sua obra em nossa vida nos lembra de que não somos Deus. Ao invés de tremermos de medo, porém, nos ajoelhamos com firmeza e estendemos braços confiantes. —*Regina Franklin*

Vivamos com o verdadeiro sentido do Seu incrível poder, santidade e bondade genuína.

3 de abril

Repouso seguro

Leitura:
Levítico 26:1-12

Quando me deito, durmo em paz, pois só tu, ó Senhor, me fazes viver em segurança. —Salmo 4:8

A fotógrafa Anne Geddes fotografa bebês dormindo. Suas fotos evocam sorrisos. Não há melhor imagem de paz do que ver uma criança dormindo.

Mas, entre os cochilos e a noite, cuidar de crianças é uma responsabilidade exaustiva e implacável. Em sua inocência e entusiasmo, as crianças podem se envolver em situações que podem se transformar em tragédias, de um momento para outro. Após um agitado dia perseguindo, entretendo, protegendo, alimentando, vestindo, defendendo, orientando e apaziguando os irmãos briguentos, os pais ficam ansiosos para descansar e dormir. Após guardar os brinquedos e vestir os pijamas, a sonolenta criança diminui o ritmo, se aconchega na mamãe ou no papai para ouvir uma historinha antes de dormir e, finalmente, adormece. Mais tarde, antes de deitarem-se, os pais dão mais uma olhada em seus filhos, para certificarem-se de que reina paz na terra dos sonhos infantis. A beleza tão serena de uma criança ao dormir recompensa todas as frustrações de cada dia.

As Escrituras indicam que a paz é a condição ideal de Deus. "Eu darei paz à terra de vocês. Todos dormirão sossegados, e ninguém os assustará..." (Levítico 26:6). Mas com frequência, em nossa imaturidade, ficamos em apuros e causamos conflitos. Assim como os pais das crianças, Deus deseja que não nos cansemos de praticar o bem e que descansemos com segurança e contentamento nos Seus caminhos amorosos. —*Julie Ackerman Link*

Encontramos paz e contentamento ao praticar a Sua vontade.

4 de abril
Ore primeiro

Leitura:
1 Samuel 23:1-5

*Então perguntou a Deus, o Senhor:
—Devo ir e atacar os filisteus? —Sim! — respondeu o Senhor.
—Ataque-os e salve a cidade de Queila.* —1 Samuel 23:2

Quando meu marido e eu supervisionamos as aulas de piano de nosso filho, sempre começamos pedindo a Deus que nos ajude. Oramos primeiro porque nem meu marido nem eu sabemos tocar piano. Juntos, nós três estamos entendendo os mistérios musicais tais como o significado de *staccato* e *legato* e quando usar as teclas pretas do piano.

Quando percebemos que precisamos da ajuda de Deus, a oração se torna uma prioridade. Davi precisou do auxílio de Deus em uma situação perigosa ao considerar lutar com os filisteus na cidade de Queila. Antes de entrar na batalha: "…perguntou a Deus, o Senhor: — Devo ir e atacar os filisteus?…" (1 Samuel 23:2). Deus deu a Sua aprovação. Entretanto, os guerreiros de Davi admitiram que as forças do inimigo os intimidavam. Antes que uma única espada fosse levantada contra os filisteus, Davi orou novamente. Deus lhe prometeu a vitória que ele, mais tarde, declarou (v.4).

A oração guia a nossa vida ou é nosso último recurso quando os problemas nos atingem com ímpeto? Algumas vezes, caímos no hábito de fazer planos e, em seguida, pedimos a Deus que os abençoe, ou oramos apenas nos momentos de desespero. O Senhor deseja que nos voltemos a Ele em momentos de necessidade. Mas Deus também deseja que lembremos que precisamos dele em todo o tempo (Provérbios 3:5,6).

—*Jennifer Benson Schuldt*

Na verdade, "Deus quer que oremos antes de fazermos qualquer coisa." —Oswald Chambers

5 de abril
História de dois filhos

Leitura:
Mateus 21:28-32

Não é toda pessoa que me chama de "Senhor, Senhor" que entrará no Reino do Céu, mas somente quem faz a vontade do meu Pai...
—Mateus 7:21

Uma mãe pede aos dois filhos para limparem seus quartos. O primeiro grita: "Não seja tão chata, mãe!" E se tranca, mas logo se sente mal e decide limpar o quarto. O segundo diz: "Sim, mãe, faço tudo por você", mas continua a jogar videogame.

Essa é uma versão moderna de uma parábola contada por Jesus. Era uma acusação aos líderes religiosos que diziam as coisas certas, mas não obedeciam. E aborda a seguinte questão: Como reagimos à autoridade? Mais importante, como reagimos à autoridade de Jesus?

Aqueles que eram considerados a escória da sociedade: os coletores de impostos e as prostitutas, foram recebidos no reino de Deus porque creram e se submeteram à autoridade de Cristo (Mateus 21:31,32). Os líderes religiosos, que pensavam ser os homens mais espirituais de Israel, foram rejeitados porque, embora seu palavreado religioso fosse perfeito, trataram com desprezo a autoridade de Jesus.

A submissão é um chamado à obediência ao Senhor. Deus vê o nosso coração e não se impressiona com manifestações exteriores que não se traduzem em obediência.

Se você tem dúvidas e questionamentos sobre a fé, seja honesta. Certifique-se de que seus questionamentos e lutas provêm de um desejo sincero de conhecer a verdade sobre Jesus — e não de um desejo de adiar a decisão de abandonar o seu pecado e depositar sua confiança em Cristo. —Poh Fang Chia

A submissão à autoridade de Deus, em Cristo, exige mais do que meras palavras.

6 de abril
Discurso da jovem viúva

Leitura:
2 Coríntios 1:3-5

*Ele nos auxilia em todas as nossas aflições
para podermos ajudar os que têm as mesmas aflições
que nós temos.* —2 Coríntios 1:4

Pelas redes sociais, cheguei ao blog de Stephanie Olson: "Discurso de uma jovem viúva". O marido dela morreu há pouco tempo, aos 33 anos, deixando-a viúva aos 30, com dois filhos pequenos. Seu filho Isaac estava às vésperas da festa do primeiro aniversário e ela sofria pela ausência do marido.

O Espírito Santo tocou-me para juntar-me a Ele no conforto dos "…que choram…" (Mateus 5:4). Então o fiz, e orei na companhia de duas dúzias de crianças ugandenses que se reuniam em minha sala de estar. Leia a postagem da Stephanie sobre o que aconteceu:

"Eu deveria saber colocar minha esperança em Jesus Cristo. Em meu Facebook vi umas crianças da Uganda que nem conheço, soletrando o que o Cristo-vivo é para mim. Aposto que elas sabem o que é ausência. E podem imaginar o que meu filho sentirá quando crescer e descobrir que não conheceu o seu pai. E então, ungida pelo Espírito Santo, minha irmã em Cristo, Roxanne, postou que essas crianças deram uma pausa no filme que assistiam e oraram por nós. Fizeram uma faixa de "Feliz Aniversário, Isaac", fotografaram e postaram. *Isto é o Reino vivo!* Tão simples, impactante e incrível!"

Com frequência ignoro quando Deus me chama para algo. Desta vez respondi, e estou grata por tê-lo feito. Foi uma alegria absoluta testemunhar esta troca amorosa de orações entre Stephanie e um grupo de adoráveis crianças africanas. —Roxanne Robbins

*O Senhor nos convida a estar junto a Ele no trabalho
do Seu reino, e isso inclui confortar os que choram.*

7 de abril
Ignorância e inocência

Leitura:
Romanos 5:12-21

...a fim de que, assim como o pecado dominou e trouxe a morte, assim também a graça de Deus, que o leva a aceitar as pessoas, dominasse e trouxesse a vida eterna... —Romanos 5:21

Algumas pessoas evitam ir ao médico porque não querem descobrir que algo pode estar errado. Algumas pessoas evitam ir à igreja pela mesma razão. Mas a ignorância de nossas doenças não nos deixa saudáveis e a ignorância de nossos pecados não nos torna inocentes.

A lei romana é considerada a fonte da ideia de que a ignorância da lei não perdoa ninguém. No entanto, tal conceito originou-se muito antes. Quando Deus deu a lei a Israel, Ele estabeleceu que até mesmo o pecado não intencional exigiria um sacrifício para o perdão (Levítico 4; Ezequiel 45:18-20).

Em sua carta aos cristãos que viviam em Roma, o apóstolo Paulo referiu-se à questão da ignorância ou falta de entendimento. Quando as pessoas eram ignorantes da justiça de Deus, criavam sua própria justiça (Romanos 10:3). Ao vivermos de acordo com nossos próprios padrões de certo e errado, podemos nos sentir bem conosco mesmas, mas isso não nos torna espiritualmente saudáveis. Apenas quando somos comparadas ao padrão de justiça de Deus (Jesus) conhecemos nossa condição espiritual.

Nenhum de nós pode alcançar a justiça de Cristo, mas felizmente não precisamos. Ele compartilha a Sua justiça conosco (5:21). A parte boa em descobrir o que está errado conosco é que o Médico dos médicos pode nos curar. —Julie Ackerman Link

Deus é quem estabelece os padrões e restabelece a nossa saúde espiritual.

8 de abril
Voar

Leitura:
Êxodo 19:1-5

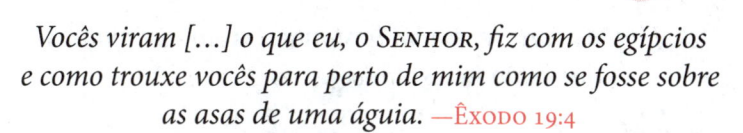

Vocês viram [...] o que eu, o Senhor, fiz com os egípcios e como trouxe vocês para perto de mim como se fosse sobre as asas de uma águia. —Êxodo 19:4

Naquele exato momento, o Senhor das Águias deu um voo rasante, prendeu-o nas garras e se foi (O Hobbit, Ed. Martins Fontes, 2001). No conto, J. R. R. Tolkien apresenta uma vívida cena de inesperado resgate. Rodeado de lobos e *goblins*, Bilbo tinha certeza de que tudo estava perdido. Ele e seus amigos estavam presos às árvores, que rapidamente se tornavam gravetos pelo fogo dos *goblins*, quando Gandalf subiu para os ramos mais altos... e desapareceu. Numa linda representação do resgate preciso de Deus, grandes águias chegaram para carregar o grupo de viajantes em segurança. Bilbo, porém, não aproveitou sua carona, por medo de altura.

Os israelitas passaram anos de escravidão no Egito. Talvez pensassem que as histórias da provisão e promessas de Deus eram contos transmitidos de geração a geração para manter viva a esperança. Mas agora a providência de Deus se tornava real. No decurso de sua viagem para a segurança (Terra Prometida) questionaram se este era realmente o melhor caminho, pareciam estar afundando, não alçando voo. E temeram.

Acreditavam que Deus os tinha abandonado para morrer no deserto (Êxodo 17:1-3). Eles cantavam quando viam o agir do Senhor (15:1-21), mas quando a Sua mão se tornava invisível, eles desanimavam.

A resposta dos israelitas demonstra como a *pequena fé* demanda provas (Mateus 8:24-26), e a *fé verdadeira* se apoia no caráter de Deus.
—Regina Franklin

Sem fé ninguém pode agradar a Deus, porque quem vai a ele precisa crer que ele existe... —Hebreus 11:6

9 de abril
Gaveta de banheiro?

Leitura:
Números 10:29-33

…Já que agora vocês têm bastante, é justo que ajudem os que estão necessitados… —2 Coríntios 8:14

Muitas pessoas preocupadas e generosas enviaram donativos para *Tukutana*, o ministério em que participo em Uganda. Recebemos roupas, leite em pó, livros e outros itens essenciais. Tudo é valioso para eles e para nós.

Entretanto, certa vez recebemos três caixas grandes que nos causaram muitos problemas. Pagamos um imposto caro para que as autoridades alfandegárias as liberassem. Passamos horas examinando os pacotes porque estavam repletos de itens sujos e inúteis. Parecia que o doador havia limpado as gavetas de seu banheiro e jogado sua bagunça naquelas caixas para doar para a África.

Só às vezes o ditado que diz: "o lixo de uns é o tesouro de outros", é verdadeiro. Ao compartilharmos as bênçãos que o Senhor nos dá (Nm. 10:32), apliquemos sabedoria, esforço e sensatez em nossas doações.

Ao doar, veja como são úteis essas instruções bíblicas:

• "Adore a Deus, [com] o melhor" (Provérbios 3:9).

• "Não dê com tristeza no coração, mas seja generoso com ele; assim o Senhor, nosso Deus, abençoará tudo o que você planejar e tudo o que fizer" (Deuteronômio 15:10).

• Lembrem das palavras do Senhor Jesus: "É mais feliz quem dá do que quem recebe" (Atos 20:35).

Ao separar o que quer doar, pense em quem receberá a doação e no que essa pessoa pode estar precisando — não apenas no que você não quer mais (Romanos 12:13). —*Roxanne Robbins*

…todos ficarão sabendo que vocês deram ofertas porque quiseram e não porque foram obrigados. —2 Coríntios 9:5

10 de abril
Uma corda

Leitura:
Atos 16:16-34

Mais ou menos à meia-noite, Paulo e Silas estavam orando e cantando hinos a Deus, e os outros presos escutavam.
—Atos 16:25

Um violinista italiano, Niccolo Paganini (1782-1840) estava tocando uma peça difícil diante de um grande público. De repente, uma corda em seu violino se rompeu, mas ele continuou a tocar, improvisando lindamente. Em seguida, mais duas cordas se quebraram, e ele terminou a composição tocando com apenas uma única corda.

Quando os aplausos finalmente cessaram, ele acenou ao maestro para dar início ao bis. O violinista sorriu para o público e gritou: "Paganini… uma corda!". Colocando o instrumento sob o queixo, ele tocou novamente apenas com aquela corda.

Com isso em mente, Charles Swindoll escreve: "Quanto mais eu vivo, mais fico convencido de que a vida é 10% o que acontece conosco e 90% como respondemos a isso." Com sua convicção baseada nas Escrituras, Swindoll analisou a reação de Paulo e Silas quando estavam naquela prisão. Em vez de lamentarem a sua sorte, fizeram uso da "única corda" que ainda havia — eles oravam e cantavam louvores a Deus (Atos 16:25). Como resultado de seu testemunho, o carcereiro e toda sua casa se converteram e foram batizados.

Você permitiu que as adversidades da vida a desencorajassem ou a imobilizassem? Com a ajuda de Deus, aproveite ao máximo a sua "única corda" que restou. —*Joanie Yoder*

Em sintonia com Cristo, poderemos cantar até mesmo em meio às adversidades.

11 de abril
À sombra

Leitura:
Atos 8:5-24

Vejo que você está cheio de inveja, uma inveja amarga como fel, e vejo também que você está preso pelo pecado. —Atos 8:23

Longe de ser uma verdadeira conhecedora do bom café, minha despensa tinha de tudo, de marcas comuns às combinações aromatizadas de lojas especializadas. Numa viagem a Honduras, aprendi que o melhor café é o que cresce à sombra. A sombra diminui o amargor e comecei a pensar, de que modo este conceito se relacionaria à minha vida espiritual.

Jesus disse claramente que as tentações viriam e enfatizou a importância do perdão (Lucas 17:4). Embora a amargura não seja o pecado que nos vem logo à mente quando pensamos nas tentações que enfrentamos, não deixa de ser uma realidade. Hebreus 12:15 diz: "…nem haja alguma raiz de amargura que, brotando, vos perturbe, e, por meio dela, muitos sejam contaminados".

Em Atos, lemos que Simão creu e foi batizado (8:13), Pedro sentia que o desejo de Simão pelo poder de Deus em sua vida tinha motivação errada. Simão era um homem fascinado pelo poder, além disso, ele não tinha apenas ciúmes, era amargo.

Quando experimentamos situações difíceis, os poderes da escuridão se apressam em nos dizer que devemos provar nossa capacidade aos outros — seja para obter aprovação ou nos sentirmos poderosos. Deus prometeu ser a sua sombra (Salmo 91:1). Ele é o Senhor dos senhores, Aquele que prometeu ser nossa proteção (17:8). À medida que confiamos em Sua Palavra, nossa vida se torna uma rica colheita em vez de um amargo pesar. —*Regina Franklin*

Como é precioso o teu amor! Na sombra das tuas asas, encontramos proteção. —Salmo 36:7

12 de abril
Crime e castigo

Leitura:
Naum 1:1-15

*O Senhor é paciente mas poderoso
e não deixa os culpados sem castigo…* —Naum 1:3

Uma personalidade da mídia inglesa foi honrada em vida, e alguém disse em seu funeral que a história dele tinha sido uma epopeia de doação: de tempo, talento e bens. E que ele podia encarar a vida eterna com confiança. Mas a polícia numa investigação criminal descobriu *mais de 300 alegações de abuso sexual infantil e estupro contra ele*.

Ele está *morto*, e mesmo se for culpado, jamais será responsabilizado por seus delitos. Parece injusto? O profeta Naum nos ajuda a lidar com esta questão, revelando Deus como justo e misericordioso:

• "O Senhor é um Deus que não tolera outros deuses, um Deus irado que se vinga dos seus inimigos" (Naum 1:2). Deus é zeloso por Sua glória e por quem Ele ama. É impossível ofender a glória, a honra de Deus e aqueles a quem Ele ama e *não* enfrentar a Sua ira.

• "O Senhor é paciente mas poderoso e não deixa os culpados sem castigo" (v.3). Deus é longânimo, e retarda Sua ira com misericórdia. Não confundamos a Sua paciência com impotência. Deus é justo e tem o poder de executar justiça.

• "O Senhor Deus é bom. Em tempos difíceis, ele salva o seu povo e cuida dos que procuram a sua proteção" (v.7).

Jonathan Edwards, teólogo, nos lembra que somos pecadores nas mãos de um Deus irado, quando diz: "Que todo aquele que não está em Cristo agora desperte e fuja da ira que há de vir." Apenas os que são salvos por Cristo têm a certeza da vida eterna. —*Poh Fang Chia*

*Todos nós um dia compareceremos
ao tribunal de Deus. Você está preparada?*

13 de abril
O relógio de Deus

Leitura:
Lucas 2:36-40

Naquele momento ela chegou e começou a louvar a Deus e a falar a respeito do menino para todos os que esperavam a libertação de Jerusalém. —Lucas 2:38

Visito regularmente duas mulheres idosas. Uma delas não tem preocupação financeira alguma, está em forma para sua idade e mora em sua própria casa. Mas ela sempre encontra algo negativo para dizer. A outra, sofre de artrite e esquece muita coisa. Ela mora num lugar simples e tem um bloco de anotações para registrar os seus compromissos e não os esquecer. Mas seu primeiro comentário para qualquer visitante em seu pequeno apartamento é sempre o mesmo: "Deus é tão bom comigo." Ao ler o seu bloco de notas, em minha última visita, percebi que ela havia escrito no dia anterior: "Sair para almoçar amanhã! Que maravilha! Mais um dia feliz!"

Ana era uma profetisa na época do nascimento de Jesus e suas circunstâncias eram complicadas (Lucas 2:36,37). Viúva desde cedo e possivelmente sem filhos, ela talvez se sentisse inútil e desamparada. No entanto, o seu interesse maior estava em Deus e em servi-lo. Ela anelava pelo Messias, mas nesse ínterim se ocupava com as questões do Senhor: orando, jejuando e ensinando aos outros tudo o que aprendia sobre Ele.

Finalmente chegou o dia em que ela, já com seus 80 anos, viu o pequeno Messias nos braços da sua jovem mãe. Toda a sua espera paciente valera a pena. Seu coração regozijou-se de alegria enquanto ela louvava a Deus e contava a alegre novidade aos outros. —*Marion Stroud*

Às vezes, é difícil enxergar o plano de Deus e o nosso, mas o ideal é estarmos no ponto em que ambos convergem.

14 de abril
Linha de visão

Leitura:
Jó 9:1-35

Deus passa perto de mim, e eu não vejo;
ele vai andando, e eu não percebo. —Jó 9:11

Nosso filho aprendeu a atirar com arco e flecha, e eu aprendi a admirar a beleza desse esporte. Juntei-me a ele para lançar algumas flechas. Movi o arco à esquerda, já que só consigo piscar com o olho direito, e com isso poucas flechas atingiram o centro do alvo. A falta de treinamento limitava a minha mira para *acertar na mosca*.

Da mesma forma que Jó, quando as dificuldades aparecem podemos começar a sentir como se Deus estivesse se vingando contra nós. Não vemos como as nossas decisões e sacrifícios fizeram por merecer as situações que encontramos agora.

Depois de reconhecer a majestade de Deus, Jó reconheceu o Seu poder. Mas essa mesma soberania o fez questionar se Deus era bom e justo (9:24). Se Deus é Todo-poderoso, então Ele é capaz de sobrepor Sua autoridade em qualquer circunstância. Para Jó, a questão não era *se* Deus podia mudar sua situação; a pergunta era *por que* Deus escolheu não intervir.

Jó admitiu a limitação de suas próprias perspectivas, disfarçou sua confissão em reclamação, e não conseguiu perceber que havia se colocado na posição de julgar a resposta de Deus para a humanidade (vv.17,18,22,23).

Não somos diferentes dele. Se não entendemos o que acontece ao nosso redor, devemos ter cuidado de não definir os caminhos de Deus por meio de olhos destreinados e, assim fazendo, errar o alvo à medida que Ele trabalha em nossa vida. —*Regina Franklin*

Deus é Todo-poderoso, e Ele é capaz de sobrepor a Sua autoridade em qualquer circunstância.

15 de abril
Um mundo em paz

Leitura:
Miqueias 4:1-7

Todos viverão seguros, e cada um descansará calmamente debaixo das suas figueiras e das suas parreiras…
—2 Tessalonicenses 1:4

Certa vez, meus amigos e eu entrevistamos cristãos das denominações praticadas em Singapura para descobrir seus ensinamentos sobre utopia. Isso nos intrigava, porque sabíamos que todos nós vivemos num mundo imperfeito. Os desafios de viver incluem as dificuldades econômicas, a erosão dos valores morais, relacionamentos destruídos, sonhos desfeitos ou a morte de entes queridos.

É realista desejar a utopia? Em Miqueias 4 temos um vislumbre dos *últimos dias* em que Deus trará paz e restauração ao mundo. Nesse tempo, pessoas de todas as nações aprenderão a seguir a lei e os ensinamentos de Deus (v.2). Não será preciso um grande orçamento para defesa, porque a calma sobrevirá a todas as nações, quando elas voltarem suas energias a propósitos pacíficos e abandonarem a guerra (v.3). Todos viverão sem medo, com segurança, prosperidade e bênçãos (v.4). E Deus estará em primeiro plano (v.1).

Miqueias nos garante que o próprio Deus Altíssimo pronunciou estas palavras (v.4). São promessas dele, não de Miqueias. Isaías fez as mesmas predições (Isaías 2:2-4). O mesmo Espírito deu as mesmas profecias — coisas que certamente acontecerão.

Assim, enquanto esperamos ansiosamente *aquele* dia, que possamos dizer: "…o Senhor é o nosso Deus, e nós o adoraremos e lhe obedeceremos para sempre" (Miqueias 4:5). Não há necessidade de tentar criar a utopia nesta vida. —*Poh Fang Chia*

Sabemos que, no tempo de Deus, Ele trará paz ao nosso mundo.

16 de abril
Identidade positiva

Leitura:
João 1:14-32

…Você é o Profeta que estamos esperando?…
—João 1:21

Estava com minha filha no supermercado, quando ela apontou um cliente que se parecia muito com as gravuras de Jesus, na Bíblia Ilustrada, e chamou-o de Jesus. Apesar de sua inocência e alegria, ele pareceu irritar-se com o erro dela sobre a sua identidade.

Os líderes da época de Jesus estavam curiosos sobre a identidade dele, e enviaram servos até João Batista para sondar a situação. Encheram-no de perguntas como: "…Você é o Profeta que estamos esperando?…" (v.21). João os esclareceu citando o profeta Isaías: "Eu sou aquele que grita […] preparem o caminho para o Senhor passar" (v.23). Eles o questionaram mais, e ele afirmou: "…não mereço a honra de desamarrar as correias das sandálias dele" (v.27). Em outras palavras: *Não sou quem vocês procuram.*

João também tinha perguntas sobre a identidade de Jesus. Ele sabia muito *sobre* o seu Senhor (vv.15-18), mas não podia reconhecê-lo como o Messias (v.31). Quando o Espírito Santo desceu e pousou sobre Jesus (vv.33,34), João identificou Aquele que receberia as cicatrizes dos cravos, que choraria por Lázaro e que seria crucificado. Como testemunha de Jesus, João levava outros até Cristo.

E nós? Será que ajudamos as pessoas a desconsiderar ideias populares e incorretas sobre quem é Jesus? Será que a nossa vida proclama a Sua graça, poder e amor? Estamos fazendo todo o possível para ajudar outros a reconhecê-lo? —*Jennifer Benson Schuldt*

*Somos testemunhas de Jesus
e embaixadoras de Cristo.*

17 de abril
Árvores de trilha

Leitura:
Isaías 53:4-12

...rasgam as minhas mãos e os meus pés. [...] Eles repartem entre si as minhas roupas e fazem sorteio da minha túnica.
—Salmo 22:16-18

Nos últimos anos minha filha tem se sentindo fascinada com a história do povo indígena no local em que ela mora. Numa tarde de verão quando fui visitá-la, ela me mostrou uma estrada que tinha uma placa indicando "Árvores de trilha". Acredita-se, ela me explicou, que há muito tempo os nativos curvavam as árvores ainda jovens para indicar o caminho a destinos específicos e que as árvores continuavam crescendo, mas em formato irregular.

O Antigo Testamento tem um propósito semelhante. Muitos ensinamentos e ordenanças da Bíblia direcionam o nosso coração para o modo que o Senhor quer que vivamos. Os Dez Mandamentos são grandes exemplos disso, com os profetas do Antigo Testamento tendo indicado o caminho para o Messias que viria. Milhares de anos antes de Jesus vir, eles falaram sobre Belém, que seria o local do nascimento de Jesus (Miqueias 5:2; Mateus 2:1-6). E descreveram a morte de Cristo na cruz com detalhes impressionantes (Salmo 22:14-18; João 19:23,24). Isaías 53:1-12 destaca o sacrifício que Jesus faria pois "...o Senhor castigou o seu servo; fez com que ele sofresse o castigo que nós merecíamos" (v.6; Lucas 23:33).

Milênios atrás, os servos de Deus, do Antigo Testamento, fizeram referências ao Filho de Deus. Aquele que hoje toma o nosso sofrimento e a nossa dor (Isaías 53:4) é o caminho para a vida. —*Cindy Hess Kasper*

Jesus sacrificou Sua vida em favor da nossa.

18 de abril
Estranhos e estrangeiros

Leitura:
Hebreus 13:1-3

Amem esses estrangeiros, pois vocês foram estrangeiros no Egito.
—Deuteronômio 10:19

Meu filho e eu nos dirigíamos a um voo de conexão, quando ele falou: "Veja, mamãe, um *Dinka*!" Eles compõem a maior tribo do sul do Sudão. São considerados as pessoas mais altas da África; e fáceis de reconhecer se você tem alguma familiaridade com as tribos subsaarianas. Nós o cumprimentamos e ele ficou satisfeito, e surpreso, por identificarmos sua origem ao vê-lo.

Ele explicou que, alguns anos antes, sua família havia entrado no país como refugiados de guerra. Eram gratos por estar ali, mas sentiam-se como estranhos numa terra estrangeira.

Ouvir a situação dele me fez refletir sobre o que Mateus diz: "Senhor, quando foi que o vimos com fome e lhe demos comida ou com sede e lhe demos água? Quando foi que vimos o senhor como estrangeiro e o recebemos na nossa casa ou sem roupa e o vestimos? Quando foi que vimos o senhor doente ou na cadeia e fomos visitá-lo?" (25:37-39).

Como membros do Corpo de Cristo, somos chamadas a:

• Amar uns aos outros (Deuteronômio 10:18,19; Hebreus 13:1),

• Demonstrar hospitalidade com estranhos, pois alguns que fizeram isso receberam anjos sem perceber! (v.2),

• Lembrarmo-nos dos encarcerados como se estivéssemos lá (v.3),

• E dos que são maltratados, como se sentíssemos sua dor (v.3).

Peçamos a Deus para nos ajudar a reconhecer as pessoas, incluindo as estranhas, a quem poderemos demonstrar a verdadeira hospitalidade. —Roxanne Robbins

*Somos embaixadoras do amor de Cristo
para vivenciar o cristianismo autêntico.*

19 de abril
Estressadas

Leitura:
Colossenses 3:22–4:6

*O que vocês fizerem façam de todo o coração,
como se estivessem servindo o Senhor e não as pessoas.*
—Colossenses 3:23

Para o cristão, o trabalho é a oportunidade de expressar seus talentos concedidos por Deus. Ao mesmo tempo, também pode ser uma causa importante de estresse. No entanto, nossa responsabilidade como cristãs frente aos desafios é a mesma, independentemente do local de trabalho e do que fazemos: *amar e refletir Jesus.*

Por Jesus ser a "revelação visível do Deus invisível" (Cl 1:15), nós, Suas seguidoras, devemos ser como Ele e revelá-lo ao mundo. Ao colocarmos nosso interesse nas coisas do céu, tudo se torna em oportunidades para adoração, inclusive o nosso trabalho (3:1). Eis aqui algumas maneiras práticas para enfrentar desafios no local de trabalho:

• Nem todas as opiniões devem ser expressadas. O que dizemos deve ser agradável e de bom gosto (4:6).

• Quando os líderes tomam decisões que não apreciamos, precisamos discernir entre os verdadeiros problemas causados pelo que é certo ou errado e as simples inconveniências para nós (Hebreus 13:17).

• Não levar a sério nossa responsabilidade é não compreender que a temos com Deus. Ele se importa com a mordomia (Sl 90:17; Cl 3:23).

• Devemos entender onde a nossa responsabilidade começa e termina. Somos responsáveis por nossas escolhas (Romanos 12:18).

Por termos sido ressuscitadas com Cristo, essa realidade deve permear tudo que fazemos — até mesmo o nosso trabalho (Cl 2:13).

—*Regina Franklin*

*O modo como trabalhamos deve demonstrar
que pertencemos a Jesus e o amamos.*

20 de abril
Conselhos oportunos

Leitura
Judas 1:17-25

…continuem a progredir na sua fé […]. Orem guiados pelo Espírito Santo. […] esperando que […] Cristo […] dê a vocês a vida eterna. —Judas 1:20,21

Vi um grupo interagindo com outros na estação de trem, onde eu estava, compartilhando as Escrituras com aqueles que os ouviam. Um membro do grupo se aproximou e pediu que eu respondesse a uma pesquisa. A pergunta se referia a Apocalipse 22:17. E era: "Quem você acha que é a 'noiva'?". Respondi: "A igreja". Ele replicou: "Leia o texto. É Deus, a Mãe."

Não há nada sobre Deus como mãe nas Escrituras. Então, como reagir quando os falsos ensinos predominam? Quando muitos mestres da Palavra são indignos de confiança? Judas nos deu conselhos oportunos.

• Lembrar as palavras dos apóstolos, autores de grande parte do Novo Testamento (Judas 1:17). Eles predisseram sobre os falsos ensinamentos. Não desanimar nem temer ao ver falsos ensinamentos se infiltrando na igreja.

• Crescer no entendimento da Palavra de Deus (v.20), pois as Escrituras são confiáveis e suficientes. Alguém disse: "O cristão mais protegido é aquele que tem o desejo de crescer na verdade da fé cristã."

• Depender de Deus e do Seu amor por nós — habitar neste amor, deleitarmo-nos, nos inspirar nele e sermos animados por este amor (vv.20,21). Quem está repleto do amor de Deus não ficará vulnerável às estratégias do falso mestre. Podemos reagir aos falsos ensinamentos com graça e verdade, estendendo a mão aos outros com verdadeira compaixão e sabedoria espiritual (vv.22-24). —*Poh Fang Chia*

Descansar no poder de Deus, nos impedirá de cair e nos apresentará irrepreensíveis diante dele.

21 de abril
Como podemos amar?

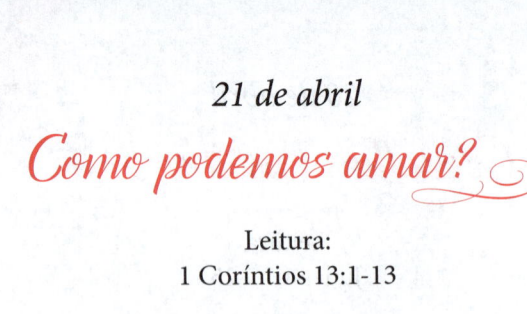

Leitura:
1 Coríntios 13:1-13

O amor é eterno.
—1 Coríntios 13:8

Geralmente a passagem de 1 Coríntios 13 é lida em casamentos. Contudo, mesmo os mais otimistas recém-casados eventualmente terão seus problemas. A única pessoa que pode cumprir perfeitamente esse "capítulo do amor" é Jesus Cristo.

O pastor F. B. Meyer (1847-1929) escreveu: "Jesus senta-se para ser retratado nessas frases brilhantes, e cada frase afirma uma verdade sobre Ele. Substitua a palavra 'amor' por Seu nome em todo o capítulo e veja como a semelhança é perfeita."

Vamos praticar isso: [Jesus] ama e é paciente e bondoso. [Jesus] não é ciumento, nem orgulhoso, nem vaidoso [...]. Não é grosseiro nem egoísta; não fica irritado, nem guarda mágoas [...]. Não fica alegre quando alguém faz uma coisa errada, mas se alegra quando alguém faz o que é certo; nunca desiste, porém suporta tudo com fé, esperança e paciência. [Jesus] é eterno" (1 Coríntios 13:4-8).

Sim, Jesus é o exemplo perfeito de amor. Porém, Paulo escreveu isso para mostrar como *nós* devemos amar os outros. Contudo, ele sabia que precisamos mais do que ler sobre o exemplo de amor de Cristo; temos que experimentar o Seu amor recebendo-o em nossa vida como Senhor e Salvador. Se já fizemos isso, Paulo declarou: "Deus derramou o seu amor no nosso coração, por meio do Espírito Santo, que ele nos deu" (Romanos 5:5). Só então seremos capazes de amar os outros como Jesus os ama, permitindo que Ele os ame por nosso intermédio. —*Joanie Yoder*

Para saber amar, abra o seu coração para Jesus.
Para demonstrar amor, abra o seu coração aos outros.

22 de abril

Arrisque

Leitura:
Mateus 25:14-30

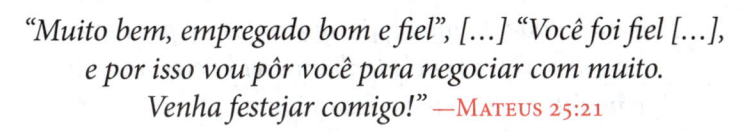

"Muito bem, empregado bom e fiel", […] "Você foi fiel […], e por isso vou pôr você para negociar com muito. Venha festejar comigo!" —MATEUS 25:21

Você espera que Deus a receba no céu dizendo: "Muito bem, você foi fiel…". É importante que entendamos estas palavras. Nesta passagem de Mateus, Jesus é comparado ao mestre que confiou seu dinheiro aos servos antes de partir. Embora planejasse estar longe por um longo período, Ele retornará e ajustará as contas com os Seus servos (v.19). Os cristãos também vivem *entre dois tempos* — o início e a consumação do fim. Apesar da espera, precisamos vigiar e estar prontos para a Sua volta.

Mas como? A parábola apresenta dois exemplos positivos e um negativo. Os servos obedientes se arriscaram e investiram o dinheiro do patrão a fim de lhe trazer o máximo retorno possível quando este voltasse. O servo mau e preguiçoso, por outro lado, se manteve na zona de conforto e enterrou o dinheiro recebido. Seu raciocínio foi considerado uma desculpa. Para o mestre não importa a opinião do servo sobre si; quer precisa ou distorcida, o servo verdadeiro deve agir de acordo com a expectativa do mestre.

As oportunidades de demonstrar os dons aparecem para os cristãos ou não. Podemos nos manter na zona de segurança e obter o que pudermos ou nos arriscar para que Deus obtenha o que Ele quer.

Preparemo-nos para o retorno de Jesus aprendendo a assumir riscos por Sua causa. E então, quando o encontrarmos, teremos a certeza de que Ele nos dirá: "Muito bem, serva fiel." —*Poh Fang Chia*

A Bíblia nos adverte: Vigiai e orai.

23 de abril

Reivindicando

Leitura:
João 19:17-27

Pois a vontade do meu Pai é que todos os que veem o Filho e creem nele tenham a vida eterna; e no último dia eu os ressuscitarei. —João 6:40

Minha mãe desenvolveu o hábito de, ocasionalmente, nos perguntar com que itens gostaríamos de ficar quando ela partir. Respondendo com humor às suas reflexões sobre a morte, nós lhe dizemos para não esconder dinheiro em casa, porque vamos vendê-la totalmente mobiliada. Dias atrás, porém, lembrei de uma guirlanda de videira que meu pai e eu fizemos há mais de 20 anos, e meio em tom de brincadeira, lhe pedi para escrever meu nome nela.

Qualquer um que tenha passado pela morte de um ente querido conhece o aumento das tensões entre os familiares, quando isso acontece. Sentindo a dor de perder alguém, podemos reivindicar lembranças na tentativa de prolongar a conexão. Nossas tentativas de nos apegarmos ao amor de alguém que já partiu podem nos custar os relacionamentos com os vivos.

A Bíblia não menciona os pensamentos de Maria ao testemunhar a morte de seu filho Jesus, mas podemos imaginar (João 19:25). Sua mente deve ter se esforçado na tentativa de conciliar o filho que ela amara e criara ao Messias que veio para salvar a humanidade (Lucas 2:19,34,35,51).

Maria sequer recebeu as Suas roupas como lembrança. Ela assistiu as mãos que pregaram Jesus na cruz lançando sortes para ver quem ficaria com Seus pertences (João 19:24; Salmo 22:18). Mas enquanto ela sofria este tormento emocional, Jesus concedia perdão aos que lhe causavam a dor indizível (Lucas 23:34). —*Regina Franklin*

Reivindique a esperança futura a qual todos os que estão em Jesus já compartilham.

24 de abril
Um ser humano como nós

Leitura:
1 Reis 17:1-6

O profeta Elias era um ser humano como nós...
—Tiago 5:17

Poucas pessoas são lembradas por muito tempo, depois de morrerem. O profeta Elias, porém, é uma exceção. Ele é o mais lembrado dos profetas do Antigo Testamento, que foram mencionados no Novo Testamento.

Elias realizou algumas coisas extraordinárias: ressuscitou um menino e fez descer fogo do céu. Mas Tiago nos lembra que ele era "...ser humano como nós..." (v.17). Como nós, ele tinha paixões, sentimentos e momentos que o faziam sofrer. Certa vez, ele sentiu-se tão desanimado, que desejou a sua morte (1 Reis 19:4).

O profeta aparece pela primeira vez no Antigo Testamento: "Elias, de Tisbé, na região de Gileade..." (1 Reis 17:1). Nem sequer temos certeza de onde ficava sua cidade natal. Contudo, ele recebeu uma mensagem de Deus. Sua proclamação foi contra Baal, o deus pagão das tempestades que, supostamente, fazia chover. Segundo a lei do Antigo Testamento (Deuteronômio 18:20-22), Elias precisaria demonstrar que Javé era o único Deus verdadeiro e que era profeta dele, antes de chamar o povo ao arrependimento.

Deus mandou Elias se esconder perto do riacho de Querite para que os israelitas vissem que Ele trouxera a seca à sua terra. E Deus usou esse tempo de silêncio para ensiná-lo a confiar e obedecer. O profeta testemunhou do poder divino ao conceder as provisões diárias e proteção.

Elias não era um super-humano, mas definitivamente servia ao Deus fora do comum. —*Poh Fang Chia*

Quando Deus a chama, Ele a capacita para o que precisa ser feito.

25 de abril
É lindo!

Leitura:
Marcos 14:3-9

...mas Jesus disse: —Deixem esta mulher em paz! Por que é que vocês a estão aborrecendo? Ela fez para mim uma coisa muito boa. —Marcos 14:6

Ao fim de uma viagem de negócios, Tobias queria encontrar alguns presentinhos para seus filhos. O balconista na loja de presentes do aeroporto lhe apresentava apenas itens caros. "Não tenho essa quantia comigo," ele disse. "Preciso de algo mais barato." O balconista tentou fazê-lo sentir-se mesquinho, mas Tobias sabia que os seus filhos ficariam felizes com qualquer coisa que ele lhes comprasse, porque viria de um coração repleto de amor. E ele estava certo, pois eles amaram os presentes que o pai lhes trouxe.

Durante a última visita de Jesus ao povoado de Betânia, Maria queria demonstrar o seu amor por Ele (Marcos 14:3-9). Para isso, ela levou "...um frasco feito de alabastro, cheio de perfume de nardo puro, muito caro..." e o ungiu (v.3). "Ao verem aquilo, os discípulos ficaram zangados e disseram: —Que desperdício!" (Mateus 26:8). Jesus lhes disse que não a aborrecessem, pois "...Ela fez para mim uma coisa muito boa" (Marcos 14:6). Outra tradução diz: "Ela fez algo lindo para mim." Jesus se alegrou com o presente dela, pois vinha de um coração repleto de amor. Mesmo sendo uma unção para o Seu sepultamento, foi lindo!

O que você gostaria de dar a Jesus para demonstrar o seu amor? O seu tempo, seu talento, sua riqueza? Não importa se for caro ou barato, se outros entenderão ou criticarão. O que você lhe der com o coração cheio de amor será lindo para Ele. —Anne Cetas

Um coração, espiritualmente, saudável bate de amor por Jesus.

26 de abril
Traga o menino para mim

Leitura:
Marcos 9:14-27

Jesus disse: —Gente sem fé! Até quando ficarei com vocês? Até quando terei de aguentá-los? Tragam o menino aqui.
—Marcos 9:19

"Eu não acredito em Deus e nem vou", disse José.

Maria esforçou-se para engolir o nó em sua garganta. Seu filho havia se transformado de garoto feliz a jovem mal-humorado e sem prontidão para colaborar. A vida era um campo de batalhas diárias, e o domingo tinha se tornado um dia a temer, pois José se recusava a ir à igreja com a família. Finalmente, os pais, desesperados, consultaram um conselheiro, que lhes disse: "O seu filho deve fazer a sua própria jornada de fé. Vocês não podem forçá-lo a entrar no reino. Deem espaço para Deus trabalhar. Continuem orando e esperem."

Maria esperou — e orou. Certa manhã, as palavras de Jesus que ela havia lido, ecoaram em sua mente. Os discípulos de Jesus não haviam conseguido ajudar o garoto endemoninhado, mas Jesus tinha a resposta para aquela situação: "Tragam o menino aqui" (Marcos 9:19).

Certa manhã, o sol entrou pela janela ao lado da mãe, formando um facho de luz no chão. Se Jesus pôde curar numa situação tão extrema, Ele também poderia ajudar o seu filho. Ela o imaginou em pé naquela luz ao lado de Jesus. Mentalmente, ela se afastou e deixou o seu filho sozinho com Aquele que o amava mais do que ela própria.

Cada dia, Maria e o seu marido entregavam em oração, e às vezes, silenciosamente o seu filho, José, a Deus, agarrando-se às garantias de que Ele conhecia as suas necessidades e que em Seu tempo e à Sua maneira o Senhor trabalharia na vida dele. —*Marion Stroud*

A oração é a voz da fé confiando que Deus nos conhece e ampara.

27 de abril

Vida revisada

Leitura:
Filipenses 3:1-14

...uma coisa eu faço: esqueço aquilo que fica para trás e avanço para o que está na minha frente. —Filipenses 3:13

Quando escrevo um texto muito longo, detesto cometer erros. Luto sempre com a compulsão de reescrever. Luto com o desejo de *apagar* alguns aspectos difíceis das circunstâncias ao meu redor. Parece muito mais fácil deixar para trás as coisas que não posso mudar do que insistir e permanecer elucubrando.

Algumas de nós deixamos de avançar em direção a uma intimidade mais profunda com Cristo. Passamos nosso tempo evitando os verdadeiros problemas da vida ou fugindo dos lugares que nos ferem.

Com pés ligeiros e espessas defesas não fazemos a revisão das circunstâncias à nossa volta. Arrancamos a página, na tentativa de começar tudo de novo.

Enfrentaremos os lugares que desejamos reformar: por nossas escolhas ou por decisões de outros. Evitar e revisar são, no entanto, reações bem diferentes. Evitar deixa os ferrões intactos, mas enterrados sob a superfície. Revisar, exige que reconheçamos e entreguemos as dificuldades da vida em troca da graça oferecida na cruz.

O passado tentará interferir em nosso presente e futuro, mas devemos ouvir sua voz somente nas lembranças da restauração e da cura de Deus, porque Ele faz novas todas as coisas (Apocalipse 21:3-5).

Paulo não poderia desfazer as antigas decisões que tomou em sua vida (Filipenses 3:7) nem mudar a opinião daqueles que o cercavam (Atos 26:28). Ele só tinha uma opção: concentrar-se no prêmio (vv.13,14).

—*Regina Franklin*

A obra da cruz triunfou sobre qualquer outra realização ou fracasso.

28 de abril
O dom da esperança

Leitura:
Juízes 13:1-7

…ele começará a livrar a Israel do poder dos filisteus.
—Juízes 13:5

Quando um forte tufão varreu a cidade de Tacloban nas Filipinas, em 2013, aproximadamente 10 mil pessoas morreram e muitos que sobreviveram perderam as suas casas e seus empregos. As provisões básicas se tornaram escassas. Três meses depois, enquanto a cidade ainda lutava para se levantar de tamanha destruição, um bebê nasceu no acostamento de uma estrada próxima a Tacloban, entre chuvas torrenciais e ventos fortes. Ainda que o clima trouxesse memórias dolorosas, os moradores se uniram para encontrar uma parteira e transportar a mãe e o recém-nascido até uma clínica. O bebê sobreviveu, cresceu e se tornou um símbolo de esperança durante uma época de desespero.

Quarenta anos de opressão filisteia marcaram um período austero na história nacional de Israel. Nessa época, um anjo informou uma israelita que ela daria à luz a um filho especial (Juízes 13:3). De acordo com o anjo, o bebê seria um nazireu — um homem separado para Deus — e começaria "…a livrar o povo de Israel do poder dos filisteus" (v.5). A criança, Sansão, foi um presente de esperança que nasceu num momento difícil.

Os problemas são inevitáveis, entretanto Jesus tem o poder para nos resgatar do desespero. Cristo nasceu para iluminar todos os que vivem na escuridão da sombra da morte, e guiar os nossos passos no caminho da paz (Lucas 1:76-79). —*Jennifer Benson Schuldt*

*Jesus é a esperança
que acalma as tempestades da vida.*

29 de abril

Lição de humildade

Leitura:
Provérbios 3:5-12

Confie no Senhor *de todo o coração e não se apoie na sua própria inteligência. Lembre de Deus em tudo o que fizer...* —Provérbios 3:5,6

"Sei que você deu o melhor de si, mas foi insuficiente." Se você ouvisse isso, pensaria: "Fiz o melhor que pude. Isso não vale?".

Sim e não. Na paráfrase, *A mensagem* (Ed. Vida, 2011), Eugene Peterson colocou Isaías 64:6 dessa forma: "Fomos todos infectados pelo pecado, contaminados. Nossos melhores esforços só fazem sujar a roupa". É possível que o nosso melhor não o seja por falta de experiência, conhecimento ou habilidade.

É correto darmos o melhor de nós, mas não é correto nos orgulharmos dos nossos melhores esforços. O orgulho é inimigo do cristão e o influencia a depender de si mesmo e a não buscar a vontade de Deus. Como cristãs, devemos dizer: "Não sou capaz de atender a essa exigência, mas Deus pode, então eu posso."

Hudson Taylor, missionário na China, foi um maravilhoso exemplo. Ele escreveu: "Onde eu for ou como for, cabe a Deus decidir, pois nas posições mais fáceis, Ele precisa dar-me graça e, nas mais difíceis, Sua graça é suficiente. Se Deus me colocar numa posição de perplexidade, Ele não precisará dar-me muita orientação? Em posições muito difíceis, muita graça? Em circunstâncias de grande pressão e provação, muita resistência?".

Deus sabe que posso ser "...sábio aos [meus] próprios olhos" (Pv 3:7,11,12) e desejar que meus esforços sejam recompensados. Então, quando você receber um comentário depreciativo, pergunte-se: Meu Pai está me ensinando humildade? —*Poh Fang Chia*

Como Pai amoroso, Deus me corrige porque tem amor por mim.

30 de abril
Respirando facilmente

Leitura:
Mateus 26:36-46

...orou pela terceira vez, dizendo as mesmas palavras.
—Mateus 26:44

Um aplicativo para celular se propõe a ajudá-lo a relaxar. Você fixa um monitor de batimentos cardíacos ao seu ouvido e, em seguida, o aplicativo dá informações sobre seu corpo para ajudá-lo a encontrar seu "nível de respiração ideal". Ao inspirar e expirar em intervalos adequados, o estresse deverá diminuir. Precisamos ter uma maneira saudável para atenuar as pressões da vida. Jesus enfrentou a tensão maior de todas: a crucificação.

Pouco antes disso, Ele levou os Seus discípulos ao monte das Oliveiras e disse-lhes: "...Sentem-se aqui, enquanto eu vou ali orar" (v.36). Triste e angustiado (v.37), Ele buscou o remédio divino para uma questão espiritual. Jesus pediu: "...Meu Pai, se é possível, afasta de mim este cálice..." (v.39). Ele orou por uma alternativa para a agonia, mas também para que a vontade de Deus prevalecesse. Ao orar, sabia qual seria a resposta.

Jesus "...orou pela terceira vez..." (v.44). Na angústia de Sua alma disse: "A tristeza que estou sentindo é tão grande, que é capaz de me matar" (v.38). Ele perseverou em clamar a Deus, como Ele próprio ensinara (Lucas 11:9).

A oração o ajudou a render-se ao plano de Deus e seguir adiante. Ele acordou os discípulos dizendo: "Levantem-se, e vamos embora..." (Mateus 26:46). A Judas, disse: "...Amigo, o que você vai fazer faça agora..." (v.50). Quando Pedro tentou defendê-lo, Jesus falou: "...Guarde a sua espada..." (v.52). —*Jennifer Benson Schuldt*

Ansiosa ou aflita, lembre-se do exemplo da oração de Jesus em Seu momento de angústia.

1.º de maio
Mensagem atemporal

Leitura:
1 Tessalonicenses 4:13-18

Portanto, animem uns aos outros com essas palavras.
—1 Tessalonicenses 4:18

Venha logo para casa! —Papai.

Revirando caixas velhas encontrei um bilhete e chorei ao lê-lo. Escrito há 18 anos, a mensagem tinha sido rabiscada na borda de uma passagem aérea que meu pai me enviara quando eu estudava na faculdade e aguardava com ansiedade cada oportunidade de rever minha família. Ver suas palavras de novo foi especialmente tocante para mim porque hoje o lar dele não é mais aqui.

Além da simples mensagem de meu pai terreno, a nota continha verdades profundas. Nossa esperança repousa em algo muito maior do que vemos com os nossos olhos e este mundo não é o nosso verdadeiro lar (1 Tessalonicenses 4:13).

Deus em Cristo "…perdoou todos os nossos pecados" (Colossenses 2:13). E Paulo continua dizendo: "Vocês foram ressuscitados com Cristo. Portanto, ponham o seu interesse nas coisas que são do céu, onde Cristo está sentado ao lado direito de Deus" (3:1).

Como cristãs, somos convocadas a viver neste mundo de paradoxos. O que podemos ver, tocar e ouvir à nossa volta permanece como realidade. Ainda assim, devemos lembrar o que o apóstolo João testemunhou: "…a respeito da Palavra da vida [Jesus], que existiu desde a criação do mundo. Nós a ouvimos e com os nossos próprios olhos a vimos. […] e as nossas mãos tocaram nela" (1 João 1:1). Jesus se tornou visível no "mundo tenebroso" para nos chamar à realidade do invisível.

O céu é realidade. —*Regina Franklin*

A animadora mensagem da cruz continua a dizer: Venha logo para casa!

2 de maio
Um profeta amuado

Leitura:
Jonas 4:1-11

O Senhor respondeu: Jonas, você acha que tem razão para ficar com tanta raiva assim? —Jonas 4:4

Poderíamos pensar nos profetas como santos bem-comportados. Mas sempre houve algum profeta que teve a audácia de gritar: "Deus, se você não quiser matá-los, *mate-me*! Estou melhor morto!". Jonas foi um deles, e isto está relatado em detalhes na Bíblia.

Por que Jonas estava tão furioso? Ele estava irritado com Deus, por mudar Seus planos (4:1). Jonas se ofendeu por que Deus era inconstante? Não! Deus tem caráter (v.2). Então, por que tanta ira? Pelas palavras do profeta, há dois motivos possíveis:

- O profeta seria malvisto se a predição não se cumprisse (v.3).
- Seu fervor nacionalista exigia que os inimigos de Israel fossem punidos, não perdoados (v.2).

Talvez sintamos que, às vezes, temos o direito de ficar irados com Deus, por Ele ter permitido que perdêssemos a credibilidade enquanto cumpríamos a Sua vontade. Ou por Ele demonstrar misericórdia por nossos inimigos. Mas o que é mais importante — a reputação de Deus ou a nossa, o plano de Deus ou os nossos desejos?

Jonas conhecia Deus, mas não tinha a mesma compaixão pelos perdidos. Deus confrontou as prioridades equivocadas de Jonas com uma lição objetiva. "O Senhor não demora a fazer o que prometeu, como alguns pensam. Pelo contrário, ele tem paciência com vocês porque não quer que ninguém seja destruído, mas deseja que todos se arrependam dos seus pecados" (2 Pedro 3:9). —*Poh Fang Chia*

Examine a sua motivação na missão do Senhor, e mantenha a atitude correta.

3 de maio
O Mediador

Leitura:
Êxodo 20:18-26

*…o povo ficou em pé de longe,
e somente Moisés chegou perto da nuvem escura
onde Deus estava.* —Êxodo 20:21

Imagine-se ao pé de uma montanha, com todos de sua comunidade ao redor, ombro a ombro. Ouve-se o barulho dos trovões e o lampejar de relâmpagos; e também o som forte da trombeta. Entre chamas, Deus se manifesta no topo da montanha. O cume é envolto em fumaça; e toda a montanha passa a tremer, inclusive você (Êxodo 19:16-20).

Os israelitas passaram por esta experiência aterrorizante próximo ao monte Sinai. Eles imploraram a Moisés: "…Se você falar, nós ouviremos; mas, se Deus falar conosco, nós seremos mortos" (20:19). Os israelitas pediram a Moisés que mediasse entre eles e o Todo-Poderoso. "E o povo ficou em pé de longe, e somente Moisés chegou perto da nuvem escura onde Deus estava" (v.21). Após encontrar-se com Deus, Moisés trouxe as mensagens do Senhor ao pé da montanha para o povo que ali estava.

Hoje, nós adoramos o mesmo Deus que manifestou a Sua surpreendente grandiosidade no monte Sinai. Porque Ele é perfeitamente santo e nós somos excessivamente corrompidos, não podemos nos relacionar com o Senhor. Caso estivéssemos sozinhas, nós também tremeríamos de terror (e realmente deveríamos). Mas Jesus nos possibilitou que conhecêssemos Deus quando levou os nossos pecados sobre si, morreu e ressuscitou (1 Coríntios 15:3,4). Ainda hoje, Jesus é o Mediador entre nós e Deus, que é santo e perfeito (Romanos 8:34; 1 Timóteo 2:5).

—Jennifer Benson Schuldt

*Jesus é a ponte sobre o precipício do pecado.
É Ele quem nos leva à presença de Deus.*

4 de maio
Cartões de agradecimento

Leitura:
Colossenses 2:6-8

...E sejam agradecidos. —Colossenses 3:15

Um pai escreveu sobre sua filha de 6 anos, vítima de leucemia: "Ela estava cheia de gratidão a Deus e aos outros, e carregava uma bolsinha, com papel e lápis de cor, onde quer que fosse, para escrever seus cartões de agradecimento quando recebia um presente ou alguém lhe fazia algo de bom."

Ela deixou um legado de gratidão, que vale a pena imitar. Nosso coração igualmente transbordará de gratidão quando ocorrer o seguinte (Colossenses 2:6-8):

- Recebermos Jesus como Salvador e o seguirmos (v.6),
- Aprofundarmos nossas raízes e conhecimento sobre Ele (v.7),
- Amadurecermos na fé que aprendemos (v.7),
- Recusarmos a ser seduzidos por filosofias, escolhendo seguir Jesus (v.8).

A gratidão é o nosso sacrifício a Deus (Salmo 50:14). Os princípios por trás dos sacrifícios — perdão dos pecados e gratidão a Deus — ainda se aplicam. E damos graças a Deus porque "...ele é bom, e porque o seu amor dura para sempre..." (Salmo 107:1). Quando demonstramos gratidão a Deus (Efésios 5:4), proclamamos a Sua grandeza e "...[contamos] às nações as coisas que ele fez" (Salmo 105:1).

Por que dar graças?, Mark Orr, líder cristão, escreve que dar graças agrada a Deus, e nos aproxima dele, nos torna emocionalmente saudáveis, e nos ajuda a lidar com a depressão e a aliviar a tristeza.

Seja grata, ora escrevendo cartões de agradecimento para os que a abençoam ora reconhecendo a bondade de Deus. —*Roxanne Robbins*

Esforcemo-nos por refletir a nossa gratidão a Deus.

5 de maio
A medida do amor

Leitura:
1 João 4:7-21

Quem ama a Deus, que ame também o seu irmão.
—1 João 4:21

Em uma visita à casa de um irmão, vi estas palavras exibidas numa placa na parede: "Você ama Jesus na proporção que ama a pessoa que você menos ama." Eu me contorci ao ler aquelas palavras reveladoras. Mais tarde, encontrei palavras semelhantes em 1 João 4:20: "Pois ninguém pode amar a Deus, a quem não vê, se não amar o seu irmão, a quem vê."

Depois disso, muitas vezes, percebi que criticava os outros enquanto omitia meus próprios defeitos gritantes. Se eu amava Jesus tanto quanto eu amava as pessoas que criticava, então eu o amava muito pouco. Isso me entristeceu e frustrou, pois eu parecia incapaz de amar a Jesus e aos outros como devia.

Em 1 João 4:10, nós aprendemos que a chave para saber amar não é encontrada em nosso amor por Deus, mas sim em Seu amor por nós. Ele mostrou a profundidade do Seu amor na morte sacrificial de Jesus por nossos pecados. Esse é o nosso exemplo. "Se foi assim que Deus nos amou, então nós devemos nos amar uns aos outros" (v.11).

A partir de então, quando falho em amar aos outros, busco o perdão de Deus. Peço-lhe para me ajudar a mostrar aos outros o tipo de amor que Ele demonstrou por mim.

Você anseia amar mais a Jesus? Comece amando as pessoas ao seu redor. Lembre-se: o amor por Jesus e o amor pelas pessoas sempre andam juntos. —Joanie Yoder

Amar é pôr a vontade de Deus em ação.

6 de maio
Amor e luz

Leitura:
Deuteronômio 11:8-15

Porém a terra que vocês vão possuir é uma terra de montes e vales, [...] O Senhor, nosso Deus, cuida daquela terra e nunca a esquece... —Deuteronômio 11:11,12

Na primavera, os meus amigos planejam as suas hortas caseiras. Uns começam plantando sementes no interior da casa onde é possível controlar melhor as condições para a germinação. Após as geadas passarem, eles transferem as mudas para o ar livre. Plantada a horta, o trabalho de capinar, nutrir, regar e proteger dos roedores e insetos, começa. É trabalhoso produzir!

Moisés relembrou isso aos israelitas antes de eles entrarem na Terra Prometida. No Egito, eles irrigavam manualmente as plantações (Deuteronômio 11:10), mas Deus lhes prometeu que no lugar para onde Ele os levava, o trabalho deles seria atenuado pelas chuvas que o Senhor enviaria: Ele "...dará as chuvas no tempo certo, tanto as chuvas do outono como as da primavera..." (v.14). A única condição seria obedecer aos Seus mandamentos, e "...amar o Senhor, nosso Deus, e o servirem com todo o coração e com toda a alma" (v.13). O Senhor estava levando o Seu povo a um lugar em que a obediência deles e a bênção divina os tornaria uma luz para os que estivessem ao seu redor.

Deus deseja que o nosso amor seja manifesto na obediência para que possamos ser a Sua luz às pessoas ao nosso redor. O amor e a obediência que temos para oferecer são menos do que Ele merece, pois o Senhor é o nosso provedor, que nos abençoa e capacita a sermos a luz que o reflete. —Julie Ackerman Link

Amar a Deus não acaba com os nossos problemas, mas ter a Sua força facilita a vida.

7 de maio
Não sendo "criançadulto"

Leitura:
1 Timóteo 4:12-16

*...que ninguém o despreze por você ser jovem. [...]
seja um exemplo na maneira de falar, na maneira de agir,
no amor, na fé e na pureza.* —1 Timóteo 4:12

Dois adolescentes iniciaram o site *TheRebelution.com* para incentivar outros jovens a superar as baixas expectativas e fazer "coisas *pra* valer". Um deles disse: "Como jovens, somos chamados a ser exemplo. Mas nossa geração está distante desse chamado. Em vez de servir como a plataforma de lançamento para vida, a adolescência é vista como férias das responsabilidades."

Os adolescentes crescem e se tornam o que, em Taiwan, é conhecido como *cao mei zu* (Geração Morango, têm boa aparência, e se machucam facilmente). Nos EUA, são conhecidos como *kidults* [criançadultos].

Cada geração precisa atentar ao chamado de Paulo: Não deixe que a desprezem por você ser jovem. Isso não é desculpa para fugir à responsabilidade ou não dar a Deus o melhor de si. Jovem, seja um exemplo. Nem todos a apreciarão, mas você inspirará outros a serem fiéis a Deus em meio a uma cultura que resiste a Ele.

Paulo declarou que devemos ser exemplo em: conversas, estilo de vida, amor, fé e pureza. Nosso discurso se destaca por graça e verdade? Nossas prioridades e comportamentos testificam o compromisso com Jesus? Buscamos a satisfação ou somos abnegadas? Demonstramos fé em Deus ao enfrentar desafios? Atendemos aos desejos de nossa carne ou somos moralmente puras, na aparência e em nossos pensamentos?

Que todas as cristãs, não importa a idade, sigam a Deus em obediência, buscando um caráter piedoso. —*Poh Fang Chia*

*Quer jovem quer não, escolha superar
as baixas expectativas.*

8 de maio
Não é justo?

Leitura:
Marcos 10:28-41

*Aí Pedro disse: — Veja!
Nós deixamos tudo e seguimos o senhor.*
—Marcos 10:28

Certa feita, acompanhei uma amiga na sala de espera do médico, aguardando os resultados de sua biópsia. Você fala sobre os planos da família, discute o tempo e pergunta sobre o dia. Feito isso, o que você quer saber é a verdade.

A vida é incrivelmente frágil.

Qualquer uma de nós pode listar as vezes que não obtivemos as respostas que queríamos. É fácil encontrar alguém que sente que a vida, e até Deus, tem sido injusto de alguma forma. Gostamos do mundo do nosso jeito, previsível e *aparentemente* justo. Dê-nos algo que possamos obter ou medir, mas não nos deixe à mercê do imprevisível.

Quando Jesus anunciou a Sua morte, Tiago e João, sentiram-se da mesma maneira. Eles reagiram, ironicamente, competindo por uma posição (Marcos 10:35-37). Exatamente como nós. Quando as calamidades chegam, clamamos por controle. Não pedimos permissão ao Senhor para sentar-se com Ele, mas já sentimos vontade de reclamar que a vida não é justa. Temos nossa lista dos porquês. Achamos que nós ou quem amamos merece mais e melhor.

"O Senhor é a nossa rocha; ele é perfeito e justo em tudo o que faz. Ele é fiel e correto e julga com justiça e honestidade" (Deuteronômio 32:4). O cálice que Jesus tomou por nós conquistou qualquer luta que possamos enfrentar (Marcos 10:38). Somos apenas pó, e a história provou que a Sua fidelidade excede a nossa própria (Ezequiel 18:25). —*Regina Franklin*

*Lembremo-nos de que o Senhor
é muito mais do que justo – Ele é Deus*

9 de maio
Carro-fantasma

Leitura:
1 Timóteo 1:12-17

…os pecadores, dos quais eu sou o pior.
—1 Timóteo 1:15

O veículo *Pontiac Deluxe Six*, foi criado com carroceria de acrílico em 1939. Via-se o painel customizado, o estepe na traseira e a trava das portas. Passou por diversas concessionárias até encontrar sua vaga num museu. Em 2011, foi leiloado por uma pequena fortuna.

As pessoas valorizam a transparência, e não só a de carros. Valorizam o falar livremente sobre dúvidas passadas e presentes, defeitos e lutas.

Paulo admitiu ter blasfemado contra Cristo, e ter ferido cristãos (1 Timóteo 1:13). Não deve ter sido fácil para ele contar sobre isso a Timóteo, a quem considerava seu: "…verdadeiro filho na fé…" (v.2). Ele demonstrou a sua vulnerabilidade ao admitir seus pecados passados.

Paulo usou suas transgressões para ensinar sobre Deus a um jovem menos experiente. Mostrou que o Senhor tivera piedade dele em seu pecado "…pois eu não tinha fé e por isso não sabia o que estava fazendo…" (v.13). Ainda assim, a feiura de seus atos destacou o caráter de Deus. Paulo disse que Deus foi generoso, misericordioso, paciente e o encheu de fé e de amor por meio de Cristo (vv.14,16).

O risco de ser sincero pode ser angustiante. Podemos imaginar: *O que vão achar?* Para Paulo, valia o risco. Sua história de vida mostrava que até mesmo o *pior* dos pecadores (v.15) poderia "…crer [em Jesus] e receber a vida eterna" (v.16). Permita que a sua vulnerabilidade demonstre aos outros a bondade de Deus. —*Jennifer Benson Schuldt*

Quando estamos fracas, o Senhor nos fortalece.

10 de maio
Você está novamente sedenta?

Leitura:
João 7:37-39

*…Naquele dia Jesus se pôs de pé e disse bem alto:
—Se alguém tem sede, venha a mim e beba.*

—João 7:37

As esponjas domésticas são incrivelmente versáteis. Nós as usamos para lavar pratos, limpar o chão, dar banho nas crianças e limpar carros. O que as torna tão úteis é o fato de poderem absorver e liberar o líquido inúmeras vezes.

Nisso há um princípio espiritual expresso pelo autor Andrew Murray: "Onde há vida, há uma troca contínua de dar e receber… um depende do outro — o dar sempre aumenta o poder de receber… É somente no vazio que resulta de nos separarmos do que temos, que a plenitude divina pode fluir em nosso interior."

Jesus convidou pessoas sedentas a virem a Ele e beber (João 7:37). Primeiro e acima de tudo, Ele estava falando aos que precisavam colocar sua fé nele, permitindo que o Seu espírito os enchesse com a alegria da salvação.

Em outro sentido, quando você vive para Cristo e o serve, você reconhecerá a necessidade contínua de que o Seu Espírito a encha para que Ele possa agir em e através de você. Talvez você esteja passando por experiências difíceis e provações e se sente árida e sedenta. Imagine uma esponja seca em sua mão, pronta para absorver mais água. Permita que ela a ensine que somente aqueles que reconhecem a sua necessidade de água viva terão sua sede satisfeita por Cristo. —*Joanie Yoder*

*Sua sede por Deus só pode ser satisfeita
em Cristo, a Água Viva.*

11 de maio
Encontre beleza

Leitura:
Atos 21:1-14

E não conseguimos convencê-lo a não ir. Então desistimos e dissemos: —Que seja feita a vontade do Senhor! —Atos 21:14

Ao caminharmos por uma pequena reserva natural, meu filho me surpreendeu ao dizer: "Deus foi maravilhoso ao criar os pântanos!" "Você acha?", questionei, um tanto cética quanto a junção das palavras *pântano* e *maravilhoso* na mesma frase. Apontando para os galhos vermelhos de uma planta e do caule entrelaçado de grossas trepadeiras, ele explicou, com toda a experiência de seus 9 anos, como o pântano apresentava a beleza e o caos.

Muitas vezes vemos o mesmo na jornada cristã. O caminho diante de nós pode parecer tortuoso e incerto e de repente revelar uma grande beleza. Para o cristão a perseguição e tribulações são esperadas. Como Paulo aconselhou Timóteo a seguir seu exemplo, precisamos deixar um legado de ensino, conduta, propósito, fé, paciência, amor e perseverança em meio às dificuldades que temos no caminho (2 Timóteo 3:10-12).

Várias vezes, Paulo recebeu profecias que indicavam uma tragédia iminente (Atos 21:4,11). Detido pelos que exigiam sua morte, apegou-se à beleza encontrada na soberania de Deus (v.13). Como ele já estava morto antes mesmo de morrer (Gálatas 2:20), a sabedoria do homem não podia desviá-lo do propósito de Deus. A tribulação foi a oportunidade para que o caráter de Cristo fosse manifesto na vida dele.

Encontrar beleza no pântano significa reconhecer que a verdade de Deus está acima das opiniões do homem (Atos 21:14). —*Regina Franklin*

Encontrar beleza em pântanos nos leva da posição de vítima indefesa para a de valente vencedor.

12 de maio
Julgue adequadamente

Leitura:
Jó 42:1-8

...não dissestes de mim o que era reto...
—Jó 42:7

Depois de uma revista divulgar uma história on-line listando a minha comunidade entre as dez primeiras cidades mortas da nação, os moradores ficaram ultrajados e registraram a sua indignação, destacando as evidências contrárias. Um dos moradores foi até as últimas consequências para refutar o julgamento severo. Ele recrutou cidadãos locais para mostrar o centro da cidade em um vídeo que exibisse a vivacidade de nossa comunidade. O vídeo recebeu atenção internacional e a revista que havia publicado a notícia admitiu estar errada. Mas a organização que havia feito a *pesquisa* permaneceu firme em sua conclusão já divulgada, ainda que fundamentada em critérios limitados.

A retratação da revista me surpreendeu porque a conclusão descuidada parecia indefensável. E pensei em como é comum exercer julgamentos errôneos com base em pouquíssimas informações. Um dos exemplos bíblicos clássicos é o dos amigos de Jó. Eles concluíram erradamente, devido a uma série de tragédias ocorridas na vida dele, que Jó havia pecado.

No fim das contas, Deus defendeu o Seu servo e ofereceu uma conclusão surpreendente. O Senhor não repreendeu os amigos de Jó por julgarem-no, mas por falarem em falso sobre Ele, o próprio Deus (Jó 42:7). Este é um lembrete, uma lição de humildade de que, quando exercemos julgamentos descuidados sobre outros, estamos pecando contra Deus. —Julie Ackerman Link

Lembre-se de que as pessoas julgam o Senhor conforme o que veem em sua vida.

13 de maio
Provadas pela paciência

Leitura:
2 Coríntios 6:1-10

Por meio da nossa pureza, conhecimento, paciência e delicadeza, mostramos que somos servos de Deus... —2 Coríntios 6:6

Enquanto jantava com amigos num restaurante de Uganda, meu filho de 9 anos e eu pedimos mais um copo de chá gelado. O ambiente era descontraído e pertencia a alguns amigos. Ao perceber que o garçom estava muito ocupado servindo outras pessoas, peguei nossos copos e fui em direção à cozinha. Foi quando meu filho me disse baixinho: "Não faz mal, tudo bem se demorarem um pouco para trazerem nosso chá. Por favor, seja paciente."

Meu filho estava sentado com as outras crianças, e eu, à mesa dos adultos. Voltando ao meu assento, falei aos meus amigos o que meu garoto tinha me dito. Maravilhamo-nos com o exemplo dele e falamos sobre o quanto podíamos aprender com ele.

Paulo escreveu: "Por meio da nossa pureza, conhecimento, *paciência* e delicadeza, mostramos que somos servos de Deus" (2 Coríntios 6:6). Diversas vezes encontro pessoas que demonstram mais paciência do que eu. Mas ainda penso: "Por quanto tempo devemos esperar algo antes de agir?".

Esperei mais 20 minutos antes que o garçom voltasse à nossa mesa, ainda sem o nosso chá, quando meu filho me disse: "Mamãe, acho que tudo bem ir [à cozinha] agora". O esforço dele em ser discreto e reclamar pelo serviço lento me fez ir à cozinha com atitude mais compreensiva, em vez de ser impaciente com a demora do garçom.

Invoquemos o Espírito Santo para nos ajudar a exercitar a paciência de bom grado. —Roxanne Robbins

A paciência é uma virtude que nos ajuda a suportar dissabores e infortúnios.

14 de maio
Privilégio do amor

Leitura:
1 Tessalonicenses 2:1-20

Sim, vocês são o nosso orgulho e a nossa alegria!
—1 Tessalonicenses 2:20

Nossos filhos nasceram e iniciamos um novo capítulo em nossa vida. Vínhamos trabalhando com jovens desde o início de nosso casamento, e naquele outono houve muitas despedidas. Íamos liderar uma nova igreja, era o último retiro de jovens, jantar de Natal. As despedidas foram bem difíceis.

Durante vários anos, tínhamos apoiado e amado os estudantes universitários que se reuniam conosco para buscar a Deus. Com cadeiras na sala, refrigerantes na geladeira e os corações preparados, abrimos a eles o nosso lar e nossa vida.

Paulo considerou um grande privilégio investir na vida dos outros, mesmo conhecendo a dor das dificuldades de relacionamento, da separação física e das acusações daqueles que não o compreendiam. Ele sabia que a ordem de Cristo é: "…vão a todos os povos do mundo e façam com que sejam meus seguidores" (Mateus 28:19) e dizia respeito a pessoas, não a programas.

O amor é privilégio que exige investimento. Os que amam de verdade se arriscam a serem rejeitados (João 15:13; 1 João 3:16). Animem-se e aconselhem outros a viverem "…de uma maneira que agrade a Deus" (1 Tessalonicenses 2:12). Descubra os segredos do reino: uma vida rendida a Jesus é grande ganho (Marcos 8:35), e aqueles que conhecem a Cristo por meio de nosso ministério são "…o nosso orgulho e a nossa alegria!" (v.20).

Quando investimos nos outros, o retorno é verdadeiramente valioso (3 João 1:4). —*Regina Franklin*

Nada neste mundo se compara à alegria de ver pessoas se renderem plenamente a Jesus.

15 de maio
Cuidado!

Leitura:
Obadias 1–9

O seu orgulho o enganou... —Obadias 1:3

C. S. Lewis diz em seu livro *Cristianismo puro e simples* (Ed. Martins Fontes, 2005): "Existe um vício do qual homem algum está livre, que causa repugnância quando notado nos outros [...]. Não existe qualquer outro defeito que torne alguém tão impopular, e mesmo assim não existe defeito mais difícil de ser detectado em nós mesmos. Quanto mais o temos, menos gostamos de vê-lo nos outros." Qual é ele?

Orgulho.

Deus irou-se com Edom (vv.2,3), pois eles se orgulhavam de:

• *Sua segurança* (v.3). A cidade era quase inconquistável.

• *Sua riqueza* (vv.5,6). Edom era rota comercial e podia taxar todo o comércio que passava por suas terras.

• *Suas alianças* (v.7). Devido à sua localização, as nações vizinhas queriam estabelecer bom relacionamento com Edom.

• *Sua sabedoria* (vv.8,9). Por estarem na rota de comércio, encontravam homens instruídos de lugares variados.

Logo, a cidade de Edom era forte, rica, inteligente e tinha boas relações com outros povos. Será que também nos orgulhamos pelos mesmos motivos? A manifestação mais simples do orgulho é a autossuficiência. Acreditamos que podemos fazer isso ou aquilo sozinhos e começamos a medir tudo e todos segundo os nossos padrões.

Cuidado: "Os homens que confiam em tudo, menos em Deus, são como aqueles que, em uma tempestade, se abrigam sob uma árvore, cujos galhos altos atraem o raio, que os transformam em cinzas." —*Poh Fang Chia*

...Deus é contra os orgulhosos, mas é bondoso com os humildes. —Tiago 4:6

16 de maio
Pastor assado

Leitura:
Hebreus 13:15-25

...eles cuidam sempre das necessidades espirituais de vocês [...] eles farão o trabalho com alegria... —Hebreus 13:17

Aqueles que têm "pastor assado" para o almoço de domingo precisam mudar a sua dieta. E um pastor que "mastiga" a sua congregação precisa rever novamente a sua missão. Um pregador cuidadoso irá edificar a sua igreja, e uma igreja cuidadosa irá edificar o seu pastor.

Em Hebreus 13:17, os líderes da igreja são convocados a cuidar de seu rebanho como aqueles que devem prestar contas dele a Deus. Isso é uma tarefa difícil, mas é o que Deus lhes ordena fazer. E no mesmo versículo, os membros da congregação são lembrados de sua responsabilidade em relação aos seus líderes. O rebanho deve ser submisso ao seu pastor e ter a disposição de receber a correção, quando necessária. Seus líderes terão alegria em vez de tristeza ao procurarem ser fiéis no exercício de suas funções ordenadas por Deus.

Como é trágico que muitos membros da igreja nunca tenham aprendido isto! Criticam seu pastor ao longo da semana, e, no domingo ouvem negativamente quando ele prega o que está em seu coração. Em seguida, voltam para casa comer sua refeição favorita de domingo — não frango frito, mas pregador assado.

Seja qual for o nosso lugar no Corpo de Cristo, vamos edificar os outros ajudando-nos mutuamente. Então em vez de devorar uns aos outros, encontraremos alegria por ver os pastores e o povo de Deus sendo nutridos e alimentados uns pelos outros. —*Joanie Yoder*

Os pastores que pregam a Palavra de Deus precisam das boas palavras do povo de Deus.

17 de maio
O mundo invisível

Leitura:
Números 22:21-31

...a jumenta viu o Anjo parado no caminho...
—Números 22:23

Você sabia que os micróbios de apenas uma de suas mãos são mais numerosos do que todas as pessoas na Terra? Ou que milhões de micróbios cabem na ponta de uma agulha? Esses organismos vivos e unicelulares são pequenos demais para que os vejamos sem microscópio, e vivem no ar, no solo, na água e em nosso corpo. Interagimos constantemente com eles, mesmo que esse mundo esteja completamente imperceptível aos nossos sentidos.

As realidades do mundo espiritual também, muitas vezes, não são visíveis a nós seres humanos, como o profeta Balaão descobriu. Ele estava ao longo da estrada, com seus dois servos, "...quando a jumenta viu o Anjo parado no caminho, com a sua espada na mão, saiu da estrada e foi para o campo..." (Números 22:23). Para evitar o anjo, o animal entrou em um campo, esmagando o pé de Balaão contra um muro e se deixou cair ainda com Balaão sobre suas costas. Balaão ficou com raiva e agrediu o animal, sem perceber que algo sobrenatural acontecia naquele momento — até que Deus abriu os seus olhos (v.31).

A Bíblia nos diz que existe um mundo espiritual, e podemos nos deparar com as realidades deste reino — tanto o bem quanto o mal (Hebreus 13:2; Efésios 6:12). Por isso, somos encorajadas a permanecer vigilantes, em oração e preparadas. Assim como Deus governa o mundo visível, também governa o mundo invisível. —*Jennifer Benson Schuldt*

Tudo o que é visível e invisível está sob o soberano poder de Deus.

18 de maio
Bênçãos disfarçadas

Leitura:
Gênesis 45:4-8

Como são maravilhosas as coisas boas que guardas para aqueles que te temem!… —Salmo 31:19

Nas semanas seguintes ao infarto de meu marido, muitas vezes agradecemos a Deus por ter poupado a vida dele. Nos meses seguintes, muitos me perguntavam como eu estava me sentindo. Minha resposta, na maioria das vezes, era simples: "Abençoada. Eu me sinto abençoada."

As bênçãos vêm em formas e tamanhos diferentes. Na verdade, nós nem sempre as reconhecemos. Mesmo quando fazemos tudo o que pensamos que Deus deseja que façamos, ainda assim, podemos passar por sofrimentos. Às vezes, ficamos surpresas por Deus não responder da maneira que queremos, ou por Ele demorar para nos responder.

Vemos isso acontecer na vida de José. Partindo de uma perspectiva humana, acharíamos que Deus o havia esquecido completamente. José sofreu por mais de 10 anos. Ele foi jogado num poço, vendido como escravo, acusado falsamente e preso injustamente. Finalmente, quando José se tornou governante do Egito e evitou que muitas pessoas morressem de fome, a fidelidade de Deus se tornou evidente a todos (Gênesis 37–46). C. S. Lewis escreveu: "Muitas vezes, quando perdemos uma bênção, inesperadamente, outra bênção nos é dada em substituição."

A mão abençoadora de Deus sempre esteve sobre José, assim como está sobre todos os que confiam no Senhor. Como são maravilhosas as coisas boas que Deus reserva aos que o temem! —Cindy Hess Kasper

Conhecer a bondade de Deus é usufruir a verdadeira felicidade.

19 de maio

Paciência

Leitura:
Romanos 15:1-7

E isso para que vocês, todos juntos, como se fossem uma só pessoa, louvem ao Deus e Pai do nosso Senhor Jesus Cristo.
—Romanos 15:6

Descobri que os meninos do Ensino Fundamental são parte do plano de Deus para aumentar a paciência em minha vida. No trabalho, vou do extremo de ensinar aos alunos do 6.º ano até os corredores da insanidade ao ensinar os alunos do 8.º ano. Há algo estressante sobre trabalhar com rapazes que oscilam entre a infância e a adolescência. Tenho expectativas diferentes para cada idade. Eles são simplesmente uma obra em construção.

Assim como a idade física dos que nos cercam são diversas, temos graus variados de maturidade espiritual no Corpo de Cristo. A Palavra de Deus é um padrão inegociável para avaliarmos o fruto de nossa vida e da vida de outros. Porém, Paulo observa que enquanto nossas ações devem basear-se na verdade de Deus, nossas reações podem exigir ajustes de acordo com as necessidades dos outros (Romanos 14:14,15,21). Deixar que cada resposta seja medida pela graça torna a verdade mais evidente.

Deus prometeu completar a Sua obra na vida daqueles que o seguem (Salmo 138:8; Filipenses 1:6; 1 Tessalonicenses 5:23,24), mas nenhuma de nós será uma obra-prima completa nesta vida. Enquanto trabalhamos nossa própria fé (Filipenses 2:12), nosso propósito em praticar a paciência no Corpo de Cristo não é ignorar o pecado dos outros, mas o contrário, aceitar "…uns aos outros *para a glória de Deus*, assim como Cristo aceitou vocês" (Romanos 15:7). —*Regina Franklin*

Tu cumprirás tudo o que me prometeste. O teu amor dura para sempre, ó Senhor Deus… —Salmo 138:8

20 de maio

E então você ri

Leitura:
2 Coríntios 5:1-8

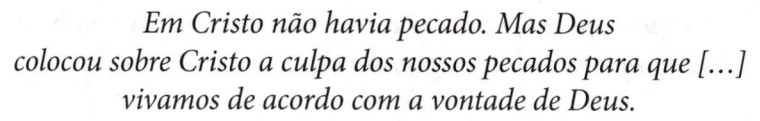

*Em Cristo não havia pecado. Mas Deus
colocou sobre Cristo a culpa dos nossos pecados para que [...]
vivamos de acordo com a vontade de Deus.*
—2 Coríntios 5:21

Barulho. Vibração. Pressão. Meteoros. Estas foram as palavras que o astronauta canadense Chris Hadfield usou para descrever a sensação de ser lançado ao espaço. À medida que o foguete subia rapidamente, o peso da gravidade aumentava e a dificuldade de respirar também. Exatamente quando pensava que ia desmaiar, o foguete flamejante passou para a leveza completa. Em vez de ficar inconsciente, o astronauta irrompeu em gargalhadas.

Essa descrição me fez pensar nos dias próximos à morte de minha mãe. O peso da vida continuava a aumentar até ela não ter mais força para respirar. Ela foi liberada de sua dor e alcançou a "leveza completa" do céu. Gosto de pensar nela rindo, quando pela primeira vez inspirou na presença de Jesus.

Na sexta-feira que chamamos de "santa" algo semelhante aconteceu com Cristo. Deus colocou sobre Ele o peso do pecado de todo o mundo — passado, presente e futuro — até que Ele não pudesse mais respirar. Então, Jesus disse: "...Pai, nas tuas mãos entrego o meu espírito!..." (Lucas 23:46). Após ser sufocado por nosso pecado, Jesus ressuscitou e agora vive onde o pecado e a morte não têm poder algum. Todos que confiam em Cristo se juntarão a Ele um dia, e me questiono se olharemos para trás e daremos gargalhadas. —Julie Ackerman Link

*O sacrifício de Jesus
nos concede a alegria do céu.*

21 de maio
Sem limites

Leitura:
Romanos 1:18-32

...porque o que se pode conhecer a respeito de Deus está bem claro para elas, pois foi o próprio Deus que lhes mostrou isso.
—Romanos 1:19

No filme *Sem limites* o ator interpreta o papel de um homem desleixado sem perspectivas. A vida dele dá uma virada radical, quando ele recebe uma droga que o faz acessar 100% de seu cérebro. Sob o efeito do NZT, o antigo vagabundo adquire habilidades impressionantes, e ganha dinheiro, sucesso e mulheres.

Perguntaram ao ator o que faria se isso ocorresse na vida real. Rindo, ele disse: "Adoraria experimentar para saber como é acessar todo o cérebro. Talvez pudesse compreender a existência de Deus ou algo parecido."

A possibilidade de encontrar Deus por meio de uma pílula parece atraente para alguns, mas isso é uma noção deprimente. Não posso conceber a ideia de reduzir o acesso a Deus ao uso de uma droga sintética.

Amo o texto que diz: "Desde que Deus criou o mundo, as suas qualidades invisíveis, isto é, o seu poder eterno e a sua natureza divina, têm sido vistos claramente. Os seres humanos podem ver tudo isso nas coisas que Deus tem feito e, portanto, eles não têm desculpa nenhuma" (v.20). Podemos conhecer a verdade sobre Deus porque Ele a deixou clara para nós! (v.19).

"O céu anuncia a glória de Deus, [...] e nos mostra aquilo que as suas mãos fizeram. Cada dia fala dessa glória ao dia seguinte, e cada noite repete isso à outra noite [...], a voz do céu se espalha pelo mundo inteiro, e as suas palavras alcançam a terra toda" (Salmo 19:1-4). —*Roxanne Robins*

As Escrituras, Jesus e o Espírito Santo proclamam a existência de Deus.

22 de maio
Voz e verso

Leitura:
Salmo 119:1-16

Guardo a tua palavra no meu coração para não pecar contra ti. —SALMO 119:11

Às vezes a voz da minha mãe, em minha mente, invade o meu dia. Ainda a ouço dizendo: "Não arranje problemas para amanhã" ou "Não esqueça o casaco." Algumas vezes me ouço nela! Outras, lembro de versículos bíblicos que ela recitava (e ainda o faz) com a mesma segurança que tenho, quando digo meu nome e endereço.

Minha mãe aprendeu versículos que fundamentam e definem sua fé. Com frequência, meus pais os citavam aos que propagavam ensinos falsos. Esse exemplo me faz lembrar: "Tenham no coração de vocês respeito por Cristo […]. Estejam sempre prontos para responder a qualquer pessoa que pedir que expliquem a esperança que vocês têm" (1 Pedro 3:15). A melhor forma de explicar a fé é ter as palavras de Deus na mente e prontas para sair de nossos lábios, para apresentá-la aos outros.

Como "…toda a Escritura Sagrada é inspirada por Deus e é útil para ensinar a verdade…" (2 Timóteo 3:16), memorizá-la nos ajuda a lutar contra pensamentos que originam o pecado: *Preciso impressionar outros. Alegria é mais importante do que santidade. É errado só se machucar alguém.* Estas mentiras não sobrevivem com a verdade de Deus presente.

Hoje em dia a Bíblia está mais acessível do que nunca: impressa ou on-line. Talvez descuidemos da necessidade de internalizá-la. Que tal memorizar versículos? Convide a voz de Deus para falar *a você* e por *seu intermédio*, pelo poder de Sua Palavra. —*Jennifer Benson Schuldt*

Guardar a Palavra de Deus em nosso coração nos impede de pecar contra Ele.

23 de maio
Desilusão e esperança

Leitura:
Lucas 24:13-35

…Eles pararam, com um jeito triste.
—Lucas 24:17

Um menino de 5 anos soube que sua família iria ao *Rio Grande do Norte*. Ele mal conseguia esperar pela viagem e as novas aventuras. Quando o dia finalmente chegou, o menino decepcionou-se visivelmente. Ele disse: "Eu pensei ter ouvido papai dizer que iríamos para um rio grande." Quando você espera ver um rio grande se desaponta ao descobrir que esse é apenas o nome de um estado.

Algo semelhante aconteceu aos dois discípulos no caminho de Emaús. Eles se decepcionaram com Jesus, pois esperavam que "…fosse ele quem iria libertar o povo de Israel…" (Lucas 24:21). Mas Jesus tinha sido crucificado e Seu corpo desaparecido!

Se você já orou e esperou por algo que sentia ser da vontade de Deus, e isso não se realizou, você pode se identificar com a desilusão deles. Mas Jesus lhes disse: "Como vocês demoram a entender e a crer em tudo o que os profetas disseram! Pois era preciso que o Messias sofresse e assim recebesse de Deus toda a glória" (vv.25,26). Os discípulos sabiam que Jesus redimiria Israel, mas não deram atenção às profecias de que o Messias teria de sofrer. Centraram-se em parte de Sua Palavra, não no todo. O mesmo pode se aplicar a nós.

Felizmente, Deus é paciente. Jesus caminhou e conversou com os dois discípulos desiludidos ao longo da estrada poeirenta. E lhes fez perguntas para despertá-los do seu desapontamento espiritual. Depois, ensinou-os. —*Poh Fang Chia*

Deus tratará conosco pacientemente, enquanto Ele resolve o nosso desapontamento espiritual.

24 de maio
Usando as chaves

Leitura:
Apocalipse 1:1-18

Eu sou aquele que vive. Estive morto, mas agora estou vivo para todo o sempre. Tenho autoridade sobre a morte... —Apocalipse 1:18

Pelo tamanho do meu chaveiro, perdê-lo não deveria ser um problema. Mas estou sempre à procura de minhas chaves e quando mais preciso delas, mais difíceis são de encontrar. Certa vez, as perdi após embrulhar cestas de presentes que havíamos feito para um evento beneficente de jovens. Imaginei alguém abrindo seu presente e imaginando como reivindicar a casa e o carro que vieram com a sua cesta!

Jesus nos diz: "Quem crê em mim fará as coisas que eu faço e até maiores do que estas, pois eu vou para o meu Pai" (João 14:12). Tenho dificuldade para absorver esse ensinamento — especialmente ao ler sobre os milagres que Jesus realizou. Percebi a diferença entre saber que sou cidadã do Seu reino e realmente viver como tal.

Digerimos as verdades bíblicas e procuramos colocá-las em prática. Mas um dos elementos-chave do ministério de Jesus era a Sua autoridade — Sua compreensão de quem Ele era e é. Estendendo-se muito além da informação, Sua identidade e autoridade vêm do céu, não da Terra (Apocalipse 1:13-18). Assim deve ser a nossa.

Mas Jesus não precisava ir até a cruz para recuperar o poder que, de alguma maneira, perdera. Afinal, Ele já havia exigido que a sepultura devolvesse os mortos, que corpos fossem curados, corações fossem restaurados e demônios fugissem.

Ele morreu para nos entregar as chaves que havíamos perdido por nosso pecado (Isaías 22:22; Mateus 16:18,19). —*Regina Franklin*

A vida dele pela nossa – a cruz era uma troca de identidade.

25 de maio
Compreenda o custo

Leitura:
1 Pedro 1:17-21

...pois ele os comprou e pagou o preço. Portanto, usem o seu corpo para a glória dele. —1 Coríntios 6:20

Recentemente demos ao nosso filho de 2 anos um novo par de botas. Ele ficou tão feliz que não as tirou do pé até a hora de dormir. Mas no dia seguinte esqueceu-se delas e colocou o mesmo par de tênis velhos de sempre. Meu marido disse: "Gostaria que ele soubesse o quanto gastamos em algumas coisas."

As botas foram caras, mas as crianças não entendem nada sobre as horas de trabalho, salários e impostos. Elas recebem presentes de braços abertos, mas sabemos que não podemos esperar que apreciem plenamente os sacrifícios de seus pais para oferecer-lhe coisas novas.

Algumas vezes, eu também me comporto como criança. Recebo de braços abertos os dons de Deus e as Suas muitas misericórdias, mas será que sou grata? Considero o preço que foi pago para que eu possa viver uma vida em abundância?

O custo foi alto, "...vocês sabem o preço que foi pago para livrá-los da vida inútil que herdaram dos seus antepassados. Esse preço não foi uma coisa que perde o seu valor como o ouro ou a prata...". Como lemos em 1 Pedro, foi necessário o "...precioso sangue de Cristo, que era como um cordeiro sem defeito nem mancha" (1:18,19). Jesus deu a Sua vida, um alto preço a ser pago, para nos tornar parte de Sua família. E Deus o ressuscitou dos mortos (v.21).

Ao compreendermos o custo da nossa salvação, aprendemos a ser realmente gratas. Agradeça ao Senhor pela salvação e o Seu amor por você. —*Keila Ochoa*

A salvação é infinitamente valiosa e nos é concedida gratuitamente.

26 de maio
Sem problemas...

Leitura:
1 Tessalonicenses 3

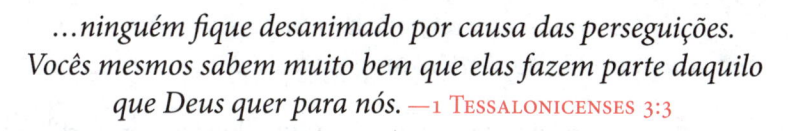

...ninguém fique desanimado por causa das perseguições. Vocês mesmos sabem muito bem que elas fazem parte daquilo que Deus quer para nós. —1 Tessalonicenses 3:3

Será que os pais estão fazendo todo o possível para que seus filhos sejam felizes? E isso não estaria tendo o efeito contrário? Essas perguntas são o início de uma entrevista com Lori Gottlieb, autora de um artigo sobre jovens adultos infelizes. Sua conclusão: "Sim. Os pais se recusam a deixar seus filhos experimentarem o fracasso ou a tristeza dando-lhes uma falsa visão do mundo e não os preparam para as duras realidades da vida adulta. E no fim, esses filhos acabam ficando com o sentimento de vazio e ansiedade."

Alguns cristãos esperam que o Senhor seja o tipo de pai que os protegerá de toda tristeza e desapontamento. Mas Deus não é esse tipo de Pai. Ele amavelmente permite que os Seus filhos enfrentem sofrimentos (Isaías 43:2; 1 Tessalonicenses 3:3).

Quando começamos com a ideia equivocada de que uma vida sem problemas nos tornará verdadeiramente felizes, nos enfraquecemos tentando viver essa nossa crença falha. Mas quando enfrentamos a verdade de que a vida é difícil, podemos investi-la na busca de uma vida boa e piedosa. Esse viver nos fortalece para os momentos difíceis.

O objetivo de Deus é tornar-nos santos, não apenas felizes (1 Ts 3:13). E quando somos santos, temos mais chances de sermos verdadeiramente felizes e satisfeitos. —*Julie Ackerman Link*

A pessoa satisfeita aprendeu a contentar-se nas dificuldades e nas vitórias.

27 de maio
Resgatado

Leitura:
Lucas 1:68-80

*Você anunciará ao povo de Deus a salvação
que virá por meio do perdão dos pecados deles.* —Lucas 1:76,77

Uma jovem do meu grupo de estudo bíblico compartilhou que uma conhecida sua tinha descoberto que estava grávida após um encontro casual e praticaria o aborto em data já marcada. Não me arrependo de ter encurtado o nosso estudo para passar mais tempo orando. De mãos dadas, resolvemos lutar pela vida de acordo com a Palavra de Deus. Sei que Ele ouviu a nossa intercessão.

Vivendo neste mundo cada vez mais insensível em relação ao ser humano, podemos facilmente cair em ambiguidade moral; talvez não em princípio, mas em acentuada despreocupação. Sou culpada por me preocupar mais com o que devo fazer nas 24 horas do que com as pessoas durante o mesmo período.

Embora o destino de João Batista fosse claro pelo fato de ele ser o precursor do Messias (Lucas 1:76), a profecia de Zacarias permanece como referência pela qual a vida deveria entrar neste mundo — um pai declarando que a grandeza de Deus seria evidente por meio da vida de seu filho (vv.76-79). No entanto, nem todos os filhos vêm ao mundo como João Batista — pelo qual se intercedeu, saudado com muito amor e destinado a levar a mensagem da salvação divina. Mas nós podemos ficar na retaguarda "…nos lugares onde as muralhas desmoronaram…" (Ezequiel 22:30).

Continuemos a espalhar a verdade de Deus à medida que amamos os outros, oramos por eles e lhes falamos as palavras que refletem a Palavra do Senhor. —*Regina Franklin*

*Você está pronta a ir adiante do Senhor
a fim de preparar o caminho para Ele?*

28 de maio

Verdade em amor

Leitura:
Efésios 4:11-16

…falando a verdade com espírito de amor, cresçamos em tudo até alcançarmos a altura espiritual de Cristo, que é a cabeça.
—Efésios 4:15

Você já disse algo a alguém e depois se arrependeu? Talvez a pessoa precisasse ouvir essas palavras duras, mas você se sente mal pela *maneira* como as comunicou. Talvez esteja entristecida por não ter falado "a verdade com espírito de amor". Mas o que isso realmente significa? Honestidade? Adoçar a verdade "nua e crua" para ser mais agradável?

O lema "verdade com espírito de amor", no grego, é uma longa sentença. No contexto, é exposto em contraste à crianças imaturas, instáveis e facilmente enganáveis (v.14). A frase é uma única palavra em grego, que pode ser traduzida como "dizer a verdade com amor". Ela contém a ideia de manter a verdade com amor em nosso falar e agir.

Um comentarista bíblico explicou: "'Falar a verdade' ilustra a doutrina correta. 'Com amor' ilustra a intenção correta. Devemos *ter* grande amor pela verdade e *exercê-la em amor*. Verdade sem amor é brutalidade, mas amor sem verdade é hipocrisia."

A igreja é saudável quando todos usam os seus dons para servir uns aos outros e falam a verdade com amor (vv.11-13). Quando uma comunidade fala e se expressa de maneira amorosa, ela promove unidade, crescimento, saúde e amor (vv.15,16).

Podemos nos tornar mais verdadeiras e amorosas? Paulo diz: "Que a mensagem de Cristo, com toda a sua riqueza, viva no coração de vocês!…" (Colossenses 3:16). —*Poh Fang Chia*

E tudo o que vocês fizerem ou disserem, façam em nome do Senhor Jesus… —Colossenses 3:17

29 de maio

Vale a pena

Leitura:
2 Coríntios 11:24-33

*Se existe motivo para eu me gabar, então
vou me gabar das coisas que mostram a minha fraqueza.*
—2 Coríntios 11:30

"Não posso fazer isto!", disse Roberto, jogando longe o lápis em desespero. "É muito difícil!" A leitura, a escrita e a ortografia pareciam impossíveis ao nosso filho de 9 anos, disléxico. Finalmente, propuseram-nos uma solução difícil. Tivemos que praticar leitura e ortografia com ele por 20 minutos, todas as noites — sem exceção. Às vezes não sentíamos o desejo de fazê-lo, e ficávamos desesperados para ver o seu progresso. Mas queríamos fazer o nível de sua leitura corresponder à sua idade cronológica, e então batalhamos.

Depois de 2 anos e meio, parecia que todas as lágrimas e lutas tinham, infinitamente, valido a pena. Nosso filho Roberto tinha aprendido a ler e a escrever. E todos nós, juntos, aprendemos a ser perseverantes.

O apóstolo Paulo sofreu todos os tipos de dificuldades quando compartilhou as boas-novas de Jesus com aqueles que nunca tinham ouvido falar sobre elas. Perseguido, espancado, preso e incompreendido, enfrentou a própria morte (2 Coríntios 11:25). Mas a alegria de ver as pessoas responderem à sua mensagem fez tudo valer a pena.

Se você sente que Deus a chamou para uma tarefa muito difícil, lembre-se de que as lições espirituais e a alegria que estão envolvidas na jornada podem parecer escondidas no começo, mas elas certamente estão lá! Deus a ajudará a encontrá-las. —Marion Stroud

A jornada é tão importante quanto o destino.

30 de maio
Encorajando uns aos outros

Leitura:
Atos 11:19-30

Barnabé ficou muito alegre. E animou todos a continuarem fiéis ao Senhor, de todo o coração.
—Atos 11:23

"Se você levantar a mão e segurar o dedo mínimo com o polegar, os três dedos restantes podem representar o Pai, o Filho e o Espírito Santo. Use este gesto para conectar-se a outros cristãos, quando a comunicação verbal, não for possível," diz Mark Mitchum, surdo, que criou este movimento. Ele espera que isto possa "unir [cristãos] por alguns segundos e permitir a comunhão e o encorajamento".

Os primeiros cristãos precisavam apoiar uns aos outros. Um grupo de refugiados cristãos (Atos 8:11) em Antioquia compartilhou o evangelho com os gentios e pelo poder de Deus, muitos aceitaram a Cristo. Os cristãos de Jerusalém sabendo disso, enviaram Barnabé (11:22) para encorajar a congregação de Antioquia. (Atos 8:1). Barnabé os apoiou e com sua presença levou a mensagem: "Apoiamos vocês. Vocês não estão sozinhos."

Barnabé "…animou todos a continuarem fiéis ao Senhor…" (v.23). Ele foi ajudar os cristãos mais antigos, a se proteger do orgulho, preguiça e independência espiritual, que podem aflorar em tais circunstâncias. Para os mais jovens, espiritualmente, a mensagem era de ajuda para não se afastarem da fé.

Barnabé era "…bom, cheio do Espírito Santo e de fé…" (v.24). Se você pode dizer: "…não me envergonho do evangelho…" (Rm 1:16), una-se a outros cristãos, de perto ou de longe e anime-os a aguentar firme; lutar o bom combate; e manter compromisso com Cristo. —*Jennifer Benson Schuldt*

Como Barnabé, podemos fortalecer outros cristãos encorajando-os com nossas palavras e vida.

31 de maio
Degraus inúteis

Leitura:
1 Coríntios 9:24–10:13

Por isso corro direto para a linha final. Também sou como um lutador de boxe que não perde nenhum golpe. —1 Coríntios 9:26

Encontrei três degraus de uma escada inútil, enquanto retirávamos lixo do terreno de uma casa. A escada não levava a lugar algum, apenas à parede de madeira da casa velha e desgastada.

Pensamos em crescimento espiritual em termos de acontecimentos importantes ou grandes transições em nossa vida ou coração. Nós o separamos do impacto real das decisões cotidianas. Salomão nos lembra de que a frutificação da nossa vida pode ser afetada pelas "raposinhas" (Cântico 2:15), e Jesus falou sobre o impacto dos momentos "semente de mostarda" em Seu reino (Lucas 13:18,19).

Ser estratégico na caminhada espiritual é buscar a vontade de Deus. É nos esforçarmos para obedecê-lo e seguir a direção do Espírito, mesmo em pequenas coisas. Engajar-se, fazer algo acontecer ou deixar o tempo passar não é suficiente. Somos responsáveis por conhecer e testar o mérito do que estamos fazendo na vida (1 Coríntios 3:12-14).

Existe a tentação de esbanjar, portanto, evite construir degraus que levam a lugar nenhum, e mantenha clara a sua visão em:
- adoração (1 Coríntios 10:6,7),
- relacionamentos (vv.7,8),
- conversas (vv.9,10).

A distinção importante em nossas decisões, no entanto, é muito maior do que os degraus que conduzem a uma porta inútil. É a diferença entre viver para as coisas que perecerão e as que permanecerão (Tiago 1:11,12; 1 Pedro 1:22-25). —*Regina Franklin*

Escolha o que é eterno.

1.º de junho
Quem está buscando quem?

Leitura:
Lucas 19:1-10

Porque o Filho do Homem veio buscar e salvar quem está perdido. —Lucas 19:10

Ele era solitário, não era convidado para festas e, em suas caminhadas, sentia os olhares hostis perfurando suas costas. Porém, a vida dele mudou, e Clemente de Alexandria, um dos pais da igreja, diz que Zaqueu se tornou líder cristão e pastoreou a igreja de Cesareia. Zaqueu, que era cobrador de impostos, o mesmo que subiu numa figueira para ver Jesus passar.

O que fez Zaqueu subir na árvore? Dar uma olhada *rápida* em Jesus, enxergá-lo por cima da multidão (Lucas 19:3). Mas por que ele queria vê-lo? Porque Cristo tinha a reputação de receber coletores de impostos? Não sabemos o motivo; apenas que ele adotou medidas incomuns para vê-lo. Ele *correu e subiu* — atitudes inapropriadas para um funcionário público.

O mais incrível neste relato, porém, é que Jesus também estava *procurando* Zaqueu. Ele tomou a iniciativa ao olhar para cima e dizer: "...Zaqueu, desça depressa, pois hoje preciso ficar na sua casa" (v.5). A palavra "preciso" é a mesma usada em João 4:4, em que diz que Jesus "*tinha de passar pela região da Samaria*". Deixa transparecer o propósito divino.

Um estudioso da Bíblia fala o seguinte: "A doutrina bíblica da salvação combina com a soberania divina e a responsabilidade humana. Deus chama e os homens devem responder de bom grado. Somente no cristianismo Deus é declarado o introdutor e o Autor da salvação. O que podemos fazer é responder recebendo a oferta gratuita de Cristo."
—*Poh Fang Chia*

Zaqueu respondeu à busca de Jesus com alegre arrependimento (Lucas 19:8). *E você?*

2 de junho
Comunidade

Leitura:
Hebreus 10:23-25

Não abandonemos, como alguns estão fazendo, o costume de assistir às nossas reuniões. Pelo contrário, animemos uns aos outros e ainda mais agora que vocês veem que o dia está chegando. —Hebreus 10:25

Eu não tinha amigos na nova cidade e parei de ir à igreja. Quanto mais postergava me envolver com o Corpo de Cristo na comunidade, mais isolada me tornava e mais lutava em minha fé.

Nessa época, ignorei a exortação do escritor de Hebreus quando diz o que precisamos para nos manter com esperança e fortalecidos em nossa caminhada com o Senhor (Hebreus 10:23-25).

Há momentos que devemos adotar, temporariamente, a solitude para meditar, orar, nos concentrar e etc. Ter comunhão com outros nos ajuda a manter a "esperança da fé que professamos" e a nossa confiança de que "…Deus cumprirá as suas promessas" (v.23). A falta de comunhão nos impede de experimentarmos a motivação que vem dos outros "…a fim de ajudarmos todos a ter mais amor e a fazer o bem" (v.24).

Paulo reconheceu a necessidade da comunhão. E viajou muito para estar com os cristãos. E disse-lhes: "…quero muito vê-los, a fim de repartir bênçãos espirituais […] quer dizer, para que nos animemos uns aos outros por meio da fé que vocês e eu temos" (Romanos 1:11,12).

Quando os cristãos se reúnem e se dedicam aos ensinamentos dos apóstolos, vivendo em amor cristão, compartilhando refeições (incluindo a Ceia do Senhor) e dedicando-se às orações, como os 3 mil fizeram em Atos 2:41-43, o "temor" do Senhor pode ser vivenciado.

—Roxanne Robbins

Precisamos de uma verdadeira comunidade em Jesus.

3 de junho
Em prol da nossa saúde

Leitura:
1 Crônicas 16:7-14

Agradeçam a Deus, o S<small>ENHOR</small>, anunciem a sua grandeza e contem às nações as coisas que ele fez. —1 C<small>RÔNICAS</small> 16:8

De acordo com um proeminente pesquisador de um reconhecido Centro Médico Universitário: "Se a gratidão fosse uma droga, seria o produto mais vendido do mundo com benefícios para a saúde de cada órgão do sistema."

Para alguns, ser grato significa viver com espírito de gratidão — tendo tempo para reconhecer e se concentrar nas coisas que temos, em vez de concentrar a atenção nas coisas que desejamos ter. A Bíblia aprofunda o que sabemos sobre o agradecimento. O ato de render graças nos faz reconhecer quem nos concede as bênçãos (Tiago 1:17).

Davi sabia que Deus era o responsável pela entrega segura da Arca da Aliança em Jerusalém (1 Crônicas 15:26). Como resultado, ele escreveu uma canção de gratidão centrada em Deus, em vez de simplesmente expressar o seu prazer num acontecimento importante. A música começava assim: "Agradeçam a Deus, o S<small>ENHOR</small>, anunciem a sua grandeza e contem às nações as coisas que ele fez" (16:8). A canção de Davi se regozijava na grandeza do Senhor, destacando a salvação de Deus, Seu poder criativo e Sua misericórdia (vv.25-36).

Hoje, podemos ser verdadeiramente gratas adorando o Doador em vez das dádivas que dele recebemos. Concentrarmo-nos nas coisas boas que acontecem em nossa vida pode beneficiar o nosso corpo, mas quando direcionamos os nossos agradecimentos a Deus, a nossa alma é a grande beneficiada. —*Jennifer Benson Schuldt*

A verdadeira gratidão ressalta o Doador em vez de as dádivas que Ele concede.

4 de junho
Propensa a controlar

Leitura:
Juízes 16:4-21

E ela continuou a perguntar isso todos os dias. Sansão ficou tão cansado com a insistência dela, que já não aguentava mais.
—Juízes 16:16

Nunca ocupei lugares elevados nem exerci autoridade sobre as massas, mas já senti o seu apelo ao tentar controlar outros. Às vezes, sucumbimos à tentação de nos agarrar ao poder.

A passagem em Juízes 16 nos mostra que Dalila tinha problemas sérios, e ilustra muitas lições sobre os motivos pelos quais devemos resistir ao desejo de controlar.

O *controle começa e termina* com o *eu*. Dalila percebeu que trair Sansão a beneficiaria financeiramente (vv.5,6) e a ajudaria a ganhar o favor dos outros. Envolvendo suas mentiras em falso amor, usou sua afeição para conseguir o que queria. Ao fazê-lo, definiu o amor de Sansão por ela com base no atendimento de suas próprias necessidades. Ironicamente, questiona o amor dele enquanto planeja sua captura. Ela preocupava-se com os seus próprios desejos, mesmo à custa de outro.

O *controle cega*. Rápida para salientar o engano de Sansão, ela permaneceu despreocupada com sua própria rede de mentiras (v.10). Mantendo para seu companheiro um padrão diferente do que estava disposta a seguir, Dalila caiu numa armadilha ética, à medida que deixava as circunstâncias determinarem sua postura moral.

O *controle destrói os relacionamentos*. Dalila parecia ser um ancoradouro seguro — mas era *ela* o perigo. O controle, fingindo garantir a segurança, traz o cativeiro e a traição. Jesus pede que confiemos nele (Gálatas 5:1). —*Regina Franklin*

Submeter-se a Jesus não é perder poder, mas ao contrário, significa ganhar liberdade.

5 de junho
Somos família

Leitura:
Efésios 2:11-22

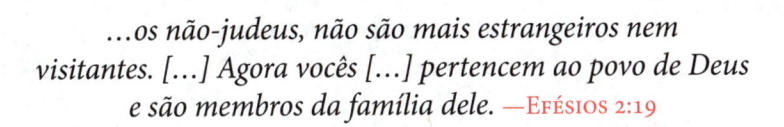

...os não-judeus, não são mais estrangeiros nem visitantes. [...] Agora vocês [...] pertencem ao povo de Deus e são membros da família dele. —Efésios 2:19

Muitas vezes, dizemos na igreja que somos uma família, e nos tratamos como irmãos em Cristo. Mas o que isso realmente significa? Quais são as implicações da palavra *família*? Em Efésios 2:19 lemos: "Portanto, vocês, os não-judeus, não são mais estrangeiros nem visitantes. Agora vocês são cidadãos que pertencem ao povo de Deus e são membros da família dele." A palavra "*vocês*" se refere aos cidadãos gentios. Agora, eles são membros da família de Deus com os judeus. É difícil perceber completamente a importância da declaração de Paulo, então, vamos analisar algumas das antigas leis judaicas de acordo com um pesquisador:

• Era contrário a lei ajudar uma grávida gentia durante o nascimento de seu bebê, porque isso simplesmente poderia resultar em outro gentio vindo ao mundo.

• Se um judeu se casasse com mulher gentia, ou se a judia se casasse com um gentio, era exigida a morte de um deles.

Os judeus tinham imenso desprezo pelos gentios. Mas Cristo reconciliou os judeus e gentios, com Deus — e uns com os outros (v.14).

Assim, a palavra *família* sugere unidade e também um elo mais profundo do que a cidadania. É um relacionamento possibilitado pelo sangue de Cristo, e nada tem a ver com nossos sentimentos em relação aos outros. E isso requer que afastemos os preconceitos, sirvamos e cuidemos uns dos outros, pois somos a família de Deus. —*Poh Fang Chia*

Somos felizes por pertencer à família de Deus.

6 de junho
Mãe Robin

Leitura:
Salmo 139:13-18

...tu me viste antes de eu ter nascido...
—Salmo 139:16

Muitas mulheres na Indonésia referem-se a Robin Lim como "Mãe Robin" por tê-las ajudado durante a gravidez e parto. Sem o seu cuidado e acesso às clínicas que organizou, elas não teriam recebido o atendimento necessário. Robin disse: "O primeiro suspiro de um recém-nascido poderia ser de paz e amor. Todas as mães deveriam ser saudáveis e fortes. Todo parto deveria ser seguro e cheio de amor. Mas nosso mundo ainda não chegou lá."

Apoio a visão dessa mulher. Tenho estes valores porque cada bebê nascido ou por nascer é um exemplo da maravilhosa ação de Deus (Salmo 139:14). Davi escreveu: "Tu criaste cada parte do meu corpo; tu me formaste na barriga da minha mãe" (v.13).

A Bíblia afirma que Deus não apenas forma e vê (v.15) os bebês *dentro do útero*, mas também vê o futuro de cada vida (v.16). Ou seja, Ele entende a personalidade do bebê. Lembra-se de Agar? Deus enviou um mensageiro a ela, para confortar e prepará-la: "Esse filho será como um jumento selvagem..." (Gênesis 16:11,12). Deus sabe o que cada bebê está destinado a se tornar. Ele disse a Jeremias: "...quando você ainda estava na barriga da sua mãe, eu o escolhi e separei para que você fosse um profeta para as nações" (Jeremias 1:5).

Deus criou a todos: profetas, rebeldes e até mesmo os rivais como Esaú e Jacó (Gênesis 25:23). Conhecia o seu futuro e queria que nascessem. Protejamos a vida. —*Jennifer Benson Schuldt*

Precisamos proteger e valorizar as crianças, pois elas refletem a imagem e o incrível poder criativo de Deus.

7 de junho
Luvas úteis

Leitura:
Efésios 3:14-21

Deus […] por meio do seu poder que age em nós, pode fazer muito mais do que nós pedimos ou até pensamos! —Efésios 3:20

Janete tinha ouvido um relatório preocupante sobre o aumento de casos de depressão entre as mulheres. O relatório citou uma reincidência relacionada ao alcoolismo e um aumento da dependência em remédios.

"O que o Senhor está fazendo sobre isto?", Janete orou. Mas quanto mais ela pensava nisso, mais ela sentia que Deus estava *lhe* pedindo para fazer algo. Tudo que ela podia ver, no entanto, eram as suas próprias limitações.

Para ajudá-la a pensar no assunto, ela listou algumas razões que a impediam de agir: timidez, medo de se envolver, falta de tempo, um coração frio, sentimentos de inadequação, medo do fracasso — uma lista assustadora!

Quando terminou a sua lista, ela viu que era hora de buscar seus filhos na escola. Vestiu seu casaco e em seguida procurou pelas luvas. Elas descansavam sobre o móvel, flácidas e inúteis — até que ela deslizou suas mãos para dentro delas. Naquele momento, percebeu que Deus não queria que ela levasse em conta as suas limitações. Em vez disso, Ele queria revesti-la com o Seu poder e trabalhar por meio dela, assim como suas luvas se tornaram úteis quando ela as preencheu com suas mãos.

Por que nos sentimos inadequadas para o trabalho que Deus nos deu? Ele quer amar os outros "…por meio do seu poder que age em nós…" (Efésios 3:20). —*Joanie Yoder*

Quando Deus nos dá uma missão, Ele mesmo nos capacita.

8 de junho
Decaídas

Leitura:
Oseias 5:1-15

...Os chefes de Judá invadiram Israel e tomaram as suas terras. Por isso, estou irado e vou castigá-los duramente. —Oseias 5:10

Já tínhamos nos mudado antes, não achei estranho meu pai decidir mudar de cidade novamente. Eu tinha 12 anos, detestava deixar as amigas e a vida que conhecia, mas aceitei a ideia de que Deus estava nos chamando para algo novo. Soube do motivo real de nossa partida anos depois. Nosso pastor principal tinha se envolvido em adultério e muitos sabiam de sua infidelidade. Meu pai não conseguia mais continuar ali.

Sempre ouviremos falar sobre líderes cristãos que falharam. O ministério é um lugar complicado. Os pastores são humanos e têm as mesmas necessidades e lutas que suas congregações. A influência que exercem é uma séria responsabilidade, e a integridade espiritual é pré-requisito a quem está à frente do ministério.

"Quando a nação tem líderes inteligentes e sensatos, ela se torna forte e firme; mas, quando a nação peca, ela muda de governo a toda hora" (Provérbios 28:2). E Tiago alerta: "...poucos de vocês deveriam se tornar mestres na Igreja, pois vocês sabem que nós, os que ensinamos, seremos julgados com mais rigor" (Tiago 3:1).

Oseias conheceu em primeira mão a dor da traição: em seu casamento, dos "líderes espirituais" e de todo o povo decaído de Judá. Ele viu uma geração de líderes se envolver em falsa adoração, idolatria e apostasia. Pensavam em si próprios, não em Deus e Seus mandamentos (2 Timóteo 4:3,4). Temos uma mensagem clara para oferecer. —*Regina Franklin*

Quanto maior for a nossa esfera de influência, maior será a nossa responsabilidade em falarmos a verdade.

9 de junho
Não desista

Leitura:
2 Timóteo 1:1-18

Por meio do poder do Espírito Santo, que vive em nós, guarde esse precioso tesouro... —2 Timóteo 1:14

Você está se sentindo cansada ou desiludida no serviço a Deus? Bem, você é boa companhia para o jovem Timóteo. Às vezes, é fácil sentir-se assim. Quando alguém se envolve na nobre luta pela alma dos homens, enfrenta o mundo, a carne e o diabo. A batalha pode ser ferrenha e incessante.

Roma foi incendiada em 64 d.C., Nero culpou os cristãos, e naquela época, era muito perigoso ser cristão.

Consequentemente, muitos deles, inclusive companheiros de trabalho de Paulo, escolheram seguir um caminho mais discreto e se tornaram menos contundentes em seus ministérios. Timóteo passou pela tentação de fazer o mesmo.

Porém, o apóstolo Paulo o anima a reavivar o dom que Deus lhe dera. Timóteo necessitava considerar novamente os recursos: poder, amor e domínio próprio, que o Espírito de Deus lhe havia disponibilizado.

O jovem precisava aceitar que o sofrimento acompanhava a sua identificação com Cristo. Devia entender que ele tinha uma obrigação a cumprir e precisava confiar em seu Salvador para desempenhar tal tarefa. Tudo se relacionava à vontade de Deus e à Sua glória. Timóteo precisava reafirmar sua fé, sem questioná-la, e se identificar com aqueles que eram fiéis, não com os que estavam se afastando de Jesus.

Paulo disse a Timóteo: "...meu filho, seja forte por meio da graça que é nossa por estarmos unidos com Cristo Jesus" (2:1) — e assim preservar, guardar e transmitir a Sua Palavra. —*Poh Fang Chia*

É um imenso paradoxo o fato de Deus ser soberano e mesmo assim usar pessoas como nós.

10 de junho
Príncipe da Paz

Leitura:
Isaías 9:2-7

Quando me deito, durmo em paz, pois só tu, ó Senhor, me fazes viver em segurança. —Salmo 4:8

A garota, de 12 anos, comentou sobre um tiroteio em que 20 crianças e 6 adultos tinham morrido tragicamente numa escola americana. O irmão dela de apenas 6 anos sabia pouco sobre esse acontecimento, mas olhou para sua mãe e disse: "Acho que meu nome favorito para Jesus é Príncipe da Paz." A mãe respondeu: "O meu também" e a garota concordou: "O meu também".

Ansiamos pelo "próprio Senhor da paz" que nos oferece "…a paz, sempre e de todas as maneiras…" (2 Tessalonicenses 3:16). Jó lamentou quando a paz lhe pareceu evasiva: "Não tenho paz, nem descanso, nem sossego; só tenho agitação" (Jó 3:26). A autora Rebekah Lyons afirma: "Ansiamos pela percepção de que o luto traz o conforto de que, acima de tudo, há um Deus esperando para nos resgatar em nossa hora mais tenebrosa".

De modo maravilhoso, o nosso Salvador, a fonte mais verdadeira de tranquilidade neste mundo conturbado, nos foi enviado como bebê. "…Deus nos mandou um menino que será o nosso rei. Ele será chamado de 'Conselheiro Maravilhoso', 'Deus Poderoso', 'Pai Eterno', 'Príncipe da Paz'" (Isaías 9:6).

Em Jesus Cristo experimentamos a paz, pois "Ele será descendente do rei Davi […]. As bases do seu governo serão a justiça e o direito, desde o começo e para sempre. No seu grande amor, o Senhor Todo-Poderoso fará com que tudo isso aconteça" (v.7).

Clame ao Senhor. Firme-se em Seu amor. Ele a confortará em tempos de luto e trará paz em momentos difíceis. —*Roxanne Robbins*

O Príncipe da Paz é a sua verdadeira fonte de descanso.

11 de junho
Confiança no mundo

Leitura:
João 14:1-6

Jesus respondeu: — Eu sou o caminho, a verdade e a vida; ninguém pode chegar até o Pai a não ser por mim. —João 14:6

Minha água mineral tem um gosto bom, mas como posso confiar na declaração de que vem de uma fonte na montanha? Relata-se que perto de 40% da água engarrafada é água de torneira. Muitos europeus estão desconfiados de que a carne bovina que ingerem pode muito bem conter carne equina. Essas desconfianças propagam cinismo, medo e desconfiança.

Mas existe Alguém em quem podemos confiar. Jesus falou: "—Eu sou o caminho, a verdade e a vida; ninguém pode chegar até o Pai a não ser por mim" (João 14:6). As pessoas podem ser instáveis — elas nos desanimam e nos decepcionam. "Quem pode entender o coração humano? Não há nada que engane tanto como ele…" (Jeremias 17:9). Contudo, podemos confiar em Deus e em Sua Palavra, que não muda. "Eu sou o Senhor e não mudo" (Malaquias 3:6).

Se você teve uma experiência amarga com alguém em quem confiava e sente-se magoada pela fria realidade das promessas não cumpridas, Jesus lhe diz: "…Não fiquem aflitos, nem tenham medo…" (João 14:27). Entretanto, as Escrituras nos aconselham a agir com sabedoria: "…cuidado com o que você pensa, pois a sua vida é dirigida pelos seus pensamentos" (Provérbios 4:23).

À medida que andamos nos passos de Jesus, podemos discernir em quem confiar, aonde ir e o que fazer. Em João 8:32, Jesus reafirma Sua promessa: "…e conhecerão a verdade, e a verdade os libertará" — uma promessa que dura por toda a vida. —*Ruth O'Reilly-Smith*

Jesus Cristo é o mesmo ontem, hoje e sempre.
—Hebreus 13:8

12 de junho
Vivendo de outro modo

Leitura:
Daniel 9:1-22

Nós temos cometido pecados e maldades; fizemos coisas más e nos revoltamos contra ti; desobedecemos às tuas leis e aos teus mandamentos. —Daniel 9:5

Anos atrás, meu marido e eu decidimos não ter TV a cabo. Os benefícios dessa decisão foram além da economia de dinheiro. Tendo vivido com outra família enquanto construíamos nossa nova casa, descobrimos que não perdíamos nada. Conhecíamos a toxicidade da TV, mas com o acesso diário, víamos a sexualidade descarada e a cosmovisão carnal que permeiam muitos comerciais.

Daniel, preso entre estranhos, conheceu os desafios da vida numa sociedade mergulhada em pecado. Ele nos ensina a permanecermos puros e dedicados à oração (Daniel 6:4-12).

O povo de Israel escolheu a idolatria acima de seu amor por Deus, embora tivesse sido alertado pelos profetas durante muitos anos. Eles sabiam como realizar seus rituais, pedir por intervenção de Deus e dizer as palavras certas, mas seus corações permaneciam apaixonados pela cultura secular (Isaías 29:13).

Daniel era um dos remanescentes levados cativos à Babilônia, não houve escolha para ele, mas estando ali, o profeta decidiu viver de modo diferente. Ele via o pecado da sociedade pagã para a qual tinha sido levado, porém, mais importante do que isso, ele reconhecia as concessões que haviam se infiltrado no povo de Deus. Daniel se importou mais com os padrões de Deus do que com as suas necessidades, e o Senhor apenas lhe falou, e lhe deu percepção e entendimento (Daniel 9:22). Esta oportunidade está disponível a nós hoje. —Regina Franklin

Nossa capacidade de superar uma cultura ímpia começa com o arrependimento.

13 de junho
Uma explosão maravilhosa

Leitura:
João 13:31-35

*…Assim como eu os amei,
amem também uns aos outros.*
—João 13:34

No livro *Beijos da Katie* (Ed. Pensamento, 2012), Katie Davis relata sobre a alegria de viver na Uganda e a adoção de várias meninas. Um dia, uma de suas filhas perguntou: "Mamãe, se deixar Jesus entrar no meu coração, eu vou explodir?". Primeiro, Katie respondeu que não, pois a entrada de Jesus em nosso coração é um acontecimento espiritual.

Após pensar mais sobre isso, Katie explicou-lhe que, quando decidimos render a nossa vida e coração a Ele "explodiremos com amor, compaixão, pesar pelos que estão sofrendo e alegria pelos que se alegram". Em essência, conhecer a Cristo nos faz ter um cuidado profundo com as pessoas ao nosso redor.

A Bíblia nos desafia: "Alegrem-se com os que se alegram e chorem com os que choram" (Romanos 12:15). Podemos consistentemente demonstrar esta resposta amorosa por causa da ação do Espírito Santo em nosso coração. Quando recebemos a Cristo, o Espírito Santo passa a habitar em nós. O apóstolo Paulo descreveu desta forma: "…E Deus pôs em vocês a sua marca de proprietário quando lhes deu o Espírito Santo, que ele havia prometido" (Efésios 1:13).

Importar-se com os outros — com a ajuda sobrenatural de Deus — mostra ao mundo que somos Suas seguidoras (João 13:35). Também nos lembra do Seu amor por nós. Jesus disse: "…Assim como eu os amei, amem também uns aos outros" (v.34). —*Jennifer Benson Schuldt*

*O amor que oferecemos aos outros
reflete o amor que recebemos de Deus.*

14 de junho
Espelho, espelho

Leitura:
Salmo 139:13-18

*Graças te dou, visto que por modo
assombrosamente maravilhoso me formaste...*
—Salmo 139:14

Somos sempre bombardeadas com conselhos sobre a aparência física. E as sugestões das capas de revistas, comerciais de TV, dentre outras fontes, me incomodam, pois todos querem nos influenciar a buscar a *aparência perfeita*.

Um blogueiro escreveu: "Para muitos jovens, a aparência física se tornou o padrão de aferição ao qual todo o valor e mérito pessoal é analisado. Embora esse sistema de valores seja pernicioso, é difícil simplesmente 'dar as costas' a esse padrão de avaliação quando tudo à sua volta aponta nessa direção."

Em Tiago 1:23 lemos que a Palavra de Deus é um importante espelho que nos dá a visão de nós mesmas. No Salmo 139:14, somos lembradas que somos parte da maravilhosa criação de Deus. Ele fez você e eu e é a Pessoa mais sábia e criativa de todo o Universo! Deus nos vê como Sua criação. Belas! Criadas à Sua imagem (Gênesis 1:26,27).

Em seu livro *Aos olhos do Pai* (Publicações Pão Diário, 2013), Regina Franklin escreveu: "No momento em que fomos criadas, nos tornamos as mais preciosas e cobiçadas obras de arte — escolhidas, guardadas e amadas... formadas de modo 'assombrosamente maravilhoso' porque temos acesso a uma das maiores intimidades que os seres humanos podem conhecer — o relacionamento pessoal com Deus."

Uma hora na academia e outra à frente do espelho, e nenhuma com Deus, *não* nos guiará à verdadeira beleza. —*Poh Fang Chia*

*Não persigamos a boa aparência ao custo
do nosso relacionamento com Deus.*

15 de junho
O poder das pequenas ações

Leitura:
Zacarias 4:1-14

E os que não deram valor a um começo tão humilde vão ficar alegres quando virem [...] a construção do Templo...
—Zacarias 4:10

Muitas grandes realizações em prol de Deus têm pequenos começos. Quando Zorobabel foi chamado para reconstruir o Templo, que estava destruído, uma das primeiras coisas que ele fez, com a ajuda do povo de Deus, foi estabelecer uma base. Então eles começaram a construir sobre esse alicerce, pedra sobre pedra. Muitos cidadãos que possuíam uma visão limitada, recusaram-se a fazer esses esforços básicos e "...não deram valor a um começo tão humilde..." (Zacarias 4:10). Mas Deus prometeu sucesso a Zorobabel, não por mera força humana, mas por Seu Espírito.

Mike Yaconelli, escritor, ilustrou esse princípio escrevendo sobre um adolescente que ficou sensibilizado com a situação dos sem-teto na Filadélfia. Ele decidiu sair pela vizinhança e coletar cobertores para dar às pessoas que viviam na rua. Na semana seguinte, ele fez outra coleta. Outros logo seguiram o seu exemplo. Como resultado desse primeiro pequeno ato, hoje, há uma organização que dá cobertores para as pessoas desabrigadas em todo o mundo.

Você deseja impactar a vida de outros, mas se sente oprimida pela abrangência dessa tarefa? Não despreze os pequenos começos. Como aquele adolescente, comece a ajudar as pessoas em nome de Cristo, com uma pequena ação de cada vez. Você logo vai provar que pouco se transforma em muito quando Deus está nisso. —Joanie Yoder

A menor das ações é melhor do que a maior das intenções.

16 de junho
Fé em uma caixa

Leitura:
Gênesis 20:1-18

E disse Abraão: Porque eu dizia comigo: Certamente não há temor de Deus neste lugar, e eles me matarão por amor da minha mulher. —Gênesis 20:11 (ARC)

Compramos uma escada de emergência para nossa casa, e decidimos praticar como usá-la antes de uma emergência. Era um dia quente, descemos das janelas superiores, um de cada vez. Cômico, o evento mudou de tom quando nossa filha sentiu a escada mover-se enquanto descia. Embora ela já tivesse escalado cordas, o balançar da escada era mais verdadeiro para ela do que o toque de seu pai que estava no chão a poucos centímetros dela. Nada a convencia de que estava segura.

Não estamos sozinhos em nossos medos. Seja de altura, lugares desconhecidos ou de nos ferirmos em relacionamentos. Temos fortalezas mentais e emocionais para nos manter seguros. Abraão confiava em sua capacidade de controlar as circunstâncias selecionando quais partes da informação relevar ou esconder. Interessante que ele se preocupou em que não houvesse: "…temor de Deus neste lugar…" (v.11), o que o levou a enganar nesta situação. Mas a resposta de Abimeleque evidenciou o temor da mão do Senhor (vv.4-8) e provou ser mais honrosa que a de Abraão (vv.9,16).

O medo não orientou os passos dele: "Abraão creu em Deus, e por isso Deus o aceitou." E ele foi chamado de "amigo de Deus" (Tiago 2:23).

Abraão entendeu que as circunstâncias difíceis o fariam sentir-se como se "a escada de segurança" balançasse abaixo dele, mas que o braço de seu Pai estava pronto e disposto a salvar (Números 11:23; Jeremias 32:17).

—Regina Franklin

Que também possamos ser chamadas fiéis.

17 de junho
O custo da cidadania

Leitura:
Efésios 2:11-22

…Pois eu sou cidadão romano de nascimento
—Atos 22:28

Meu filho adotivo, Wasswa, naturalizou-se como norte-americano quando saímos em férias da Uganda, ao passarmos pela imigração. Por lei a cidadania lhe pertence para sempre.

Ele tem direito a votar nas eleições, participar em júris, trazer seus familiares do exterior, ter passaporte americano, concorrer a posições governamentais, receber subsídios e bolsas de estudo do governo. Os privilégios vêm acompanhados de responsabilidades. Como cidadão, ele deve apoiar e servir o país quando requerido, participar do processo democrático, respeitar e obedecer ao governo, o Estado e as leis locais.

Por mais afortunado que seja ser cidadão de um país, não se compara à cidadania do céu. Sem permanecer em Jesus, somos "…estrangeiros […] neste mundo [vivendo] sem esperança e sem Deus" (Efésios 2:12). Mas, pelo sangue de Jesus, não somos mais "…estrangeiros nem visitantes…" (v.19). Ao contrário, somos "…cidadãos que pertencem ao povo de Deus e […] membros da família dele. [Somos] como um edifício [estamos] construídos sobre o alicerce que os apóstolos e os profetas colocaram. E a pedra fundamental desse edifício é o próprio Cristo Jesus" (vv.19,20).

Paulo declara: "…somos cidadãos do céu e estamos esperando ansiosamente o nosso Salvador, o Senhor Jesus Cristo…" (Filipenses 3:20). Como tal, o apóstolo nos conclama a viver: "…de acordo com o evangelho de Cristo…" (1:27). —*Roxanne Robbins*

As nossas palavras e ações devem denotar que somos servas do Senhor.

18 de junho
Deixando tudo para trás

Leitura:
João 4:9-14,27-29

*...a mulher [...] voltou até a cidade e disse [...]:
Venham ver o homem que disse tudo o que eu tenho feito.
Será que ele é o Messias?* —João 4:28,29

No mesmo ano ou pouco depois que o nosso filho obteve a sua carteira de motorista e começou a carregá-la consigo, recebemos vários telefonemas de pessoas que a tinham encontrado em algum lugar. Nós o advertimos para ter mais cuidado e a não se esquecer dela.

No entanto, deixar as coisas para trás nem sempre é algo ruim. No evangelho de João, lemos sobre uma mulher que tinha vindo para tirar a água do poço. Mas encontrou Jesus naquele dia, e depois disso, de repente, suas intenções mudaram. Deixando a água para trás, ela rapidamente voltou para relatar aos outros o que Jesus tinha lhe dito (4:28,29). Até mesmo a sua necessidade física de água se tornou muito pequena em comparação ao desejo de contar aos outros a respeito do Homem que ela tinha acabado de conhecer.

Quando Jesus chamou Pedro e André, eles fizeram algo semelhante. Eles abandonaram suas redes de pesca (que utilizavam para ganhar a vida) para seguir a Jesus (Mateus 4:18-20). Tiago e João também deixaram suas redes, seu barco e até mesmo o seu pai quando o Mestre os chamou (vv.21,22).

Nossa nova vida, como seguidoras de Jesus Cristo, pode significar que devemos deixar algumas coisas para trás, incluindo as que não trazem satisfação duradoura. Aquilo que ansiávamos não pode ser comparado com a vida e a "água viva" que Jesus nos oferece. —*Cindy Hess Kasper*

*Cristo mostrou o Seu amor morrendo por nós;
demonstramos o nosso vivendo por Ele.*

19 de junho
Presas na armadilha

Leitura:
Salmo 62:6-8

Ó Senhor, Deus Todo-Poderoso, não há ninguém que tenha tanto poder como tu! Em todas as coisas, tu és fiel, ó Senhor! —Salmo 89:8

Houve um tempo em minha caminhada íntima com Jesus em que a vida se tornou extremamente difícil. Mas nessa época, li o blog de uma mulher cujo marido estava morrendo de câncer. Quando ela estava no momento mais difícil da batalha, foi à lanchonete do hospital para comer algo. Ali, em vez de compaixão e gentileza, a caixa dificultou-lhe ainda mais a vida porque faltavam 5 centavos. Voltei a pensar no meu momento de luta intensa.

Às vezes, parece que, quando já estamos no nível máximo de estresse, tristeza, nervosismo ou mágoa, outra flecha é lançada em nossa direção. Em outros momentos, até mesmo a menor infração contra nós pode parecer exagerada, inoportuna e injusta. É nesse ponto que questionamos o amor, a proteção e a provisão de Deus.

Quando as circunstâncias parecem insuportáveis, Deus sinceramente deseja que encontremos conforto nele. Ele anseia que experimentemos nos melhores e nos mais desafiadores momentos da vida, a verdade do Salmo 62:6-8: "Somente ele é a rocha que me salva; ele é o meu protetor, e eu não serei abalado. A minha salvação e a minha honra dependem de Deus; ele é a minha rocha poderosa e o meu abrigo. Confie sempre em Deus, meu povo! Abram o coração para Deus, pois ele é o nosso refúgio."

Deus me tirou da fase mais tenebrosa que já vivi e deu à mulher que mencionei: esperança, confiança e alegria mesmo após a morte do marido. —*Roxanne Robbins*

Peça que Deus a ajude a ser forte e corajosa! Não fique desanimada...

20 de junho
Caminhe e ouça

Leitura:
1 Samuel 3:1-20

…Fala, pois o teu servo está escutando!…
—1 Samuel 3:10

Na entrada de casa, meu filho e eu paramos para identificar os sons que ouvíamos: o grunhido de gansos, nosso andar, buzina de carro, caminhões de lixo e um avião no céu.

Ouvir é uma habilidade importante e exige que abandonemos nosso próprio diálogo interno, e que deixemos de lado o impulso de expressarmos o nosso ponto de vista. Ouvir precisa ter seu espaço em nosso dia a dia, e na vida espiritual.

O profeta Samuel escutava a Deus. Certa noite, ele acordou quando alguém chamou seu nome. Ao reconhecer a voz de Deus (1 Samuel 3:7-9), disse: "…Fala, pois o teu servo está escutando!…" (v.10). Ele humildemente identificou seu *status de servo* diante do Senhor Deus e o convidou a prosseguir com a Sua mensagem.

Samuel permitiu que Deus falasse ao permanecer calado. Samuel falou somente sete palavras. Seu silêncio permitiu que Deus compartilhasse os acontecimentos iminentes (vv.11-14). Na manhã seguinte o sacerdote Eli perguntou-lhe o que o Senhor tinha dito. "…Samuel contou tudo, sem esconder nada…" (v.18). Repetir o que Deus nos diz demonstra que estamos sintonizados com Ele.

O Senhor falou diretamente a Samuel (v.1). Hoje, Ele, normalmente, fala conosco por meio de Sua Palavra. Estamos prontas, humildes e silenciosas o suficiente para ouvir o que Ele nos diz? Podemos compartilhar a mensagem de Deus com os outros? A nossa caminhada com Deus é "para escutá-lo"? —*Jennifer Benson Schuldt*

Aquele que fala menos, com frequência, ouvirá mais e melhor.

21 de junho
Ministério de jovens

Leitura:
Atos 2:37-47

*Cada dia o Senhor juntava ao grupo
as pessoas que iam sendo salvas.* —Atos 2:47

É fácil perceber como o discipulado com os jovens está experimentando grandes lutas. Quase todos opinam sobre como esse ministério deve ser aprimorado. Pais, líderes e os próprios jovens têm expectativas e exigências nem sempre concordantes. Então, o que fazer?

Lemos em Atos 2 sobre o nascimento da Igreja quando 3 mil pessoas foram repentinamente acrescentadas a um pequeno grupo de 120 (1:15). E o que fizeram os membros desse grupo em crescimento? Eles "…continuavam firmes, seguindo os ensinamentos dos apóstolos, vivendo em amor cristão, partindo o pão juntos e fazendo orações" (2:42). Eles queriam conhecer a Deus e viver para agradar-lhe. Estudavam a Palavra e a proclamavam, tinham comunhão e oravam juntos, amavam-se mutuamente e vidas eram transformadas. Os cristãos e a comunidade foram impactados (vv.43-46).

E os jogos, música e diversão que *atraem* os jovens? Em Atos 2, vemos que as vidas transformadas os atraíam. Isso não significa que o ministério de jovens hoje deva ser maçante. O ensino e os estudos bíblicos podem inspirar e transformar vidas. Na igreja primitiva, enquanto os cristãos buscavam a Deus, "…o Senhor juntava ao grupo as pessoas que iam sendo salvas" (v.47).

Se você é líder, encoraje os jovens. Se você integra um grupo de jovens, não aja apenas como visitante. Deus tem muito mais para você fazer. —*Poh Fang Chia*

*Exaltemos a Deus, encorajemo-nos mutuamente
e compartilhemos a nossa fé.*

22 de junho
Estações para todas as coisas

Leitura:
Eclesiastes 3:1-13

*Tudo neste mundo tem o seu tempo;
cada coisa tem a sua ocasião.* —Eclesiastes 3:1

Se você for como eu, deve lutar para dizer *não* no momento de receber uma nova responsabilidade — especialmente se for para uma boa causa e diretamente relacionada a ajudar aos outros. Podemos ter boas razões para selecionar com cuidado as nossas prioridades. Entretanto, ao não concordarmos em fazer ainda mais, podemos sentir o peso da culpa ou pensar que, de alguma forma, falhamos em nossa caminhada de fé.

Mas em Eclesiastes 3:1-8, vemos que a sabedoria reconhece que tudo na vida tem o seu período específico — nas atividades do ser humano e na natureza: "Tudo neste mundo tem o seu tempo; cada coisa tem a sua ocasião" (v.1).

Talvez você esteja prestes a se casar ou a ter o seu primeiro filho. Talvez esteja saindo da universidade e entrando no mercado de trabalho, ou quem sabe, se aposentando. Ao passarmos de uma etapa à outra, as nossas prioridades mudam. Talvez precisemos colocar de lado o que fizemos no passado e canalizar a nossa energia em algo diferente.

Quando a vida traz mudanças em nossas circunstâncias e obrigações, precisamos, com responsabilidade e sabedoria, discernir que tipo de concessões devemos fazer, buscando em tudo o que fizermos, fazer "...tudo para a glória de Deus." (1 Coríntios 10:31). O Senhor promete, em Provérbios 3:6, que se nós o reconhecermos em todos os nossos caminhos, Ele nos guiará no caminho em que devemos seguir. —*Poh Fang Chia*

*O comprometimento com Cristo
é um chamado diário e desafiador.*

23 de junho
Meu maior inimigo

Leitura:
Gálatas 5:16-26

Que o Espírito de Deus, que nos deu a vida, controle também a nossa vida. —Gálatas 5:25

Ao perguntarem a um líder cristão: "Quem é o seu maior inimigo?". Ele respondeu: "Vejo-o no espelho." Talvez esse seja o real motivo pelo qual algumas de nós enfrentamos desafios em nosso casamento, escola, trabalho ou igreja. Quem nos causa problemas não é o nosso cônjuge, patrão ou outra pessoa. *Nós* somos o nosso pior inimigo.

Veja esta lista mencionada por Paulo em Gálatas 5:19-21: "imoralidade sexual, impureza, ações indecentes, adoração de ídolos, feitiçarias, inimizades, brigas, ciumeiras, acessos de raiva, ambição egoísta, desunião, divisões, invejas, bebedeiras, farras e outras coisas parecidas com essas". A impressão geral criada por essas palavras é a ausência de paz e alegria, e a característica comum é a raiz do egoísmo.

Paulo prossegue nos dizendo que há um modo melhor de viver: "…deixem que o Espírito de Deus dirija a vida de vocês e não obedeçam aos desejos da natureza humana" (v.16). Precisamos entregar o controle a Deus. Nossa conduta precisa ser dirigida pelo "Espírito de Deus [que] produz o amor, a alegria, a paz, a paciência, a delicadeza, a bondade, a fidelidade, a humildade e o domínio próprio" (vv.22,23).

A palavra "dirija" (v.16) também pode ser traduzida como "caminhe". Para o apóstolo, caminhar era uma metáfora adequada. Se um cristão estava caminhando, iria chegar a algum lugar.

Como você pode vivenciar amor, alegria e paz em sua vida?
—*Poh Fang Chia*

Caminhe pelo Espírito!

24 de junho
Quebre os hábitos pecaminosos

Leitura:
Romanos 6:11-23

Se o Filho os libertar, vocês serão, de fato, livres.
—João 8:36

Minha amiga e eu fizemos um experimento. Primeiro, cortei um fio comprido de algodão e amarrei suas extremidades, fazendo um laço. Então, minha amiga levantou os dois dedos indicadores. Eu estiquei o fio de algodão sobre seus dedos, ela os afastou e o fio arrebentou facilmente. Em seguida, atamos dois fios juntos. Eles também arrebentaram, mas demandou mais esforço. Porém, três fios amarrados juntos não puderam ser rompidos sem o risco de ferir os dedos dela.

Os hábitos pecaminosos são assim. Há um ditado que diz: "Há hábitos que começam como teias de aranha, e depois terminam como cordas." Se forem repetidos, tornam-se mais difíceis de romper. Isso pode se aplicar tanto à raiva, como à preocupação ou ao abuso de álcool e drogas.

Jesus veio para perdoar os nossos pecados, e também para quebrar seu poder sobre nós. Quando recebemos Cristo como Senhor e Salvador e imploramos por Sua libertação, Ele também pede algo a nós — uma disposição, para com a Sua ajuda, formar novos hábitos (Romanos 6:19). Se tivermos comunhão com outros cristãos, estudarmos a Bíblia e a obedecermos diariamente, Deus nos ajudará a desenvolver atitudes, ações e reações piedosas frente à vida.

Você está lutando contra os maus hábitos? Permita que Deus a ajude a construir novos hábitos de justiça. Ele romperá os persistentes hábitos pecaminosos e a libertará "de fato" (João 8:36). —*Joanie Yoder*

*Domine os seus hábitos,
caso contrário eles a dominarão.*

25 de junho
Revidar ou conter-se

Leitura:
Mateus 6:1-6

Tenham o cuidado de não praticarem os seus deveres religiosos em público a fim de serem vistos pelos outros... —MATEUS 6:1

Um encantador de cobras abriu três malas e espalhou as serpentes num escritório do governo. Muitas estavam emaranhadas e outras avançaram em direção aos funcionários. O homem estava furioso porque o governo não o ajudava a abrigá-las, e disse: "Esperei pacientemente por 2 anos, não tive alternativa a não ser deixar todas as minhas cobras neste escritório."

Há semelhanças entre esta história e a de Hamã. Mordecai era um homem judeu que vivia na Pérsia, e recusou-se a curvar-se diante de Hamã, como os oficiais faziam (Ester 3:2). Hamã, oficial da administração do rei Xerxes, percebeu isto e "...ficou furioso..." (v.5). E decidiu se vingar de todo judeu que vivia na Pérsia (v.6), sugerindo o genocídio. Ao final, os judeus foram salvos e Hamã teve a morte que planejara contra Mordecai (7:10).

Hamã morreu, e o encantador de cobras apareceu no noticiário. Os dois seguiram o mesmo caminho para um final infeliz. A ofensa os levou a ira, que inspirou a vingança. Para evitar isso, a Bíblia aconselha: "Se alguém lhe der um tapa na cara, vire o outro lado para ele bater também..." (Lucas 6:29). Se nos irarmos, não devemos pecar permitindo que a ira nos controle (Efésios 4:26). "Não paguem a ninguém o mal com o mal..." (Romanos 12:17,19).

Quando desmerecem nossas necessidades, desrespeitam ou nos ofendem, podemos escolher como *reagir*. Podemos revidar ou *nos conter* — com a ajuda de Deus —*Jennifer Benson Schuldt*

Devemos deixar a ira de lado e esperar pelo agir de Deus.

26 de junho
Momento e ímpeto

Leitura:
Josué 24:14-31

O povo respondeu: — Nunca poderíamos pensar em abandonar o Senhor para servir outros deuses! —Josué 24:16

Como professora e escritora, tenho muito apreço pelas palavras. Além de gostar de certas palavras pelo seu som, as nuances da língua e seus significados podem me ocupar por muito tempo. Ao refletir sobre as palavras: *momento* e *ímpeto*, pensei na enorme diferença de significado entre elas.

Ao conquistar a Terra Prometida, os israelitas testemunharam os milagres de Deus momento a momento. Vendo os inimigos sendo derrotados, as paredes desmoronarem e desastres sendo evitados, o povo sabia que Deus estava entre eles. Ao se aproximar do fim da vida, Josué disse ao povo de Israel: "…temam a Deus, o Senhor. Sejam seus servos sinceros e fiéis…" (Josué 24:14,15). Ele os desafiou e advertiu sobre a natureza humana vacilante e a inflexível santidade de Deus (vv.19,20). Eles tinham sido íntimos do Altíssimo e a posição deles tinha que ser firme.

Muitos de nós sentimos Deus mais próximo do que nunca. Ouvimos a Sua voz ou percebemos algo em Sua Palavra sobre a verdade que precisávamos. Deus deseja que os nossos encontros com Ele se transformem em momentos infindáveis de paixão pelo Senhor. E, o que houver em nosso caminho deveria ser impactado para sempre.

A história em Juízes 2:7-12 revela que depois da morte da geração de Josué, a geração seguinte esqueceu-se do Senhor (v.10). A paixão pelo Senhor e Sua verdade havia esfriado. E a nossa? —*Regina Franklin*

Nosso momento a sós com Deus hoje reflete a nossa fidelidade a Ele.

27 de junho
O Espírito prometido

Leitura:
Joel 2:28-32

...Depois disso, eu derramarei o meu Espírito sobre todas as pessoas... —Joel 2:28

Quando as promessas são feitas e quebradas facilmente, muitas pessoas são céticas quanto ao seu valor. Então, quanto vale uma promessa? Depende do conteúdo, e do caráter e capacidade de quem a faz. Felizmente, como cristãs, não precisamos ser céticas com relação às promessas de Deus. Recebemos promessas que são "maravilhosas e preciosas" (2 Pedro 1:4). E como diz C. H. Spurgeon, "[Deus] que faz a promessa encontrará formas e meios de cumpri-la."

Na leitura de hoje, Deus prometeu que todos os que cressem — judeus e gentios, homens e mulheres, velhos e jovens, servos e senhores — iriam receber o Espírito (vv.28,29). Essa é uma incrível promessa, porque nesse ponto da história, o povo de Deus era identificado pela circuncisão e pela obediência à Torá. O Espírito Santo havia vindo apenas sobre certas pessoas, com propósitos específicos (Êxodo 35:31).

Em Atos 2:1-6, lemos sobre o maravilhoso cumprimento da promessa profética de Jesus sobre o Espírito Santo, algo que continua sendo cumprido. Qualquer um que invocar o nome do Senhor receberá Seu Santo Espírito como um selo para o dia da redenção e a Sua capacitação para viver a vida cristã (Efésios 3:16; 4:30).

Assim como Deus trouxe as Suas promessas em Joel 2:28-30, Ele as cumprirá. O dia do julgamento está chegando, e o Senhor prometeu que todo aquele que receber Jesus, será salvo (v.32). —*Poh Fang Chia*

Louve o Senhor por ser o Deus que cumpre as Suas promessas!

28 de junho

Chuvas extraordinárias

Leitura:
Ezequiel 34:25-31

Eu abençoarei as ovelhas e deixarei que vivam em volta do meu monte santo. Quando precisarem, eu as abençoarei com muita chuva. —Ezequiel 34:26

O que os peixes, os girinos e as aranhas têm em comum? Todos eles caíram do céu como chuva em várias partes do mundo. Os peixes caíram do céu sobre a cidade australiana de Lajamanu. Os girinos despencaram sobre áreas centrais do Japão em várias ocasiões. E choveram aranhas sobre as montanhas San Bernardo, na Argentina. Embora os cientistas suspeitem do papel que o vento desempenha nestas intrigantes chuvas, ninguém consegue explicar totalmente a ocorrência desses fenômenos.

O profeta Ezequiel descreveu uma chuva torrencial muito mais extraordinária — uma chuva de bênção (Ezequiel 34:26). Ezequiel falou de um tempo quando Deus enviaria bênçãos como chuva para avivar o Seu povo. Os israelitas seriam salvos das nações inimigas. E eles teriam comida suficiente, seriam libertos da escravidão e livres da vergonha (vv.27-29). Estes presentes fariam reviver a relação de Israel com Deus. As pessoas saberiam que Deus estava presente, e que eles eram a casa de Israel, e Seu povo (v.30).

Deus continua a abençoar os Seus seguidores nos dias de hoje (Tiago1:17). Às vezes as bênçãos são abundantes como a chuva; às vezes elas pingam gota a gota, lentamente. Sejam muitas ou poucas, as bênçãos que recebemos vêm acompanhadas da mensagem de Deus: *Eu vejo suas necessidades. Você é minha e Eu cuidarei de você.*
—Jennifer Benson Schuldt

A bênçãos são lembretes cotidianos do amor de Deus.

29 de junho
Encontro inesperado

Leitura:
Rute 2:11-20

Que o Senhor a recompense por tudo o que você fez. Que o Senhor [...], cuja proteção você veio procurar, lhe dê uma grande recompensa. —Rute 2:12

Diogo, um jovem cheio de entusiasmo, liderava o louvor pela primeira vez numa grande igreja. Luísa, uma participante antiga dessa comunidade, queria encorajá-lo, mas achou que seria difícil demais chegar até a frente da igreja antes que ele fosse embora. Em seguida, ela percebeu um jeito de passar pela multidão, e lhe disse: "Gostei muito do seu entusiasmo ao liderar o louvor. Continue servindo ao Senhor!".

Ao se afastar dali, Luísa encontrou-se com Sara, a quem não via há alguns meses. Após uma curta conversa, Sara lhe disse: "Obrigada pelo que você faz para o nosso Mestre. Continue servindo ao Senhor!". Como Luísa se dispusera a encorajar outra pessoa, ela agora estava no lugar certo para receber esse encorajamento inesperado.

Após Rute e sua sogra Noemi deixarem Moabe e retornarem a Israel, elas receberam uma bênção inesperada. Ambas eram viúvas sem alguém que lhes concedesse provisão, então Rute foi respigar grãos de um campo (Rute 2:2,3). O campo, no fim das contas, pertencia a Boaz, um parente distante de Noemi. Ele percebeu a presença de Rute, supriu as suas necessidades e, mais tarde, tornou-se seu marido (2:20; 4:13). Rute recebeu esta bênção porque estava no lugar certo na hora certa (2:11-23).

Algumas vezes Deus usa encontros inesperados para trazer bênçãos inesperadas. —Anne Cetas

Quando se trata de ajudar alguém, não desista, vá em frente.

30 de junho
Pessoas ou Deus?

Leitura:
Jeremias 17:1-14

Ó Senhor, cura-me, e ficarei curado; salva-me, e serei salvo, pois eu canto louvores a ti. —Jeremias 17:14

Quero que as pessoas pensem bem de mim e sinto-me propensa a agradá-las, especialmente quando me afirmam positivamente. Muitas vezes, percebo se atendi ou não as expectativas delas. Contudo, graças a Deus, arrisco-me a declarar que sou uma *ex*-viciada na opinião alheia, porque o Senhor é maior do que qualquer impulso de agradar aos outros que eu possa sentir.

Se formos honestas, admitiremos que somos propensas a confiar mais no que as pessoas dizem e fazem do que nas ações invisíveis e inaudíveis de Deus. Os relacionamentos rompidos ou enfraquecidos pelo tempo nos fazem crer nas palavras do homem, em vez de confiarmos no Senhor que não muda (Salmo 102:27; Hebreus 13:8). Afinal, não podemos tocar fisicamente a face de Deus.

Contudo, Jeremias ilustra a consequência de fazermos as pessoas se tornarem nossa fortaleza para segurança: "Eu amaldiçoarei aquele que se afasta de mim, que confia nos outros, que confia na força de fracos seres humanos. [...] Nada de bom acontece com ele" (Jeremias 17:5,6).

Como cristãs, não podemos reivindicar frutos em todas as estações a menos que primeiro façamos uma aliança de servir apenas ao Senhor —com as nossas ações, e em nossas motivações (vv.7-10). Quando confrontadas com o desejo de achar segurança nos outros (Isaías 2:22), encontramos liberdade quando Deus é o nosso Lugar Alto, Aquele a quem contemplamos. —*Regina Franklin*

A Ele apenas sejam toda a glória, a honra e o louvor. —1 Timóteo 1:17.

1.º de julho
Humilhado para ser exaltado

Leitura:
Marcos 2:1-12

Jesus viu que eles tinham fé e disse ao paralítico:
— Meu filho, os seus pecados estão perdoados —Marcos 2:5

"Isto vai ser bom." Ao me atualizar sobre as mudanças da vida, compartilhei com uma amiga sobre a escolha que fiz em relação às responsabilidades de meu ministério. Passei meses em oração, e fui honesta em dizer-lhe que sabia que era uma mudança em obediência, mas estava incerta quanto ao futuro. Suas palavras de encorajamento serviram para mudar minha visão da perda que sentia para a esperança da presença de Jesus em todas as coisas.

Às vezes, em circunstâncias difíceis é mais fácil acreditar nas promessas de Deus para os outros do que para nós mesmas. Nestes momentos, precisamos de amigas que nos falem verdade e esperança. Embora encontremos dificuldades diante das quais devemos nos derramar na presença de Deus por iniciativa própria, como Davi aprendeu a fazer (1 Samuel 30:6), enfrentaremos momentos que exigirão que tenhamos ao nosso lado um Arão e um Hur para nos dar forças (Êxodo 17:11-13).

Podemos ver nos amigos que ajudaram o paralítico (Mc 2:3) as qualidades dos que nos animam dizendo: "…levantem as suas mãos cansadas e fortaleçam os seus joelhos enfraquecidos" (Hebreus 12:12). Ao sentirem compaixão pelo homem doente, eles demonstraram:

- Coragem (Marcos 2:4).
- Desejo de compartilhar sobre Jesus (v.4).
- Fé para olhar além do natural (v.5).

Porém, não podiam fazer o homem crer. A escolha tinha que ser dele (v.12). —*Regina Franklin*

Nossas decisões à luz da Palavra
podem transformar-nos radicalmente.

2 de julho
Os pobres ricos

Leitura:
Salmo 12:4-6

…vou agir porque os necessitados estão sendo oprimidos, e os perseguidos gemem de dor. Eu lhes darei a segurança que tanto esperam. —Salmo 12:5

Meus amigos, e seus três filhos ainda jovens passaram 6 semanas em minha casa em Uganda alguns anos atrás. Eles ficaram muito comovidos pelas observações penetrantes que os seus filhos fizeram sobre o povo de Uganda.

Minha amiga escreveu: "Desde o início, um deles observou como era estranho que pessoas que possuíam tão pouco poderiam ter tanta alegria." O evangelho de Lucas 12:15 declara: "…a verdadeira vida de uma pessoa não depende das coisas que ela tem, mesmo que sejam muitas". Ela ainda acrescentou que: "o outro disse acreditar que, nos próximos 200 anos, Uganda provavelmente se tornará o país mais rico do mundo, porque a Bíblia diz que os pobres se tornarão ricos".

Eles então conversaram com os filhos sobre o que Deus quis dizer — se os pobres se tornariam ricos no sentido material ou espiritual. E, todos concordaram que talvez isso já tivesse acontecido. "Será que os pobres já encontraram maior alegria do que nós que temos nossa vida tão programada?".

Medite nisso: "Deus põe os humildes nas alturas… (Jó 5:11).

"Os pobres não serão esquecidos para sempre, e os necessitados não perderão para sempre a esperança" (Salmo 9:18).

"Felizes as pessoas que sabem que são espiritualmente pobres, pois o Reino do Céu é delas" (Mateus 5:3).

"…Deus escolheu os pobres deste mundo para serem ricos na fé…" (Tiago 2:5). —Roxanne Robbins

Que possamos viver a fé que estende ricamente o amor de Deus aos outros.

3 de julho
Amor redentor

Leitura:
Oseias 3:1-5

...Ame-a assim como eu amo o povo de Israel, embora eles adorem outros deuses e lhes ofereçam bolos de passas. —Oseias 3:1

É difícil amar alguém que nos desaponta. Mas foi exatamente isso que Deus instruiu Oseias a fazer. Ele tinha de reconciliar-se com Gomer, embora ela não merecesse isso. Os seus atos haviam afetado negativamente a reputação dele e quase arruinaram o relacionamento entre eles.

Entretanto, ao dar o passo da obediência, Oseias assumiu um risco. Ele redimiu Gomer, revelando seu amor por ela, mas o relacionamento do casal não voltou imediatamente à boa fase. Oseias exigiu um período de abstinência de sua esposa rebelde (v.3). Era necessário um tempo para que ela mudasse e amadurecesse, e uma nova sensibilidade espiritual substituísse a antiga carnalidade.

Oseias a redime, mas é porque ele quer servi-la, não para melhorar a vida dele, massagear seu ego ou necessidades. Ele quer ser parte do plano redentor de Deus na recuperação espiritual, emocional e relacional dela. O amor dele reflete o amor de Deus pelo Seu povo. Isso ilustra que "...o Senhor ama os filhos de Israel..." (v.1 ARA). Esse foi o mesmo amor redentor visto na cruz, quando Jesus morreu por nós (Romanos 5:8). Ele não esperou que nós melhorássemos e fôssemos procurá-lo. Ele nos estendeu a Sua mão. E, como cristãs, experimentamos o Seu amor redentor várias vezes.

Podemos arriscar a amar novamente? Sim, quando lembramos que um relacionamento não é apenas entre duas pessoas. Jesus é a terceira Pessoa importante na relação. —*Poh Fang Chia*

Nós amamos porque Deus nos amou primeiro.
—1 João 4:19

4 de julho

Mar invisível

Leitura:
Jó 1:6-12

...Pois bem. Faça o que quiser com tudo o que Jó tem...
—Jó 1:12

Assisti a um vídeo que apresenta uma visão do espaço acima das nuvens. Às vezes, elas pareciam uma espécie de vapor púrpura, outras como algodão, assumindo formas de ondas do mar, varrendo a cidade como se fossem enterrá-la como a cidade condenada de Pompeia.

Lembrei-me então de tudo o que acontece no reino espiritual invisível (Efésios 6:12). Temos uma breve amostra desse mundo no livro de Jó, quando Deus e Satanás travam um debate. A discussão demonstra que Deus está no comando do mundo invisível. Quando Satanás desafiou a lealdade de Jó, Deus respondeu: "...Pois bem. Faça o que quiser com tudo o que Jó tem..." (1:12). Satanás precisava da permissão de Deus — que veio com limitações, porque Deus estava (e está) no controle.

Quando penso na diferença entre Satanás, o acusador (v.6) e nosso Pai celestial, esse contraste demonstra que o bem e o mal realmente existem. É Deus e Seus seguidores contra Satanás e seus capangas (Marcos 9:40). A postura predominante em nosso tempo minimiza esta verdade, sugerindo que é aceitável, e até mesmo *bom* estar associado à escuridão.

Satanás diz a Deus: "...Estive dando uma volta pela terra, passeando por aqui e por ali" (v.7). Sabemos que ele está "...procurando alguém para devorar" (1 Pedro 5:8).

E, quando formos testadas, não seremos arrastadas pelas forças invisíveis e poderosas deste mundo sombrio. —Jennifer Benson Schuldt

Permaneçamos fortes no Senhor, oremos constantemente e usemos a Sua armadura como defesa.

5 de julho
Ele está esperando

Leitura:
Efésios 3:8-21

...por meio de Cristo Jesus, o nosso Senhor [...] nós temos a coragem de nos apresentarmos na presença de Deus com toda a confiança. —Efésios 3:11,12

As secretárias eletrônicas podem ser úteis, mas muitas vezes é frustrante ligar para alguém e ouvir uma voz dizer: "Desculpe, mas no momento não posso atender sua chamada. Por favor, deixe seu nome e número de telefone e eu retornarei a ligação." Desapontadas, falamos para a *secretária*, esperando que a pessoa que procuramos não se esqueça nem esteja muito ocupada para retornar a ligação.

Em nosso mundo de alta tecnologia, é encorajador saber que, quando clamamos pelo auxílio de Deus, temos contato direto com Ele. Em Efésios 3, o apóstolo Paulo disse que "...por meio de Cristo Jesus, o nosso Senhor [...] nós temos a coragem de nos apresentarmos na presença de Deus com toda a confiança".

Em 1 Tessalonicenses 5:17, Paulo incentivou os cristãos a orarem "sempre", o que pressupõe, é claro, que Deus está sempre nos ouvindo e quer nos ouvir. No entanto, por algum motivo, geralmente deixamos Deus esperando. Nossa falta de oração comunica a Deus a mensagem repetida de que não responderemos o Seu chamado para orarmos agora, mas que o faremos mais tarde.

O que a impede de orar? Comece falando com Deus sobre o que for que estiver obstruindo a sua vida de oração. Essa oração cultivará a proximidade entre você e Deus. E é essa a proximidade que seu Pai celestial deseja desfrutar com você.

Por que deixar que Deus fique esperando por mais tempo? —Joanie Yoder

Se você estiver ocupada demais para orar, está ocupada além do que deveria.

6 de julho
Tirando Deus?

Leitura:
Ezequiel 8:1-18

...vê o que está acontecendo? Olhe [o] que o povo de Israel está fazendo aqui para me afastar cada vez mais do meu lugar santo... —Ezequiel 8:6

É possível tirar Deus do caminho? "Sim!" — pela idolatria. O profeta Ezequiel registra o que fez Deus deixar a sua sala. Lemos em Ezequiel 8:1 que os líderes de Judá estavam reunidos na casa de Ezequiel e provavelmente buscavam uma palavra de motivação e conforto do Senhor (14:1; 20:1). Em resposta, Deus deu quatro visões a Ezequiel.

- Um ídolo que ofendeu o Senhor (8:3-6).
- Setenta líderes espirituais reverenciando ídolos (vv.9-12).
- Mulheres chorando pelo deus Tamuz (v.14).
- Vinte e cinco sacerdotes adorando o sol (v.16).

Essas práticas representavam a idolatria de todo o povo, dos líderes cívicos, das mulheres e dos sacerdotes. A adoração exclusiva a Javé havia sido completamente dissipada na cidade santa.

E hoje? Como a idolatria entrou na igreja? Com a espiritualidade que me dá muito e me custa pouco, é fácil de ver, fácil de fazer, tem poucos limites éticos e doutrinários, me garante o sucesso, parece boa e não ofende aqueles ao meu redor.

O autor Mack Stiles, nos dá uma dica útil para identificar os ídolos em nossa vida: "Você está insatisfeita com a forma como Deus a está conduzindo? Se puder identificar sua insatisfação com a maneira de Deus dirigi-la, é capaz de identificar em que área é tentada a transformar seus ídolos em deuses. Destrua os ídolos em sua vida." —*Poh Fang Chia*

Cristo quer ser o Senhor de sua vida.

7 de julho
Tempo de parar

Leitura:
Eclesiastes 4:7-10

...uma coisa que não vale a pena: é o homem viver sozinho, sem amigos, sem filhos, sem irmãos, sempre trabalhando e nunca satisfeito... —Eclesiastes 4:8

Mexendo em papéis antigos, achei um recibo mostrando que eu trabalhara 100 horas em 7 dias. Loucura, pois uma semana tem apenas 168 horas. Segurando o documento amarelado, tentei lembrar o que exigiu tanto do meu tempo anos atrás. Olhei a data, mas não conseguia lembrar.

Se tivesse continuado nesse ritmo na vida profissional, talvez estaria como a pessoa que Salomão descreveu: "...sozinho, sem amigos, sem filhos, sem irmãos, sempre trabalhando e nunca satisfeito com a riqueza que tem..." (v.8). O trabalho em excesso pode enriquecer, mas Salomão alerta que é inútil pensar que isso traz a verdadeira felicidade (5:10).

O verdadeiro sucesso inclui servir a Deus, cuidar dos outros e preservar os relacionamentos duradouros. Quando o trabalho atrapalha estes aspectos da vida, precisamos ser sábias o suficiente para saber parar (Provérbios 23:4). Não necessariamente deixar um emprego; isso pode significar sair no horário certo todos os dias para ter mais tempo com a família, recusar-se a ser obsessiva com as tarefas, ou tirar uma licença para ir a viagens evangelísticas.

Se o seu smartphone vibrar, se o tablet brilhar em seu momento livre, peça a Deus que a ajude a administrar a sua vida. Peça coragem para se afastar do trabalho e ter o descanso necessário (Marcos 6:31). Peça sabedoria (Tiago 1:5) para trabalhar bem. Não seja escrava do trabalho. —*Jennifer Benson Schuldt*

...Para que é que ele trabalha tanto, deixando de aproveitar as coisas boas da vida? —Eclesiastes 4:8

8 de julho
Inundado

Leitura:
João 10:4-27

*Mas de jeito nenhum seguirão um estranho!
Pelo contrário, elas fugirão, pois não
conhecem a voz de estranhos.* —João 10:5

Acostumei-me aos e-mails de spam em meu endereço eletrônico, e uma série de filtros me ajuda a excluir os que são ofensivos. Fiquei impressionada, quando minha conta de e-mail na escola, que tem filtro restritivo, juntou alguns e-mails do spam que não posso ler, pois estão em outro idioma!

Com a disponibilidade das mídias eletrônicas e celulares, raramente encontramos um momento para o nosso cérebro descansar. Às vezes, a igreja também pode ser um lugar muito barulhento. Referindo-se à muitas vozes nos Seus dias, Jesus fez questão de dizer que Suas ovelhas conhecem *Sua* voz (João 10:4,14). Nisso está implícita a ideia de que somente os que estão dispostos a seguir a Sua liderança serão capazes de discernir quando Ele fala.

As muitas distrações no Corpo de Cristo podem prejudicar mais do que a disputa legalista de um fariseu de opinião própria. Judas convenceu as pessoas na igreja primitiva a "...combater a favor da fé..." (Judas 1:3) eliminando as doutrinas falsas motivadas pelo ego dos que "...torcem a mensagem a respeito da graça do nosso Deus a fim de arranjar uma desculpa para a sua vida imoral..." (v.4). Paulo alertou sobre os que "...provocam divisões, que atrapalham os outros na fé..." e enganam por meio "...de conversa macia e com bajulação..." (Romanos 16:17,18).

Como a decepção está presente mesmo no Corpo de Cristo (1 João 4:1-6), nosso coração deve ser cheio da Palavra. —Regina Franklin

*Para termos discernimento, vamos preencher
nossa mente com a Palavra de Deus.*

9 de julho

Refletor do Filho

Leitura:
João 1:1-9

[Ele veio] para falar a respeito da luz. Ele veio para que por meio dele todos pudessem ouvir a mensagem e crer nela.
—João 1:7

A aconchegante vila de Rjukan, Noruega, é um lugar encantador para viver, exceto no inverno. Localizada num vale ao pé da altíssima montanha Gaustatoppen, a cidade não recebe a luz solar direta durante quase metade do ano. Os moradores por muito tempo consideraram a ideia de colocar espelhos no topo da montanha para refletir o sol. Mas a ideia não foi exequível até pouco tempo. Em 2005, um artista local iniciou o "Projeto Espelho" para unir as pessoas que poderiam fazer tal ideia tornar-se realidade. Oito anos mais tarde, em outubro de 2013, os espelhos entraram em ação. Os moradores aglomeraram-se na praça da cidade para absorver a reflexão da luz do sol.

Em um sentido espiritual, a vida de muitos em grande parte do mundo é como esta vila. As montanhas de lutas impedem que a luz de Jesus as alcance. Mas Deus coloca os Seus filhos de modo estratégico para agirem como refletores de Seu Filho Jesus. Uma dessas pessoas foi João Batista, que veio "…para falar a respeito da luz …", Jesus — que concede luz àqueles "…que vivem na escuridão da sombra da morte …" (João 1:7; Lucas 1:79).

Assim como a luz solar é essencial para a saúde emocional e física, a exposição à luz de Jesus também é essencial para a saúde espiritual. Todo cristão deve estar em prontidão e posicionar-se para refletir a luz de Cristo nos lugares escuros do mundo. —*Julie Ackerman Link*

Um mundo envolto em trevas precisa conhecer e receber a luz que é concedida por Jesus.

10 de julho
Humildemente Seus

Leitura:
Daniel 4:19-37

[Deus] pode humilhar qualquer pessoa orgulhosa.
—Daniel 4:37

O livro, *Embracing Obscurity: Becoming Nothing in Light of God's Everything* (Abraçando a obscuridade: tornando-se nada à luz do tudo de Deus — tradução livre), foi publicado anonimamente, mas é escrito por um autor de renome, que pratica essa mensagem. É um chamado para não imitarmos a fórmula do mundo para obter sucesso e seguirmos o modelo do nosso Rei.

Mostra como podemos conhecer a Deus, mas sermos enganados por nossa própria importância. O rei Nabucodonosor após ver Daniel e seus amigos escaparem ilesos da fornalha, louvou o Senhor, dizendo: "…não há outro Deus que possa salvar como este" (Dn 3:29). Ele reconhecia o poder de Deus, mas precisava de uma lição de humildade.

E ele a teve quando do terraço do palácio, disse: "Como é grande a cidade de Babilônia! Com o meu grande poder, eu a construí para […] mostrar a todos a minha grandeza e a minha glória" (4:30). Uma voz do céu interrompeu sua soberba, dizendo-lhe que iria viver com animais selvagens e comer grama como uma vaca, voltando à sociedade quando aprendesse que "…o Deus Altíssimo domina todos os reinos do mundo e coloca como rei quem ele quer" (v.32). Foi exatamente o que aconteceu.

Ao recuperar a sanidade, Nabucodonosor declarou: "Tudo que [Deus] faz é certo e justo, e ele pode humilhar qualquer pessoa orgulhosa" (v.37). Mas a Bíblia ensina: se nos humilharmos diante do Senhor, Ele nos honrará (Tiago 4:10). —*Jennifer Benson Schuldt*

Não permita que o orgulho polua a sua alma.

11 de julho
Liberdade verdadeira

Leitura:
João 8:31-38

Se o Filho os libertar, vocês serão, de fato, livres.
—João 8:36

Muitos países exercem, anualmente, a liberdade de mudar o horário de verão e exigem que todos os relógios sejam adiantados em uma hora. Isso poupa energia e possibilita manhãs mais claras para as crianças irem à escola. Em nosso mundo pós-moderno, a liberdade de mudar é valorizada, e anda de mãos dadas com os direitos individuais. Vemos a liberdade como o poder para seguir as nossas preferências e fazer o que quer que desejemos. Sem restrições e regras. Parece bom?

A Bíblia revela que isso não é liberdade real. Jesus afirma: "…quem peca é escravo do pecado" (João 8:34). Em outras palavras, viver egocentricamente, fazer a nossa própria vontade, seguir nossos desejos e preferências nos fará escravas do pecado, e não haverá liberdade. Se permanecermos fiéis ao ensinamento de Deus, "[conheceremos] a verdade, e a verdade [nos] libertará" (v.32).

Satanás trocou as etiquetas de preços do mundo. Faz as coisas de valor inestimável que trazem alegria eterna parecerem inúteis, e apresenta os lixos que levam a vícios e escravidão como atraentes. Necessitamos desesperadamente de Deus, que nos capacita a ver a verdadeira perspectiva das coisas.

É interessante o padrão de "causa e efeito" em João 8. Para experimentar a liberdade, precisamos primeiro conhecer a verdade e, para isso, precisamos obedecer à Palavra de Deus. O primeiro passo para a liberdade é a obediência. —*Poh Fang Chia*

A verdadeira liberdade só é possível quando vivemos sob a amorosa autoridade de Deus.

12 de julho
Ainda em processo

Leitura:
Colossenses 3:10-19; 4:5,6

*E, acima de tudo, tenham amor,
pois o amor une perfeitamente todas as coisas.*
—Colossenses 3:14

Após 18 anos de casamento, pensei que compreendia bem os meus sentimentos por meu marido. As provações, os filhos e a própria mão de Deus trouxeram mudanças significativas em nosso relacionamento. Mas o Senhor me tocou para adquirir um livro específico sobre o amor. Assim que o livro chegou ao mercado, percebi que seria um ótimo recurso para outras pessoas também. Deus queria que eu colocasse meu orgulho de lado e não visse apenas o que Ele tinha feito em minha vida, mas o que Ele ainda desejava fazer.

A transformação nem sempre é fácil, sobretudo quando envolve o nosso coração. Relacionamentos, com Deus, cônjuge ou qualquer outro, são uma jornada, não um destino. Embora nos fortaleçamos com o agir de Deus em nós, as circunstâncias da vida geram tensões ou ajustes que exigem nossa submissão à Sua obra contínua (Romanos 8:28; 1 Tessalonicenses 5:23,24). Deus usa os nossos relacionamentos mais próximos para nos transformar em testemunho do amor de Jesus para um mundo incrédulo (João 13:35; Colossenses 4:5).

Deus nos chama para nos vestir "com uma nova natureza […] para que ela se torne parecida com ele" (3:10). Essa mudança requer humildade — abrir mão dos nossos direitos (Salmo 25:9; Provérbios 10:12).

À medida que nossos valores e propósitos se tornam mais submissos a Cristo (Colossenses 3:3), menos precisamos provar que estamos certas. —*Regina Franklin*

*Quanto mais desejamos que a Palavra de Deus
nos vivifique, mais verdadeiramente amamos.*

13 de julho
Ações e aventura

Leitura:
Colossenses 11:20

Deve ser um amor verdadeiro, que se mostra por meio de ações. É assim, então, que saberemos que pertencemos à verdade de Deus... —Colossenses 11:18,19

Tive o gostinho de experimentar as poltronas *D-BOX*; assentos de cinema que simulam múltiplas vibrações sincronizadas com as ações da tela. Achei a experiência parecida com o ato de dirigir na Uganda, onde desvio de galinhas, cabras, gado, *boda-bodas* (moto-táxi, bici-táxi), miniônibus particulares e pedestres, — tudo subindo e descendo e ao redor de verdadeiras crateras e outros obstáculos. Embora a *D-BOX* tenha sido divertida, pensei: "Por que pagar por uma experiência que vivo de graça todos os dias?".

Seguir a Jesus me leva às aventuras da vida real também. Andar com Ele traz desafios e emoções que excedem qualquer simulação.

Jesus não chama todos aos caminhos desafiantes da África, mas nos pede para nos movermos. "Prepare-se para ir" (Jeremias 1:17). Paulo aconselhou em Filemom 1:6 "...que a fé que une você a nós faça com que compreendamos mais profundamente todas as bênçãos que temos recebido na nossa vida, por estarmos unidos com Cristo". Veja como a sua fé e as suas ações agiram juntas. Por meio das suas ações, a sua fé se tornou completa (Tiago 2:22). Para realizar ainda mais do que podemos esperar, nossa primeira ação deve ser nos oferecer a Jesus e ao povo ao qual Ele nos chamou para servir (2 Coríntios 8:5).

Mostremos que pertencemos à verdade e a Deus ao seguir Seus mandamentos e servir em Seu nome (1 João 3:11,18,19,23,24). —Roxanne Robbins

Nossas ações revelam Deus agindo em nós e levam Sua esperança a outras pessoas.

14 de julho
Sem controle remoto

Leitura:
Mateus 28:16-20

...eu estou com vocês todos os dias, até o fim dos tempos.
—Mateus 28:20

Antigamente, a televisão não possuía controle remoto. Para ligar ou desligar a TV, para mudar os canais ou ajustar o volume, era necessário sair de sua cadeira, ir até o aparelho e ajustá-lo pessoalmente. Agora, por meio de controles remotos, sua cadeira favorita é como um trono distante de onde você pode fazer a sua TV servi-lo.

Algumas pessoas pensam em Jesus sentado em Seu trono celestial e direcionando os Seus servos terrenos à distância. Mas antes de ascender aos céus, Ele disse a Seus discípulos: "...Deus me deu todo o poder no céu e na terra" (Mateus 28:18). Após o comissionamento para ir e fazer discípulos de todas as nações, Jesus assegurou-lhes: "...eu estou com vocês todos os dias, até o fim dos tempos (v.20). O estudioso britânico, F. F. Bruce, coloca desta forma: "Ele acompanha os Seus agentes. Ele não os encoraja por controle remoto; mas está presente com eles por Seu Espírito. Eles trabalham *para* Ele, mas Ele trabalha no *interior* de cada um deles."

Louvado seja o Senhor! O Salvador não está somente entronizado no céu, mas pela habitação do Espírito de Deus Ele está também ativamente trabalhando na Terra por meio de Seus filhos obedientes. Hoje, à medida que você o serve, talvez numa situação difícil, lembre-se de que Ele não a orienta por meio de controle remoto. Pela presença dele em sua vida, Ele está agindo por seu intermédio neste mundo carente.

—Joanie Yoder

Deus age em sua vida, para Ele poder agir por seu intermédio.

15 de julho
Super-homem do vilarejo

Leitura:
3 João

…imite o que é bom…
—3 João 11

Herbert Chavez era o "super-homem do vilarejo". Ele ganhou este título por causa das múltiplas cirurgias as quais se submeteu para tornar seu rosto e corpo parecidos com o do famoso super-herói. Ele até mesmo pensou em implantar metal em suas pernas para ficar mais alto, como o Super-Homem. Mesmo que essa devoção por seu herói possa parecer exagerada, muitos concordarão que, pelo menos, ele escolheu um bom exemplo a seguir. Afinal, o homem de aço lutou por verdade e justiça, e sempre saltou de altos edifícios para salvar pessoas!

Alguns membros da igreja primitiva corriam o perigo de estar seguindo um homem que estava mais para o Lex Luthor do que para o Super-Homem. O nome do vilão era Diótrefes. Em sua busca por poder e dominação como líder da igreja (3 João 9), ele se recusou a demonstrar hospitalidade aos ministros (como João), e queria que os fiéis seguissem seu mau exemplo. Ele difamou João e expulsou da congregação os membros que ajudaram os mestres viajantes (v.10).

Com isso em mente, João enviou uma carta ao seu amigo Gaio, membro desta igreja em crise, e escreveu: "…imite o que é bom e não o que é mau. Quem faz o bem é de Deus, e quem faz o mal nunca viu Deus" (v.11).

Estamos seguindo o exemplo do próprio Jesus. Embora seja bom imitar o povo de Deus (1 Coríntios 4:16), nosso chamado mais importante é para "…ser como ele…" (Efésios 5:1). —*Jennifer Benson Schuldt*

*Devemos refletir a pessoa de Cristo
e o fruto do Espírito Santo.*

16 de julho
Herói zero

Leitura:
Juízes 3:1-11

*Ele foi guiado pelo Espírito de Deus,
o Senhor, e se tornou o líder de Israel...* —Juízes 3:10

"Os semelhantes se atraem." Não tenho certeza disso, pois ao longo de meu período de estudante, eu me relacionava com pessoas inteligentes e bonitas, e pensava: se eu pudesse ser tão talentosa ou tão charmosa quanto Fulana, eu atrairia muitas pessoas para Jesus.

No livro de Juízes, encontramos pessoas como Sansão, o homem forte, e Débora, a profetisa. Porém, no rol dos juízes (ou libertadores) há um herói sobre o qual quase não há informação. Seu nome é Otoniel.

Seu relato em Juízes 3:1-11 está escrito em um estilo de redação concisa. Nenhum drama. Nenhuma demonstração de proeza.

O teólogo Paul Baxendale, comenta: "Nada há além do estritamente essencial em seu relato. Quase nada há acerca de Otoniel. O que se encontra é o que o Senhor fez e o que está fazendo. O relato de Otoniel nos ajuda a ver o agir de Deus. Pessoas interessantes podem, às vezes, obscurecer isso. Concentramo-nos nesses personagens fascinantes e deixamos de ver a ação do Senhor."

Precisamos reconhecer que não há cristão forte, apenas cristãos submissos em cujas vidas Deus revela a Sua força. "Deus está sempre vigiando tudo o que acontece no mundo a fim de dar forças a todos os que são fiéis a ele com todo o coração" (2 Crônicas 16:9).

Quando os outros olham para a nossa vida, é mais importante que eles vejam Deus e o louvem, em vez de a nós. Que essa seja a nossa oração. —*Poh Fang Chia*

*Que a Palavra do Senhor habite ricamente
em nosso coração em todas as horas.*

17 de julho
Você está alerta?

Leitura:
João 16:7-15

...o Espírito Santo, que o Pai vai enviar em meu nome, ensinará a vocês todas as coisas e fará com que lembrem de tudo o que eu disse a vocês. —João 14:26

Quando eu era criança, eu passava uma ou duas semanas de cada verão com os meus avós. Eles moravam numa rua que terminava nos trilhos de uma ferrovia qualquer. Na primeira noite, com frequência, eu despertava várias vezes quando os vagões passavam ruidosamente ou um maquinista acionava o apito do trem. Entretanto, ao final da minha visita, estava tão acostumada ao barulho, que conseguia dormir um sono só, sem interrupções. Eu ignorava os sons.

Existem outras interrupções, e essas não quero ignorar! Amo quando o meu marido me traz inesperadamente uma xícara de café, quando estou trabalhando no computador. E me alegro ao receber um telefonema inesperado de alguma amiga.

Às vezes, estamos dispostas a ignorar as "interrupções divinas" do Espírito Santo em vez de escutar os Seus alertas. Ele pode nos cutucar com a percepção de que precisamos pedir perdão por algo que dissemos ou fizemos. Ou nos lembrar persistentemente de que devemos orar por alguém que esteja sofrendo uma crise. Ou nos convencer de que na verdade nunca compartilhamos, totalmente, sobre Jesus com alguém que amamos.

Quando o Espírito Santo habita em nós, Ele nos ensina, convence, conforta e guia na verdade (João 14:16,17,26; 16:7,8,13). Você está alerta às interrupções da Sua voz? —*Cindy Hess Kasper*

Faça a escolha certa: Obedeça a voz do Espírito.

18 de julho
Visão limitada

Leitura:
João 6:1-13

Ele sabia muito bem o que ia fazer, mas disse isso para ver qual seria a resposta de Filipe. —João 6:6

Quando meu filho tinha 9 anos perguntou-me se eu sabia como equilibrar um livro a pelo menos 2,5 cm da altura da mesa sobre uma folha de papel. Eu sabia que deveria haver uma explicação lógica mas não a percebia. Ele dobrou uma folha de caderno no sentido do comprimento diversas vezes, enrolou-a e colocou o livro sobre o papel dobrado. Enquanto olhava, pensei sobre como minhas ideias estavam distantes da solução real.

Nas Escrituras vejo que não sou a única pessoa com visão limitada (2 Coríntios 5:7). Num cálculo de provisão miraculosa, a solução de Filipe estava limitada ao que ele podia imaginar em sua compreensão humana (João 6:7). Ao não entender o propósito da pergunta de Jesus, Filipe nem sequer percebeu que o Senhor não precisava da resposta dele. Jesus sabia o que fazer, e queria saber qual era a fonte da esperança de Filipe. A pergunta de Jesus serviu para livrar Filipe da inutilidade do ego e trazê-lo à dependência de Deus. O Mestre não esperava que Filipe resolvesse o problema; mas que confiasse. Deus era e é mais do que suficiente.

Quando a vida nos leva a soluções que nos frustram ou dominam, podemos, em pânico, clamar a Deus por Sua injustiça em forçar tal coisa sobre nós. Ou levantar as mãos em submissão, fazer valer os direitos naquilo que sabemos que Deus fez no passado, e descansar na natureza imutável de Seu caráter e amor (Salmo 9:10). —*Regina Franklin*

Ele pode fazer "...muito mais do que..." nós podemos ver. —Efésios 3:20

19 de julho
Não se surpreenda

Leitura:
Êxodo 3:1-15

Agora venha, e eu o enviarei...
—Êxodo 3:10

O mundo está, inegavelmente, em grande necessidade. Muitas pessoas se questionam por que Deus não intervém em nosso mundo confuso e corrige as coisas; e por que Ele não vem ao encontro e restaura as pessoas abatidas.

Mas Deus já interveio através do nascimento, morte e ressurreição de Seu Filho, Jesus Cristo. Por meio desses acontecimentos poderosos, Deus providenciou a salvação, um remédio verdadeiro para curar a doença mais mortal do mundo — o pecado.

O Senhor ainda hoje intervém e restaura vidas destruídas, mas Ele faz isso principalmente por meio de nós! Essa é a perspectiva que Deus comunicou a Moisés na sarça ardente (Êxodo 3:7-10). Após descrever os sofrimentos do povo hebreu, Ele disse a Moisés que havia descido para livrá-los da tirania do Faraó. Era exatamente isso que Moisés desejava que Deus fizesse. Mas o Senhor disse: "Agora venha, e eu o enviarei ao rei do Egito para que você tire de lá o meu povo, os israelitas" (v.10). Imediatamente, Moisés relutou dizendo: "Quem sou eu para ir falar com o rei do Egito e tirar daquela terra o povo de Israel?" (v.11). Deus prometeu-lhe: "Eu estarei com você" (v.12).

Você está orando para que Deus vá ao encontro das pessoas abatidas que a cercam e restaure a vida delas? Não se surpreenda nem se amedronte se Ele enviá-la para ser parte da resposta. —*Joanie Yoder*

Para ser um canal de bênção, permita que o amor de Cristo flua por seu intermédio.

20 de julho

Impaciência

Leitura:
Êxodo 32:1-20

...eles se reuniram em volta de Arão e lhe disseram: [...] "faça para nós deuses que vão à nossa frente" —Êxodo 32:1

Ao provar as coberturas de pizza de minha amiga, eu não imaginava o quanto eram deliciosas. "Está quente", disse ela. Ignorei o aviso e afundei os dentes na fatia fumegante. O queijo quente queimou o céu da minha boca e o restante da refeição foi prejudicado por minha impaciência.

A impaciência arruinou a harmonia dos israelitas com Deus num ponto crítico de sua história. Moisés conversava com o Senhor no Monte Sinai e estava prestes a levar ao povo os Dez Mandamentos. "O povo viu que Moisés estava demorando muito para descer do monte. Então eles se reuniram em volta de Arão." Disseram eles: "Faça para nós deuses que vão à nossa frente" (v.1).

Arão cedeu ao motim, e juntou todas as joias de ouro do povo, derreteu-as e esculpiu um bezerro no metal. O povo a adorou; sacrificou animais em sua honra; e comemorou com banquete, bebida e folia pagã (v.6). A impaciência deles provocou a ira de Deus; que disse: "Eles já deixaram o caminho que eu mandei que seguissem..." (v.8).

Após experimentarem a provisão, o poder e as promessas de Deus, os israelitas não respeitaram o tempo dele. Esperamos respostas imediatas e acesso rápido às coisas que desejamos. Essas expectativas podem se infiltrar em nosso relacionamento com Deus.

Ao nos humilharmos, esperarmos e lembrarmos que os caminhos de Deus são melhores do que os nossos (Isaías 55:8,9) não procuramos satisfazer os próprios desejos. —*Jennifer Benson Schuldt*

*Em vez de agirmos com impaciência,
é melhor honrarmos o cronograma de Deus.*

21 de julho

Sua história

Leitura
João 4:1-30

Venham ver o homem que disse tudo o que eu tenho feito. Será que ele é o Messias? —João 4:29

Quando tomamos decisões em resposta a situações diárias, não costumamos parar e refletir sobre o *porquê do objeto* de nossas escolhas. Geralmente, reagimos com base no que vemos; e assim, esquecemos que quase todas as situações têm uma história como contexto.

O encontro de Jesus com a mulher no poço faz lembrar que as nossas interações e decisões diárias não ocorrem isoladamente (v.7). Escondendo a expectativa de ser rejeitada, a samaritana, simplesmente, queria ser amada. Mas nem ela nem os outros conseguiam ver como a história dela continuava a impulsionar suas escolhas. O passado é poderoso; e, se pudéssemos retirar as camadas sob as quais nos escondemos, nos surpreenderíamos ao descobrir as feridas que ainda existem. Acostumada ao isolamento, ela concentrou-se nas circunstâncias, e foi em busca de água planejando voltar à sua rotina (v.12).

Como ela, queremos esquecer o passado e prosseguir na esperança de mudança embora ironicamente escolhamos, comportamentos que nos mantêm acorrentadas ao *passado*.

Porém Jesus redefine tudo (2 Coríntios 5:17). Ele sabia todas as coisas que aquela mulher tinha feito ao longo da vida e, prometeu-lhe que poderia ser diferente (João 4:10,13,14). Ao resgatar nossa história, Ele nos convoca a olhar além do passado quando lhe permitimos tomar *o que era* a fim de produzir *o que será* (Jeremias 29:11-14; Colossenses 1:13,14).

—Regina Franklin

Se estamos unidas com Cristo, somos uma nova pessoa.

22 de julho
A oração de Paulo

Leitura:
Efésios 1:15-23

...não paro de agradecer a Deus por causa de vocês. Eu sempre lembro de vocês nas minhas orações. —Efésios 1:16

Você ora por si mesma? Pede a Deus por provisão de necessidades, livramento de tentação ou perdão de pecados? Paulo nos apresenta alguns bons objetivos de oração (Efésios 1:15-18). Ele orou para que a igreja de Éfeso tivesse: "o Espírito que os tornará sábios e revelará Deus a vocês...". Para que eles pudessem conhecê-lo "como devem conhecer" (v.17).

Também orou para que fossem iluminados, e pudessem conhecer três coisas: (1) a esperança para a qual Deus os chamou, (2) as riquezas de Sua gloriosa herança nos santos e (3) Seu poder incomparavelmente grande para os que creem (vv.18,19).

A sabedoria e a revelação podem nos ajudar a conhecer Deus, mas somente a percepção dada pelo Espírito Santo desenvolverá o conhecimento exato e completo de Deus. Pois "somente o seu próprio Espírito conhece tudo a respeito dele" (1 Coríntios 2:11). Warren Wiersbe escreveu: "Conhecer a Deus pessoalmente é salvação. Conhecê-lo cada vez mais é santificação. Conhecê-lo perfeitamente é glória celestial."

Analise a segunda parte da oração de Paulo, lembre-se de que ele tinha sido fariseu e conhecia bem as Escrituras. Somente após Deus abrir os olhos do coração dele, Paulo começou a apreciar a esperança que Deus nos deu por meio da salvação, o amor que o Senhor revelou ao nos considerar Sua herança, e o poder de Deus que opera em todos os que creem (Efésios 1:17). —*Poh Fang Chia*

Busquemos com confiança "o Deus do nosso Senhor Jesus Cristo, o Pai glorioso" e cresçamos nele.

23 de julho
Abrindo caminho

Leitura:
1 Pedro 4:1-11

...vivam o resto da sua vida aqui na terra de acordo com a vontade de Deus... —1 Pedro 4:2

Para alguns turistas, no Alasca, foi surpreendente ver um bloco de gelo de 60 m de altura se desprender de uma *geleira*. Um passageiro a bordo do barco de turismo filmou o "mini" iceberg caindo na água, criando enormes ondas e disparando pedaços de gelo em todas as direções — alguns dos quais atingiram o barco.

Seguir a Cristo significa se desprender de uma velha forma de vida, esse processo pode ser dramático. Pedro o descreve assim: "...vivam o resto da sua vida aqui na terra de acordo com a vontade de Deus e não se deixem dominar pelas paixões humanas" (1 Pedro 4:2). Este novo jeito de viver pode fazer os seus amigos antigos se surpreenderem — "...quando vocês não se juntam com eles nessa vida louca e imoral e por isso os insultam" (v.4). Consequentemente, podemos experimentar:

Solidão: Lembre-se de que Deus "...não o abandonará, mas ficará com você..." (1 Crônicas 28:20).

Tentação: "Deus cumpre a sua promessa e não deixará que vocês sofram tentações que vocês não têm forças para suportar..." (1 Coríntios 10:13).

Condenação: "...não existe nenhuma condenação para as pessoas que estão unidas com Cristo Jesus" (Romanos 8:1).

Viver para Cristo envolve enfrentar dificuldades (2 Timóteo 2:3), mas quando honramos a Deus, podemos mostrar Sua bondade aos outros porque Ele nos "...chamou da escuridão para a sua maravilhosa luz" (1 Pedro 2:9). —*Jennifer Benson Schuldt*

O poder do Espírito nos liberta do poder do pecado.

24 de julho

Flexível

Leitura:
Hebreus 12:1-11

Somente ele é a rocha que me salva; ele é o meu protetor, e eu nunca serei derrotado. —S<small>ALMO</small> 62:2

Algumas tempestades deixaram marcas em nossa cidade: falta de energia e árvores caídas. Meu filho nos questionou por que as árvores mais finas e menores pareciam intocadas enquanto as maiores pareciam ter recebido o maior impacto. Na resposta de meu marido, encontrei uma lição: a flexibilidade facilita a resistência.

A vida tem provações. Embora, por vezes, as dificuldades sejam consequência de nossas escolhas, nem todas são associadas ao pecado (João 9:3). As bênçãos ou calamidades não distinguem entre o justo e o ímpio (Mateus 5:45). Deus nos permite atravessar dificuldades para que a Sua glória e amor possam se manifestar em nós, mesmo em tempos de grande fraqueza.

Nossas dificuldades comprovam a nossa necessidade de permanecer enraizados na Palavra ao nos dobrarmos à Sua vontade. Revelam também as questões ocultas em nosso coração. Quando a força e segurança estão em nós, as provações podem derrubar o mais forte. Mas, quem deposita a sua confiança no Senhor, a Palavra de Deus permanece como seu fiador (Salmo 16:8,9; Hebreus 12:2,3), não para os seus próprios planos, mas para os de Deus. O que a Bíblia ensina sobre resistir:

- A adoração nos dá a força para suportar (Salmo 52:8).
- A resistência piedosa produz frutos fortes (Jr 17:7,8; Hb 12:11).
- Compreender o Seu amor por nós é a nossa fonte de paz (1 Jo 4:18).

—*Regina Franklin*

Deus nos permite passar por dificuldades, para que a Sua glória e amor se manifestem em nós.

25 de julho
Trabalho em equipe

Leitura:
Êxodo 17:8-13

Josué fez o que Moisés havia ordenado e foi combater os amalequitas. Enquanto isso, Moisés, Arão e Hur subiram até o alto do monte. —Êxodo 17:10

Sou fã de uma série popular da TV coreana, e, recentemente, ao ver as cenas de bastidores vi que um programa de sucesso requer um roteirista talentoso, atores e atrizes que deem vida à história, diretor, engenheiros de iluminação, editores e muito mais. Os membros da equipe desse programa trabalharam tão bem juntos que, ao final da temporada, viajaram de férias para comemorar o sucesso.

Lembrei-me do belo trabalho em equipe relatado em Êxodo 17, a recém-formada nação de Israel se deparou com o exército amalequita. Era sua primeira batalha, mas os inexperientes hebreus arrasaram os seus inimigos! E como fizeram isso? Mais do que apenas um exército de guerreiros estava envolvido (v.10). Moisés fez o papel de intercessor, Josué foi o comandante, e Arão e Hur formaram a equipe de apoio (v.11). Um belo exemplo de como o Corpo de Cristo trabalha. Josué conduziu em primeiro plano, e nos bastidores — Moisés intercedia em oração, enquanto Arão e Hur o ajudavam.

Na guerra espiritual das almas, as batalhas são vencidas com a presença de pessoas no campo e orações de intercessores ao redor do globo. Com isso em mente, veja como podemos orar pelos missionários:

Ore como se fosse por você mesmo. Eles podem ter os mesmos problemas que você tem.

Ore uma passagem bíblica. Baseie-se em versículos quando orar: Efésios 1:15-23; 3:16-21; Colossenses 1:9-14. —*Poh Fang Chia*

O trabalho em equipe prepara o caminho para o agir de Deus!

26 de julho
Efeito bumerangue

Leitura:
Provérbios 26:18-28

*Ele pode falar muito bem, mas não acredite
no que ele diz porque o seu coração está cheio de ódio.*
—Provérbios 26:25

Como esposa de um pastor de jovens, posso ajudar a resolver conflitos com membros do nosso ministério, especialmente, com as meninas. Alguns anos atrás, tive a oportunidade de lidar com um desentendimento entre duas garotas e vi a marca viva da obra do inimigo em gerar contendas. Uma declaração não comprovada criara semanas de sentimentos feridos e relacionamentos tensos.

A fofoca não é produtiva nem como brincadeira (Provérbios 26:19), nem mascarada como pedido de oração (vv.23-25), nem mesmo quando acreditamos estar espalhando a verdade. O espírito vingativo, o coração inseguro ou a língua solta não têm lugar na vida do cristão.

A fofoca é sempre destrutiva. "Os mexericos são tão deliciosos! Como gostamos de saboreá-los!", Provérbios 26:22. Para quem os faz ou escuta, eles se tornam uma ferramenta viciante para obter influência; e molda as nossas opiniões acerca dos outros e a nossa capacidade de confiar.

Como uma pedra rolando para trás (v.27), suas consequências são de longo alcance, pois destrói a confiabilidade (11:13), os relacionamentos (16:27,28), o caráter (17:4), e a reputação (25:10).

Porém, as Escrituras delineiam como proceder para encontrar a solução (Mateus 5:23-25; 18:15-17; 1 Timóteo 5:19). Embora a fofoca possa trazer alívio ou prazer momentâneo, o cristão maduro entende que as consequências a longo prazo são desastrosas. —*Regina Franklin*

*É melhor dar espaço
para o amor de Deus em nossa vida.*

27 de julho
Teste do doce preferido

Leitura:
Daniel 1:1-21

*Daniel resolveu que não iria ficar impuro
por comer a comida e beber o vinho que o rei dava...*
—Daniel 1:8

Em uma sala há uma bandeja cheia de seu doce preferido, um homem aparece e explica que sairá do recinto por uns minutos e você terá duas opções: tocar um sino para chamá-lo de volta e assim comer um doce, ou esperar até que ele volte e receberá dois de seus doces preferidos. O propósito do teste é medir a capacidade da pessoa de trocar o prazer imediato por um resultado prolongado.

Daniel deixou de lado sua porção diária de iguarias e bebidas vindos da cozinha do rei para honrar a Deus (v.5). Ele "resolveu que não iria ficar impuro" com a comida apetitosa do rei (v.8). Daniel foi *firme* em sua decisão. Como escravo na Babilônia deve ter sido difícil dizer: "Por favor, passe o espinafre" quando as iguarias da cozinha real eram oferecidas (v.12).

Alguns comentaristas bíblicos acreditam que Daniel recusou a comida porque ela era oferecida a ídolos ou para se manter afastado da cultura babilônica. Seja qual for o motivo, a restrição a que Daniel se impôs honrou a Deus. O Senhor abençoou o corajoso rapaz e seus amigos com aptidão extraordinária nos estudos babilônicos e Daniel recebeu a habilidade de interpretar visões e sonhos (v.17). Além disso, eles pareciam mais saudáveis do que os que tinham participado dos banquetes reais (v.15).

A próxima vez que você enfrentar teste semelhante ao do profeta Daniel, avalie o resultado em longo prazo e não a recompensa imediata.
—*Jennifer Benson Schuldt*

Honrar a Deus nesta vida é o que mais importa.

28 de julho
Temos trabalho a fazer

Leitura:
Efésios 2:8-10

Pois foi Deus quem nos fez [...] para que fizéssemos as boas obras que ele já havia preparado para nós.
—Efésios 2:10

Quando amamos alguém profundamente, ansiamos compartilhar um propósito comum com essa pessoa. De forma semelhante, seu Pai celestial a ama e anseia pela sua disposição de participar de Seus gloriosos propósitos. Claro, ninguém é indispensável para Deus, mas os Seus planos para cada uma de nós não podem ser cumpridos sem a nossa cooperação ativa.

Às vezes, ficamos relutantes ao enfatizar este fato. Citamos livremente: "Pois pela graça de Deus vocês são salvos, por meio da fé. Isso não vem de vocês, mas é um presente dado por Deus. A salvação não é o resultado dos esforços de vocês; portanto, ninguém pode se orgulhar de tê-la" (Efésios 2:8,9). Mas por não querermos parecer contraditórias nem pretenciosas, nós paramos aí e evitamos o versículo 10 sobre as "boas obras". Porém, o significado nas palavras de Paulo é claro — embora não sejamos salvos *pelas* boas obras, somos salvos *para* as boas obras.

Por mais misterioso que isto seja, Deus planejou nossas boas obras antecipadamente, para que as cumpríssemos, porque somos companheiras de trabalho no: "serviço de Deus" (1 Coríntios 3:9). O grande criador do violino *Stradivarius*, com propriedade, falou de Deus: "Ele não poderia fazer violinos Antônio Stradivarius sem o Antônio."

Deus escolheu abençoar outras pessoas exclusivamente por seu intermédio, e você pode fazer o que ninguém mais pode. Mas quando Ele a usar, tome cuidado para dar toda a glória ao Senhor. —Joanie Yoder

Deus escolheu abençoar outras pessoas por meio da sua vida.

29 de julho

Descanse em Deus

Leitura:
Romanos 4:16-22

...não perdeu a fé, nem duvidou da promessa de Deus […] porque tinha toda a certeza de que Deus podia fazer o que havia prometido.
—Romanos 4:20,21

Era nosso último feriado juntos como família, antes que o nosso filho mais velho fosse para a universidade. Todos nós ali preenchíamos o banco dos fundos da igreja e meu coração estava repleto de amor ao olhar os meus cinco filhos bem arrumados. "Por favor, proteja-os espiritualmente e os mantenha perto de ti, Senhor." Orei silenciosamente, pensando nas pressões e desafios que cada um enfrentava.

O cântico final tinha um refrão baseado nas palavras de Paulo ao seu filho na fé. "É por isso que sofro essas coisas. Mas eu ainda tenho muita confiança, pois sei em quem tenho crido e estou certo de que ele é poderoso para guardar, até aquele dia, aquilo que ele me confiou" (2 Timóteo 1:12).

Tive um sentimento de paz ao ter a certeza de que Deus guardaria a alma de cada um de meus filhos.

Acredito que este lembrete para termos confiança no Senhor é algo encorajador. Dizemos a Deus qual é o nosso pedido. Lembramo-nos de que Ele se importa. Sabemos que Ele é poderoso. Agradecemos a Ele por Sua infinita fidelidade. —*Marion Stroud*

É preciso tempo e dedicação para aprender algumas lições sobre a paciência.

30 de julho

Ainda por vir

Leitura:
Daniel 12:1-13

Muitos dos que já tiverem morrido viverão de novo: uns terão a vida eterna, e outros sofrerão o castigo eterno... —Daniel 12:2

Minha irmã foi estudar em Jerusalém por um ano. Brincando, lhe disse: "Conheça os montes, para saber para onde correr durante a grande tribulação." Era só um gracejo, pois ambas cremos que Jesus virá logo e levamos a sério Suas palavras proféticas em Mateus 24.

Lemos em Daniel 12 acerca dos tempos finais. "Nesse tempo" (v.1), Israel enfrentará problemas sem precedentes. Trata-se do tempo terrível revelado em 11:40-45. Contudo, naquele tempo, a esperança nascerá. Daniel 12:2 descreve sobre a ressurreição. Temos a garantia de que os que crerem terão um futuro feliz. A morte pode parecer definitiva, mas não é o fim. Despertaremos para "a vida eterna" (v.2). E Deus honrará os que permanecerem fiéis a Ele (v.3).

Como frágeis seres humanos, gostaríamos de saber quanto tempo poderemos ter de sofrer. A visão de Daniel traz verdades confortantes:

• Para quem crê, o sofrimento é apenas temporário (v.7) e o melhor ainda está por vir. Com Daniel, "[ressuscitaremos] para receber a [nossa] recompensa" (v.13).

• Há um bom propósito para nossas provações. Elas nos purificarão, limparão e aperfeiçoarão (v.10).

A. M. Overton escreveu: "Embora a noite seja escura e o dia pareça nunca chegar, minha fé no Senhor está segura em quem não pode errar. A névoa se dissipará, e o Senhor tudo claro fará. E ainda que o caminho pareça escuro, Deus jamais comete erros." —*Poh Fang Chia*

...Quando é que todas essas coisas maravilhosas vão acontecer? —Daniel 12:6

31 de julho

Sustentadas

Leitura:
Salmo 37:1-7

…confie nele, e ele o ajudará.
—Salmo 37:5

Na época que entrevistei Laura, o marido dela era o treinador de um time de futebol e — por sua fé, integridade e contribuições dentro e fora do campo — era altamente estimado pelos jogadores e pela comunidade.

Embora abençoados, Laura disse que eles não eram uma exceção do versículo que ensina: "No mundo vocês vão sofrer…" (João 16:33).

"Quando nossa família, amigos e a comunidade nos veem enfrentando dificuldades como qualquer outro, podemos contar como o nosso relacionamento pessoal com Jesus nos sustém e como a Palavra de Deus nos encoraja em tempos de provações."

Laura mal podia imaginar a magnitude das provações que logo enfrentariam. Embora o time tivesse chegado às finais quatro vezes sob a direção daquele treinador, ele foi despedido após seis temporadas.

A atitude deles foi convidar todos os treinadores que haviam perdido seus empregos para vir à sua casa, e eles os encorajaram a ter: "…paciência, pois o Senhor Deus cuidará disso" (Salmo 37:7).

Tempos depois, a tragédia atingiu proporções muito maiores. Poucos dias após levar seu novo time a vitória, o casal recebeu a notícia de que seu filho mais velho, de 17 anos, havia cometido suicídio.

Embora arrasados, eles continuaram a proclamar o amor e a bondade de Deus — testificando de modo maravilhoso, mais uma vez, que Deus nos sustenta, sim, durante os momentos mais difíceis da vida.

—Roxanne Robbins

Ponha a sua vida nas mãos do Senhor, confie nele, e ele o ajudará. —Salmo 37:5

1.º de agosto
Lutando com Deus

Leitura:
Gênesis 32:13-32

...Aí veio um homem que lutou com ele [Jacó] até o dia amanhecer. —Gênesis 32:24

Em 1980, meu irmão e eu assistíamos as lutas livres profissionais na TV. Ficávamos hipnotizados pelo ringue. Torcíamos para os mocinhos e apontávamos para a tela exclamando: "Você viu isso?" e "Essa foi demais!".

A Bíblia registra a luta corporal entre Jacó e Deus em forma de homem. Obscurecido pelo véu da noite, Deus se aproximou e "lutou com [Jacó] até o dia amanhecer" (Gênesis 32:24). Jacó era um sujeito desconjuntado, porque ficou agarrado até seu oponente deslocar o quadril dele com um simples toque (v.25). Apesar dos esforços de Jacó para vencer Deus, o Senhor estava no controle.

Mesmo com o quadril ferido, Jacó se recusou a deixar o homem ir, a menos que recebesse uma bênção. Deus então mudou o seu nome para "Israel" (Deus luta), abençoou-o e, seguiu seu caminho. Deixado sozinho, Jacó percebeu: "Eu vi Deus face a face, mas ainda estou vivo" (v.30). Jacó amanheceu ferido, privado de sono e surpreso por seu encontro com o Criador.

Você está lutando com Deus hoje? A Bíblia revelou-lhe a vontade dele e você não está pronta a render-se? Reconhece que Ele quer que você desista de um vício, recupere a sua integridade no trabalho ou abandone um relacionamento que não o honre?

Não lute noite adentro como Jacó. Reconheça os caminhos perfeitos e amorosos de Deus e renda-se a Ele. Deixe a Sua consolação renovar a sua esperança (Salmo 94:19). —Jennifer Benson Schuldt

Apegue-se ao Senhor e maravilhe-se quando encontrar o Deus vivo.

2 de agosto
Nascer com privilégios

Leitura:
1 Pedro 1:3-6

Por causa da Sua grande misericórdia, ele nos deu uma nova vida pela ressurreição de Jesus Cristo. —1 Pedro 1:3

Agradeço a Deus por ter nascido com privilégios. Na verdade, quando era jovem, meu pai precisava trabalhar arduamente para que a família tivesse um conforto razoável. Mas posso dizer com segurança que nasci com privilégios baseado no que lemos em 1 Pedro 1:3-6.

Assim como nascemos fisicamente, precisamos nascer também espiritualmente. E como não participamos de nosso nascimento físico, não *desejamos*, nem ajudamos no processo, também não podemos produzir o nosso nascimento espiritual. "Por causa da Sua grande misericórdia, Ele nos deu uma nova vida pela ressurreição de Jesus Cristo" (v.3).

Com este novo nascimento, temos uma herança gloriosa! Mas herança é uma palavra interessante e significa que recebemos um legado porque somos membros de uma família específica. Não a conquistamos nem a compramos.

Qual é a nossa herança? De acordo com o versículo 5 é: "...a salvação que está pronta para ser revelada no fim dos tempos". O estudioso da Bíblia, John MacArthur, explica da seguinte forma: "Sua herança é a salvação final completa da maldição da lei, do poder e da presença do pecado, de toda a decadência, de cada mancha de iniquidade, de toda tentação, de todo o sofrimento, toda dor, toda morte, toda punição, todo julgamento, toda ira [...] completa salvação eterna."

Alegremo-nos! Pois temos essa realidade em comum — nascemos com privilégios. —*Poh Fang Chia*

Temos a dádiva da vida eterna. Este é o nosso presente por pertencermos à família de Deus.

3 de agosto

Doar ou não

Leitura:
2 Coríntios 8:1-15

…embora sendo muito pobres, eles deram ofertas com grande generosidade. —2 Coríntios 8:3

Às vezes, recebo malas-diretas e ou telefonemas com solicitações do tipo: *Ajude as crianças, alimente os desabrigados, cuide dos feridos.* São pedidos dignos, mas é impossível atender a todos. Sinto-me estranhamente culpada ao ignorá-los e descartar ou não os atender. A tensão que sinto lembra-me do chamado que preciso atender. *Doe com desprendimento, tal qual Jesus.*

O verdadeiro *dar* é o que contribuímos além do dízimo, e me questiono: o nosso doar deve ser determinado pela necessidade ou pelos recursos disponíveis? Paulo nos diz que as igrejas da Macedônia "…deram ofertas com grande generosidade" (v.3). Deus nos chama a dar um passo de fé e doar, mesmo não parecendo prático (1 Reis 17:12-14). Contudo, a primeira responsabilidade é atender às necessidades do lar (1 Timóteo 5:8,16).

Quando ensinou Seus discípulos a entregarem o que de graça haviam recebido, Jesus também revelou que o desprendimento no doar ocorre quando vemos Deus como nossa provisão, independentemente do instrumento que Ele possa escolher usar (Mateus 10:8-10).

Dois princípios, porém, deviam guiar seus atos. Primeiro, eles deviam dar somente do que tinham recebido, tangível ou intangível. Paulo disse: "…[Deem] de acordo com o que têm" (2 Coríntios 8:11). Segundo, os discípulos sabiam que o *dar* bíblico provinha do desejo de que o reino de Deus crescesse e, não das intenções de homens. —*Regina Franklin*

O que você quer entregar ao Senhor hoje?

4 de agosto
A Porta

Leitura:
João 10:1-10

Eu sou a porta. Quem entrar por mim será salvo; poderá entrar e sair e achará comida.
—João 10:9

Meu marido e eu temos um novo membro na família — uma gata malhada de 2 meses chamada Jasper. Para mantê-la segura, tivemos que acabar com alguns hábitos antigos, como deixar as portas abertas. Mas uma coisa continua sendo um desafio: a escadaria totalmente acessível. Gatos gostam de subir em coisas. Ainda filhotes, descobrem que o mundo fica mais bonito se você o olhar de cima. Então sempre que Jasper está no andar debaixo comigo, ela decide subir. Tentar mantê-la confinada em um lugar seguro próximo a mim testa a minha ingenuidade. Os portões adequados para crianças ou cães não funcionam com gatos.

Meu dilema com os gatos e portões me traz à mente a metáfora que Jesus usou para se descrever: "…eu sou a porta por onde as ovelhas passam" (João 10:7). Os apriscos no Oriente Médio eram cercados com uma abertura para as ovelhas entrarem e saírem. À noite, quando elas estavam seguras dentro do aprisco, o pastor se deitava junto a essa abertura para que nem ovelhas nem os predadores passassem por ele.

Ainda que eu queira manter a Jasper segura, não estou disposta a me tornar um portão para ela. Tenho outras prioridades. Mas foi isso que Jesus Cristo fez por nós. Ele se coloca entre nós e nosso inimigo, o diabo, para nos proteger do dano espiritual. —*Julie Ackerman Link*

Quanto mais perto do Pastor estivermos, mais distante ficaremos do lobo.

5 de agosto

A jornada começa

Leitura:
2 Pedro 1:5-11

Quem está unido com Cristo é uma nova pessoa; acabou-se o que era velho, e já chegou o que é novo.
—2 Coríntios 5:17

Há mais de 8 décadas, um menino de 9 anos orou pedindo a Jesus que fosse o Salvador de sua vida. Sua mãe escreveu o seguinte num livro de memórias: "Clair deu o primeiro passo hoje."

Clair — meu pai — caminha com Cristo há 81 anos. Ele marca o dia em que tomou a decisão de seguir a Cristo como o começo de sua jornada. O crescimento espiritual é um processo contínuo da vida e não um evento único. Desse modo, como um novo cristão alimenta a sua fé e continua a crescer? Veja os fatos que observei na vida do meu pai no decorrer dos anos.

Ele leu as Escrituras regularmente para aumentar a sua compreensão de Deus e fez a oração tornar-se parte diária da sua vida (1 Crônicas 16:11; 1 Tessalonicenses 5:17). A leitura bíblica e a oração nos ajudam a aproximarmo-nos mais de Deus e a resistir à tentação (Salmo 119:11; Mateus 26:41; Efésios 6:11; 2 Timóteo 3:16-17; 1 Pedro 2:2). O Espírito Santo começou a desenvolver o "fruto do Espírito" nele conforme ele entregava sua vida em fé e obediência (Gálatas 5:22,23). Demonstramos o amor de Deus por meio de nosso testemunho e serviço.

A jornada espiritual de meu pai continua, e a nossa também. Que privilégio ter um relacionamento em que podemos crescer "…na graça e no conhecimento de nosso Senhor e Salvador Jesus Cristo…!". (2 Pedro 3:18). —*Cindy Hess Kasper*

Deem glórias ao Senhor, agora e para sempre!

6 de agosto
Ladrão do tempo

Leitura:
Lucas 9:57-62

…Eu seguirei o senhor, mas primeiro deixe que eu vá me despedir da minha família. —Lucas 9:61

O empresário Maneesh Sethi contratou uma mulher para observá-lo trabalhar. Sua função era dar-lhe um tapa se ele parasse de trabalhar para olhar mídias sociais. Depois, empregou outro para a mesma função. A medida extrema funcionou, eles o ajudaram a tornar-se 98% mais produtivo durante a hora de trabalho.

É importante ser produtivo em qualquer tarefa que Deus nos dê. Paulo escreveu: "Trabalhem com entusiasmo e não sejam preguiçosos. Sirvam o Senhor com o coração cheio de fervor" (Romanos 12:11). Devemos ser diligentes em nosso trabalho para o Seu reino. Jesus disse: "Precisamos trabalhar enquanto é dia, para fazer as obras daquele que me enviou. Pois está chegando a noite, quando ninguém pode trabalhar" (João 9:4).

A procrastinação rouba tempo, e tira o senso de urgência que Jesus queria de Seus seguidores. Certa vez, Jesus convidou um homem a segui-lo, dizendo: "Venha comigo". E o homem disse: "…Senhor, primeiro deixe que eu volte e sepulte o meu pai" (Lucas 9:59). Jesus respondeu: "…vá e anuncie o Reino de Deus" (v.60). Outro homem lhe disse: "Eu seguirei o senhor, mas primeiro deixe que eu vá me despedir da minha família" (v.61). Jesus enxerga além das nossas desculpas, e lhe respondeu: "…Quem começa a arar a terra e olha para trás não serve para o Reino de Deus" (v.62).

Se Ele lhe perguntar: "Quando você me servirá?", não o despreze. Torne-se disponível. —*Jennifer Benson Schuldt*

Deus chamou cada uma de nós para usar nossos dons espirituais para o Seu serviço.

7 de agosto
Visível

Leitura:
João 1:1-14

*A Palavra era a fonte da vida,
e essa vida trouxe a luz para todas as pessoas.*
—João 1:4

O vapor no espelho do banheiro, fez aparecer as palavras ali escritas. Fiquei surpresa quando a imagem apareceu. Mas, sorri ao lembrar-me delas. A mensagem oculta era o remanescente de uma passagem bíblica que eu mesma escrevera com uma canetinha sem tinta. Embora apagada, tinha ficado um resíduo e as palavras do versículo voltaram a ficar visíveis: Dizia que a nossa beleza deve estar no coração e ser manifesta num "espírito calmo e delicado" (1 Pedro 3:4).

Crer que a Palavra (o próprio Jesus) se fez carne e veio viver entre nós é um princípio essencial de nossa fé. Jesus foi, é, e sempre será a Palavra Viva. Quando escolhemos aceitar o Seu sacrifício na cruz para redimir nossos pecados, nós o escolhemos como nosso Redentor e Senhor (1 Coríntios 1:30; 2 Coríntios 5:21; Filipenses 3:9). Como tal, Sua presença e vida habitam em nós (Romanos 8:11; Gálatas 2:20).

Essa compreensão motiva a pergunta: Neste mundo que exige qualidades de beleza externa e sucesso, o que deve ser mais visível na vida do cristão?

Como a mensagem oculta num espelho, a Palavra deve estar tão claramente escrita em nosso coração, a ponto de quando o restante se tornar sombrio e enevoado, a verdade de Deus ainda prevalecerá. Se reivindicamos o nome de Cristo, o que somos, deve revelar a inscrição do Espírito do Deus vivo (2 Coríntios 3:2-4), visível em tudo o que fazemos e dizemos. —*Regina Franklin*

Nossa vida é como uma carta que o mundo lê.

8 de agosto
Todo o tempo do mundo

Leitura:
Eclesiastes 11:9–12:7

Lembre do seu Criador enquanto você ainda é jovem...
—Eclesiastes 12:1

"Você se lembra de mim?" Pausa. Olhos vagos. Minha mãe estava falando com Bete, uma amiga que agora vivia num asilo local. Tentou de novo. "Você se lembra de meu marido? Ele está aqui." Bete respondeu com um "sim" entusiasmado, seguido de um olhar confuso, pois sua memória ia e voltava.

A situação dela ilustra o que a Bíblia diz sobre o nosso tempo aqui. A idade pode nos limitar (12:3). A juventude é um tempo de oportunidades e possibilidades, e a Bíblia incentiva os jovens a se divertirem. Salomão disse: "Jovem, aproveite a sua mocidade e seja feliz enquanto é moço [...] siga os desejos do seu coração..." (11:9).

Porém, há uma condição: "Lembre do seu Criador enquanto você ainda é jovem, antes que venham os dias maus..." (vv.1-4). Encorajava-os especialmente a lembrarem-se de Deus, enquanto ainda conseguiam trabalhar, antes que o medo os tomasse e enquanto tinham energia para servir a Deus (v.5).

A segunda parte da mensagem de Salomão é importante porque os jovens muitas vezes acham que têm *todo o tempo do mundo*. E por terem-no, podem desperdiçar.

Para prevenir isso, dediquemos os anos de juventude a servir com amor na igreja, abrir ou promover novos ministérios, onde Deus nos colocar. Precisamos honrá-lo hoje (v.1), para que mais tarde, nossos cabelos grisalhos sejam uma coroa de glória, adquirida por viver uma vida santa (Provérbios 16:31). —*Jennifer Benson Schuldt*

Lembrem-se do seu Criador.

9 de agosto
Deus numa caixa

Leitura:
Êxodo 20:1-7

Não faça imagens de nenhuma coisa que há lá em cima no céu, ou aqui embaixo na terra, ou nas águas debaixo da terra.
—Êxodo 20:4

E se pudéssemos colocar Deus numa caixa e o fechássemos ali, sempre que fizéssemos ou disséssemos algo que não agrada a Cristo? Talvez, faríamos isso antes de xingar alguém no trânsito ou ao ver algo inapropriado nas mídias sociais. Depois do flerte com o pecado, nós o chamaríamos de volta.

Há momentos em que gostaríamos de moldar e controlar Deus. Porém, o segundo mandamento nos chama a atenção para este perigo (Êxodo 20:4-6). É errado reduzir o Deus santo e infinito à nossa imagem ou semelhança. Como está escrito: "Não faça imagens de nenhuma coisa […]. Não se ajoelhe diante de ídolos, nem os adore" (vv.4,5).

Este é um dos Dez Mandamentos mais repetido na Bíblia. Talvez, isto se deva à nossa tendência de fazer Deus à nossa imagem, em vez de nos submetermos a Ele e deixá-lo nos reconstruir à *Sua* imagem! Dizemos: "O amor de Deus — gosto dele, mas não acho que queira Sua santidade."

Nossas tentativas de limitá-lo o desagradam e podem afetar a visão que as outras pessoas têm dele. Afinal, se tivermos uma visão deficiente do Senhor, outros também poderão adotá-la. Mas se tivermos uma visão elevada de Deus, outros poderão vê-la e, com esperança, aceitá-la.

J. I. Packer afirma: "Nosso objetivo em estudar a deidade deve ser conhecer melhor o próprio Deus. E nossa preocupação deve ser ampliar o nosso conhecimento da doutrina dos atributos divinos, e do Deus vivo a quem pertence tais atributos." —Poh Fang Chia

Reconhecemos que o nosso Deus é o Deus da Bíblia, o Santo que nos foi revelado por Jesus Cristo.

10 de agosto
Qual é o seu lema?

Leitura:
Lucas 12:4-7,22-32

*…Não tenham medo, pois vocês valem mais
do que muitos passarinhos!*
—Lucas 12:7

Grug Crood é o pai de uma família das cavernas, num filme de animação. Ele acredita que não há lugar seguro além de sua própria caverna. À noite, todos se juntam ao pai para que este os proteja. Crood acha que a filha adolescente deve desistir do seu lado aventureiro, pois isso poderia colocá-la em situação de perigo. O lema dele para cada membro da família é: "Nunca *deixe* de sentir medo." Ou melhor: "*Sempre* sinta medo."

Jesus, muitas vezes, disse exatamente o oposto aos Seus seguidores: "Não tenha medo." Ele disse a Simão quando o chamou (Lucas 5:10). Quando Jairo, um líder da sinagoga, cuja filha estava morrendo, veio a Jesus, o Mestre lhe disse as mesmas palavras (8:50).

Em Lucas 12, Jesus disse aos Seus discípulos para não terem medo, e lhes ensinou que Deus se importava com eles muito mais do que se importava com os pardais (v.7). E depois de Sua ressurreição, Jesus disse às mulheres que vieram ao túmulo: "Que a paz esteja com vocês! […] Não tenham medo" (Mateus 28:9,10).

O medo é um sentimento universal. Temos preocupações com os nossos entes queridos, nossas necessidades e até do futuro. Como aprender a ter fé? O Senhor nos deu a base para construirmos nossa confiança nele: Ele mesmo disse: "…Eu nunca os deixarei e jamais os abandonarei. Portanto, sejamos corajosas e afirmemos: O Senhor é quem me ajuda, e eu não tenho medo…" (Hebreus 13:5,6). —*Anne Cetas*

O amor de Deus nos liberta da prisão do medo.

11 de agosto
Perguntar ao autor

Leitura:
1 Coríntios 2:9-16

…*"Quem pode conhecer a mente do Senhor? Quem é capaz de lhe dar conselhos?" Mas nós pensamos como Cristo pensa.*
—1 Coríntios 2:16

Há alguns anos participo de vários clubes de livros. Normalmente, vários amigos leem um mesmo livro e depois nos juntamos para discutir as ideias que o autor apresentou. Inevitavelmente, uma pessoa levanta uma questão que nenhum de nós consegue responder. E então, alguém diz: "Se pudéssemos perguntar ao autor, saberíamos." Uma nova tendência popular está tornando isto possível. Em alguns lugares, alguns autores, por um valor exorbitante, se dispõem a reunir-se com os participantes de clubes de livros.

É tão diferente quando nos reunimos para estudar a Bíblia! Jesus se encontra conosco sempre que estamos juntos. Sem taxas! Não há conflitos de agenda nem despesas de viagem! Além disso, temos o Espírito Santo para guiar o nosso entendimento. Uma das últimas promessas feitas por Jesus aos Seus discípulos foi de que Deus enviaria o Espírito Santo para ensiná-los (João 14:26).

O autor da Bíblia não se limita nem pelo tempo nem pelo espaço. Ele pode nos encontrar a qualquer momento e em qualquer lugar. Desse modo, sempre que tivermos uma pergunta a lhe fazer, podemos perguntar com a garantia de que Ele a responderá — embora, talvez, não de acordo com o nosso calendário.

Deus quer que tenhamos a mente do Autor (1 Coríntios 2:16) para que pelo ensino do Espírito Santo venhamos a compreender a grandeza do dom que o Senhor liberalmente nos concedeu (v.12). —*Julie Ackerman Link*

Ao ler a sua Bíblia, peça ao Autor para iluminar a sua mente e o seu coração.

12 de agosto
Um pai que corre

Leitura:
Lucas 15:11-24

Porque o Filho do Homem veio buscar e salvar quem está perdido.
—Lucas 19:10

Todos os dias um pai lançava seu olhar em direção à estrada distante esperando pela volta de seu filho. E todas as noites ele ia dormir decepcionado. Mas um dia, um pequeno traço surgiu no horizonte. Uma silhueta solitária se colocou diante do céu carmesim. *Será que é o meu filho?* O pai se perguntou. E então percebeu seu modo de andar tão familiar. *Sim, só pode ser meu filho!*

"…Quando o rapaz ainda estava longe de casa, o pai o avistou. E, com muita pena do filho, correu, e o abraçou, e beijou" (Lucas 15:20). É extraordinário que o patriarca da família tenha feito algo que era considerado indigno na cultura do Oriente Médio — ele correu para encontrar o seu filho, pois estava muito feliz por seu retorno.

Este não merecia tal recepção. Ao pedir a seu pai o adiantamento de sua parte da herança e sair de casa, foi como se desejasse que seu pai já estivesse morto. Mas apesar de tudo o que o jovem tinha feito ao pai, ele continuava a ser o seu filho (v.24).

Esta parábola nos lembra de que somos aceitas por Deus por causa de Sua graça, não por nossos méritos. Ela garante que nunca afundaremos tão profundamente a ponto de a graça de Deus não poder nos alcançar. Nosso Pai celestial nos aguarda ansioso com os Seus braços abertos. —*Poh Fang Chia*

Merecíamos o castigo e recebemos o perdão; merecíamos a ira de Deus e recebemos o Seu amor. —Philip Yancey

13 de agosto
Feitos novos

Leitura:
Cântico dos Cânticos 8:6,7

...O amor é tão poderoso como a morte...
—Cântico dos Cânticos 8:6

Ela personifica beleza, interior e exterior. Mas também carrega o fardo de profunda vergonha dos atos de um homem egocêntrico. Nada inofensivas, as mãos dele a tocaram, e lhe roubaram a segurança e a honra. Talvez ele visse isso como um jogo — simplesmente sacrificando a inocência dela no altar de uma cultura saturada de sexo. Mas para ela foi uma dolorosa ferida por toda a vida.

Por mais que Deus se agrade em conceder dádivas ao Seu povo, os poderes das trevas vibram ao eliminar a esperança, destruir a paz e devastar os corações (João 10:10). Poucas armas são tão sutis em provocar o caos do que a perversão sexual. Solteiras ou casadas, jovens ou idosas, homens ou mulheres, a queda dos afetados é grande.

O Cântico dos Cânticos desnuda nossas falsas aparências a respeito do amor ao descobrirmos o poder da paixão de Deus por nós. Ele se tornou o próprio Amor, tão poderoso quanto a morte (Ct 8:6), um Amor disposto a ser crucificado (João 3:16).

Satanás quer que vivamos em fraqueza sexual, e não se importa com nossa vergonha, incentivando-nos a viver sem limites sexuais. Poucas de nós, se alguma, escapará deste mundo ilesa, de um jeito ou de outro.

Deus sabia disso, e lembra à sua amada que o inverno árido já passou, Ele nos chama do lugar de desolação, e faz tudo novo (Isaías 43:19). Nenhuma mentira do inimigo é grande demais (Ct 6:3; 1 João 4:10). —*Regina Franklin*

*Apenas uma pergunta permanece:
nós corresponderemos ao Seu amor?*

14 de agosto
Verdadeira salvação

Leitura:
Gálatas 3:1-14

…Vocês começaram a sua vida cristã pelo poder do Espírito de Deus e agora querem ir até o fim pelas suas próprias forças?
—GÁLATAS 3:3

O que alguém deve fazer para ser salvo? O questionamento que surgiu nas igrejas da Galácia permanece uma questão para muitos até hoje. Somos verdadeiramente salvas pela crença em Jesus Cristo e em Seu sacrifício na cruz por nós ou precisamos fazer algo mais?

O apóstolo Paulo se esforçou para ajudar os cristãos a entender que somos justificados pela graça, apenas por meio da fé. Nada podemos fazer para garantir a nossa salvação. Jesus já fez tudo.

E o Salvador prometeu: Eu cumprirei a Lei (Mateus 5:17). E Ele o fez. Suas últimas palavras na cruz foram: "…Tudo está completado!…" (João 19:30), traduzidas do grego *tetelestai*, que significava "integralmente pago".

Certo pastor afirmou: "A suficiência da cruz é uma crença divisora de águas. Se duvidarmos de que ela nos justifica totalmente diante de Deus, buscaremos aumentar o seu valor com as nossas obras, negando a sua suficiência e, por assim dizer, 'caindo da graça'" (Gálatas 5:4).

Isto não significa que perderemos a nossa salvação, mas que podemos substituir a plenitude de vida em Jesus por uma forma de religião sem poder ou alegria.

E a leitura da Bíblia e o batismo? Não trazem a salvação, mas precisamos disso para crescer na salvação (1 Pedro 2:2) e proclamá-la (Mateus 28:19). Para ser salva, apenas uma coisa é necessária — fé em Jesus Cristo (Atos 13:39). —*Poh Fang Chia*

Porque todo aquele que crê é declarado justo diante de Deus.

15 de agosto
Começando com oração

Leitura
Salmo 82

Defendam os direitos dos pobres e dos órfãos; sejam justos com os aflitos e os necessitados. —Salmo 82:3

Era 21 de novembro de 1835, e George Müller escreveu: "Hoje eu decidi, no meu coração, não mais meramente *pensar* em fundar um orfanato, mas fundá-lo *de fato*, e passei muito tempo em oração para descobrir a vontade de Deus."

Müller ansiava viver para Deus, o Pai, pois para o Senhor: "...a religião pura e verdadeira é esta: ajudar os órfãos e as viúvas nas suas aflições..." (Tiago 1:27). Ele orou, e Deus revelou a esse líder os seguintes propósitos para abrir um orfanato:

• Demonstrar que pela fé e oração, com a bênção do Senhor, o homem simples e pobre pode ser usado para resgatar outros (v.4).

• Ser usado por Deus para beneficiar crianças pobres e *órfãs*, e buscar o bem-estar delas.

• Educar as crianças para andar com Deus.

• Glorificar a Deus reconhecendo que Ele é fiel.

Depois de muita oração e sem fazer uma campanha sequer para arrecadar fundos, Müller obteve provisões para sustentar lares de mais de 10 mil órfãos. Mesmo hoje, acredito que, em vez de realizar uma campanha financeira nas redes sociais, Müller dobraria os joelhos e clamaria a Deus por suas necessidades. Embora eu não esteja sugerindo que arrecadar fundos seja errado, podemos aprender muito com este homem, sobre confiar em Deus e em Seus vastos recursos (v.8).

Somos sábias ao apresentar nossas necessidades primeiro ao Senhor, pedindo que Ele nos guie. —Roxanne Robbins

Ensina-nos, Senhor, como compartilhar as nossas necessidades contigo e depois com os outros.

16 de agosto
Ídolos afetivos

Leitura:
Ezequiel 14:1-11

...esses homens deram o seu coração aos ídolos...
—Ezequiel 14:3

O personagem principal resume sua vida: sem amigos, sem emprego e passado sombrio. Sem laços familiares nem fé em Deus. Só tinha o amor de sua garota e lhe prometeu devoção vitalícia. Para fazê-la feliz, se absteve de violência, permaneceu monógamo e parou de usar palavrões. Tudo o que planejava girava em torno da sua paixão.

Os relacionamentos podem se tornar ídolos. Deus disse: "Não adore outros deuses; adore somente a mim" (Êxodo 20:3), Deus nos alerta para que nada se interponha entre nós e Ele. Às vezes, a busca por romance eclipsa o nosso amor por Deus.

Os israelitas praticavam idolatria, e Deus deu ao profeta Ezequiel uma mensagem para alguns líderes do Seu povo. Ele disse: "...esses homens deram o seu coração aos ídolos..." (v.3). Para Deus, a idolatria não era apenas a criação e adoração de figuras de madeira, mas uma doença do coração — um desvio da devoção a Ele.

A mensagem de Deus continuou: "[Eles] estão deixando que os ídolos os façam pecar..." (v.3). O que nos afasta de Deus nos levará ao pecado. Quando um relacionamento se torna nosso ídolo, há um perigo adicional. Podemos ser tentadas a comprometer a nossa pureza; e isso é pecado contra Deus e nós mesmas (1 Coríntios 6:18,19).

Se compreendemos o Seu amor por nós, não nos sentimos propensas a dar o melhor de nós mesmas a "outro ser importante" e esperar que Deus se satisfaça com as sobras. —*Jennifer Benson Schuldt*

*Deus deseja e merece
ser o primeiro em nosso coração.*

17 de agosto
A verdadeira abnegação

Leitura:
Lucas 9:18-25

…*Se alguém quer ser meu seguidor, que esqueça os seus […] interesses, esteja pronto cada dia para morrer como eu vou morrer e me acompanhe.* —Lucas 9:23

A quaresma é um período de 40 dias antes da Páscoa (exceto os domingos). Para muitas pessoas ela comemora o jejum de Jesus no deserto. Eles *sacrificam algo* na quaresma todos os anos, como, por exemplo, deixar de comer doces ou de ver TV. Isso pode render benefícios espirituais, mas negar *coisas* a si mesma não equivale a negar a *si mesma*. Em Lucas 9:23 Jesus nos ensinou a negarmos a nós mesmas.

Este versículo pode ser dividido em três partes. Na sentença "se alguém quer ser meu seguidor", a palavra *quer* indica que isso é somente para os discípulos sinceros. Na frase "esqueça os seus próprios interesses" as palavras "*esqueça*" e "*próprios interesses*" implicam em uma disposição de renunciar vontades e desejos egoístas. E na frase "esteja pronto cada dia para morrer" a palavra "*cada dia*" enfatiza um morrer contínuo da vontade própria.

É mais fácil entregar coisas do que entregar a nós mesmas. Contudo, Jesus se entregou, e nós também devemos fazê-lo. Àqueles que negam a si mesmos em obediente serviço, Ele prometeu: "Quem esquece a si mesmo por minha causa terá a vida verdadeira" (v.24). E a Sua pergunta: "O que adianta alguém ganhar o mundo inteiro, mas perder a vida verdadeira e ser destruído?", temos que responder: "Não há lucro algum!". Nós demonstramos que acreditamos nisso quando negamos a nós mesmas e seguimos a Cristo. —*Joanie Yoder*

Quando vivemos para nós mesmas, morremos; morrendo para nós mesmas, vivemos.

18 de agosto
Falar doce

Leitura:
Tiago 3:2-18

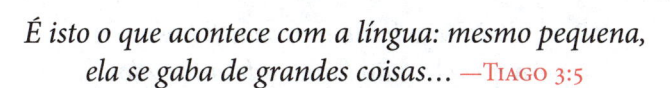

É isto o que acontece com a língua: mesmo pequena, ela se gaba de grandes coisas… —Tiago 3:5

"Espero que você não esteja na minha turma o ano que vem." Certa noite, meu filho, de 9 anos, nos contou sobre esse incidente na escola. Dois dias antes, ele brincava com a fechadura de uma porta quando uma professora, na tentativa de corrigi-lo, fez esse comentário que o marcou.

A nossa habilidade de falar com intenção criativa é um dos diferenciais que trazemos como seres criados à imagem e semelhança de Deus. Jesus disse aos Seus discípulos que eles seriam conhecidos pelo amor (João 13:35) e por serem canais da água viva (7:38). Tiago reúne essas duas ideias revelando a incoerência de professarmos o nosso amor a Deus e amaldiçoarmos aqueles a quem Ele criou com amor (Salmo 139:13,14; Tiago 3:9).

Como o fogo, as palavras são poderosas. Como as chamas que trazem calor ou perigo, o que dizemos pode ou revelar a luz de Cristo em nós, ou desencadear a destruição à nossa volta (Provérbios 18:21). Nossas palavras revelam os motivos do nosso coração. Quando se trata de comunicação, queremos ser ouvidas, e, muitas vezes lutamos por ter o controle. Mesmo quando falamos *pouco*.

A conversa voltada para nós mesmas, "…não vem do céu; ela é deste mundo, é da nossa natureza humana e é diabólica (Tiago 3:15 ARA). A direção de Deus em nosso falar, no entanto, é um tesouro (Provérbios 25:11) que conduz o poder restaurador da graça de Deus (Colossenses 4:6). —*Regina Franklin*

O verdadeiro poder e influência vêm de nossa submissão a Deus.

19 de agosto
Harmonia perfeita

Leitura:
Colossenses 3:12-21

*Pais, não irritem os seus filhos,
para que eles não fiquem desanimados.*
—Colossenses 3:21

Luísa, 7 anos, lutava para dominar uma partitura para piano. Ela desistiu, mas sua mãe lhe ordenou que voltasse atrás, ameaçando jogar fora a sua casa de boneca se a música não estivesse perfeita até o dia seguinte. Ameaças e alertas prosseguiram: "deixe de ser preguiçosa, covarde, permissiva e patética". A mãe ficou rouca de tanto gritar, e "do nada", disse a mãe, Luísa conseguiu tocar a peça lindamente.

É correto ser firme e pressionar tanto nossos filhos a desempenhar algo bem se acharmos que os resultados os beneficiarão a longo prazo? Uma mãe como essa diria: "Sim!". Porém, a Bíblia exorta: "...não irritem os seus filhos, para que eles não fiquem desanimados..." (Cl 3:21). Exigir a perfeição é uma forma de provocar e desanimar nossos filhos.

É importante lembrar-se de que Deus: "...é bondoso para aqueles que o temem" (Salmo 103:13). E refletir em nossas próprias experiências como a graça divina nos ajuda a educar os nossos filhos.

Temos as instruções divinas sobre como tratar as pessoas. Nossos filhos ganham muito quando nos revestimos "...de misericórdia, de bondade, de humildade, de delicadeza e de paciência" (Cl 3:12).

A harmonia é muitas vezes difícil de ser alcançada, quando se trata de lidar com nossos filhos. Como filhas que conhecem a graça e o amor do Pai, podemos disciplinar, treinar e ensiná-los de forma que deixem o Senhor orgulhoso. —*Jennifer Benson Schuldt*

*...tenham amor, pois o amor une perfeitamente
todas as coisas.* —Colossenses 3:14

20 de agosto
Como ela consegue?

Leitura:
2 Reis 4:1-7

…Venda o azeite e pague todas as suas dívidas. Ainda vai sobrar dinheiro para você e os seus filhos irem vivendo —2 Reis 4:7

Meus pequenos vizinhos em Uganda, Josué (10 anos), Mirika (8 anos), Ashaba (7 anos) e Katseme (4 anos), têm uma vida difícil. Certo dia, a polícia apareceu em sua casa e na frente delas, rasgou a camisa e os sapatos de seu pai, espancaram-no, amarraram-no e o arrastaram para a prisão. Poucos dias depois, ele voltou para casa para anunciar que iria viver com uma nova esposa. A mãe das crianças, enraivecida pelo abandono, também fugiu, levando somente um bebê com ela.

Neste mundo onde muitas mulheres amam os seus filhos, como o relato sobre a viúva em 2 Reis 4:1, é difícil imaginar como uma mãe poderia se recusar a amar e cuidar dos lindos filhos com que foi abençoada. Infelizmente, muitos pais não demonstram remorso em deixar seus filhos sem "…segurança, […] condenados injustamente, e não há ninguém que os defenda" (Jó 5:4).

Graças à ajuda de amigos, tenho oferecido a essas quatro crianças duas refeições por dia, há vários meses. Meus amigos também me ajudam a comprar roupas e a pagar pelo ensino escolar de cada uma delas. O desafio de encontrar uma solução de longo prazo para eles continua.

Encorajo-a a investir na vida de crianças carentes. Peça a Deus para levá-la a uma criança ou organização específica que poderia necessitar da sua ajuda. Então, veja as incríveis maneiras pelas quais Deus derramará a Sua bênção para enriquecer a vida de outras pessoas.

—Roxanne Robbins

Deus quer que ajudemos uns aos outros.

21 de agosto
Mais do que romance

Leitura:
Rute 2:1-23

*Esse homem é nosso parente chegado
e um dos responsáveis por nós.*
—Rute 2:20

Em nosso encontro de ex-alunos, os amigos recordavam as aventuras e desventuras enquanto eu simplesmente os ouvia. Não pude participar da conversa, porque a maioria das minhas horas extracurriculares na escola foi gasta na biblioteca debruçada sobre algum romance! Assim, não é difícil imaginar que minha preferência seja pelo livro de Rute, do Antigo Testamento.

Rute era uma moça em perigo, mas não era uma pessoa fraca. Era uma viúva sem filhos, mas recusou-se a se afundar na autocomiseração. Em vez disso, ela escolheu entregar sua lealdade à sogra e a Deus (1:16,17).

Por ser moabita, estrangeira, será que Rute sentia os olhares nada amistosos enquanto trabalhava nos campos? Será que se sentia deslocada nesta nova terra? Nada a impedia de fazer tudo o que pudesse para cuidar da sogra. Isto é impressionante, porque muitos homens e mulheres que amam o cônjuge não suportam a sogra.

Talvez, Boaz não fosse bonitão, mas certamente tinha caráter, era confiável, másculo e sensível. E disse a Rute: "...dei ordem aos empregados para não mexerem com você. Quando ficar com sede, beba da água que os empregados tirarem para beber" (2:9).

Boaz é um símbolo de Cristo como Provedor e Protetor de Sua noiva, *nosso* Provedor. E Rute é um exemplo de alguém que se coloca sob a proteção e o cuidado do Deus generoso e soberano. —*Poh Fang Chia*

*Que o amor nos encoraje a confiar no nosso Deus
Redentor ao servi-lo com fidelidade.*

22 de agosto
Esgotada

Leitura:
Salmo 119:65

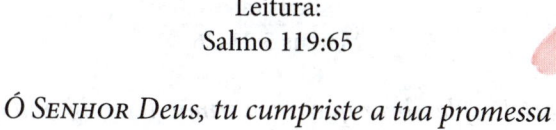

*Ó SENHOR Deus, tu cumpriste a tua promessa
e tens sido bom para mim, este teu servo.*
—SALMO 119:65

Sempre vou me lembrar do professor que levantou sua Bíblia gasta pelo uso e disse: "Todo crente deve destruir uma cópia da Bíblia a cada 10 anos." Em outras palavras, devemos usar nossas Bíblias a tal ponto que ela possa gradualmente se desgastar. Seu desafio também me faz lembrar o ditado: "Uma Bíblia que está caindo aos pedaços geralmente pertence a alguém que não está!". Isso certamente se tornou realidade para mim.

Não me orgulho dos anos em que minha Bíblia era consideravelmente subutilizada. Durante esse tempo eu estava desmoronando em vez de a minha Bíblia. Surpreendentemente, Deus usou minha condição como um meio para aguçar meu apetite por Sua Palavra.

Um dia, senti que Deus estava me lembrando de que a Sua Palavra está cheia de verdades. A partir de então, desejei colocar aquelas verdades em prática em minha vida. Para mim, a Bíblia não era apenas mais um produtor de culpa e um exaustor. Pouco a pouco, enquanto eu a lia, a digeria e sublinhava as frases-chave, foi a minha Bíblia e não eu, que começou a cair aos pedaços!

Na margem de muitas páginas na Bíblia pessoal de D. L. Moody, ele escreveu as letras T e C, significando "Testado e Comprovado". Ele colocou em prática as passagens da Palavra de Deus, provando que elas funcionam. Você também pode testar e comprovar a maravilha operante da Palavra de Deus. —*Joanie Yoder*

*A Bíblia deve ser como o pão diário,
não o bolo para ocasiões especiais.*

23 de agosto
Pedidos de perdão

Leitura:
Mateus 5:21-26

…se você […] lembrar que o seu irmão tem alguma queixa contra você, […] vá logo fazer as pazes com o seu irmão.
—Mateus 5:23,24

Marcos confundiu-se. Chegou uma hora mais tarde ao restaurante em que deveria encontrar um amigo da igreja. O amigo já tinha ido embora, e ele sentiu-se mal por esse engano. Em seguida, ele comprou um vale-presente do restaurante e parou numa loja de cartões para procurar um cartão de desculpas. Dentre as centenas de cartões, surpreendeu-se ao encontrar poucos com "pedidos de desculpas" numa parte quase ignorada da loja. Ele comprou um desses cartões e o entregou ao seu amigo, que aceitou o presente e o pedido de desculpas.

Embora estes cartões não sejam tão populares, os pedidos de perdão são frequentemente necessários em nossos relacionamentos. Perdoar é uma atitude bíblica. Jesus instruiu os Seus seguidores a se reconciliarem com aqueles a quem tivessem ofendido (Mateus 5:23,24; 18:15-20). E o apóstolo Paulo disse: "No que depender de vocês, façam todo o possível para viver em paz com todas as pessoas" (Romanos 12:18). Viver em paz pode exigir pedidos de perdão.

Pode ser difícil pedir perdão, pois é necessário um espírito humilde para admitir o nosso erro, atitude nem sempre natural em nós. Mas, assumir a responsabilidade por estarmos errados em uma situação pode trazer cura e restauração a um relacionamento.

Você se confundiu? Engula seu orgulho e dê o primeiro passo — mesmo se não puder encontrar um cartão para ajudá-lo a dizer isso. —*Anne Cetas*

A melhor maneira de dar a última palavra é pedir perdão.

24 de agosto
Quando Deus fala mansamente

Leitura:
1 Reis 19:1-12

*Elias se deitou debaixo da árvore e caiu no sono.
De repente, um anjo tocou nele e disse: —Levante-se e coma.*
—1 Reis 19:5

Adoro tirar fotos do pôr do sol no lago próximo de onde moro. Alguns se mostram em tons pastéis muito sutis. Outros são pincelados de cores brilhantes. Às vezes, o sol se esconde silenciosamente por trás do lago. Outras vezes, ele desce como uma explosão de fogo.

Entre as fotos ou ao vivo, prefiro a última opção, porém ambas mostram a criação de Deus. Quando se trata da Sua obra no mundo, minhas preferências são as mesmas. Prefiro ver respostas dramáticas à oração do que as provisões comuns do pão de cada dia. Mas ambas são obras de Deus.

Elias pode ter tido preferências semelhantes. Ele tinha se acostumado a ser o centro das grandes manifestações do poder do Senhor. Quando ele orou, Deus manifestou-se de forma dramática — primeiro em uma milagrosa derrota dos profetas de Baal e, depois, no final de uma longa e devastadora seca (1 Reis 18). Mas em seguida, Elias sentiu medo e começou a correr. Deus enviou um anjo para alimentar e fortalecê-lo para a viagem que faria. Depois de 40 dias, ele chegou a Horebe. Deus lhe mostrou que Ele agora estava se comunicando com suavidade, não com milagres esplendorosos (19:11,12).

Se você está desanimada porque Deus não apareceu numa chama de glória, talvez Ele esteja se revelando a você em uma brisa suave.

—*Julie Ackerman Link*

*Deus está nas pequenas coisas,
assim como nas grandes.*

25 de agosto
Preparar, apontar, descansar!

Leitura:
Marcos 6:30-44

*…Venham! Vamos sozinhos para um
lugar deserto a fim de descansarmos um pouco.*
—Marcos 6:31

Pedro Soria Lopez é um campeão do sono e venceu uma competição de cochilo num shopping center, na Espanha. Centenas de participantes competiram e o cochilo vencedor de Lopez durou 17 minutos e ganhou bônus por seu ronco "estrondoso".

Ele se desligou da perturbação e adormeceu, e sabemos como pode ser complicado descansar cercado por movimentação.

Jesus frequentemente estava pressionado pelas multidões (Mateus 4:25). Certa ocasião Ele e Seus discípulos trocavam experiências numa área tão lotada, que o Mestre e Seus amigos "…não tinham tempo nem para comer…". Então Jesus sugeriu: "…Venham! Vamos sozinhos para um lugar deserto a fim de descansarmos um pouco" (Marcos 6:31). O grupo saltou para dentro de um barco, mas os habitantes do local os reconheceram e os cercaram. Quando o barco dos discípulos aportou, Jesus "…teve pena daquela gente…" (v.34) e voltou para ensiná-los.

A última parte da história me lembra de que descansar, às vezes, é ambíguo. As necessidades da multidão — as pessoas e ministérios em nossa vida — nem sempre se encaixam bem das 8 às 18 horas. E precisamos nos recarregar. O que fazer? Jesus deu o exemplo de flexibilidade e equilíbrio, por vezes, Ele fez hora extra para ajudar as pessoas. Outras, priorizou o descanso acima da pressão do servir (Lucas 4:42; Marcos 1:35-37; Isaías 40:29-31).

Preparar, apontar, descansar! —*Jennifer Benson Schuldt*

*Ao seguirmos o exemplo de Cristo e pedirmos
Sua direção, Ele nos dará força extra.*

26 de agosto
Autênticas

Leitura:
Atos 4:34–5:11

Por que você deixou Satanás dominar o seu coração? Por que mentiu para o Espírito Santo?...
—Atos 5:3

Joseph Luft e Harry Ingham são os criadores da Janela Johari (derivado de seus nomes) que apresenta os quatro conceitos do *eu*: (1) o que nós e os outros vemos; (2) o que nós vemos, mas os outros não veem; (3) o que os outros veem, mas nos está encoberto; (4) o que nem nós, nem outros podem ver. A ideia é prática e aplicável, e embora tenhamos áreas que desconhecemos, todas as partes de quem somos são conhecidas por Deus (1 Coríntios 13:12).

Para Ananias e Safira a lição repousa na conexão entre a história deles e os fatos relatados em Atos 4. Não nos enganemos, todos nós pecamos, (1 João 1:10). E em nossa natureza pecaminosa há também o desejo de nos ocultarmos (Gênesis 3:8-10). Grande parte de nossa luta respalda-se na tentativa de manter a aparência para os outros.

A salvação não é o resultado da opinião dos outros. Nós a alcançamos somente quando nos despimos de nossa pretensão diante da cruz e confessamos a nossa necessidade desesperada da graça de Deus. Quem somos só se torna aparente quando ninguém está nos olhando. Ninguém, a não ser Deus.

Embora o Senhor já saiba tudo o que dizemos, fizemos e faremos, precisamos ser transparentes com Ele, pois ao agirmos assim, reconhecemos a Sua soberania. Só seremos verdadeiras com os outros se pararmos de tentar nos convencer de que somos algo que não somos.

Só então, seremos autênticas. —Regina Franklin

A verdadeira transparência com Deus se reflete em nossa transparência diante dos outros.

27 de agosto
Depois da lua de mel

Leitura:
Cântico dos Cânticos 5:2-16

…Já lavei os pés; por que sujá-los outra vez?
—Cântico dos Cânticos 5:3

A lua de mel acabou. A vida está retomando sua rotina, uma nova rotina. Agora, você tem um parceiro com quem viver. Não é mais uma questão de preferências e hábitos pessoais. Você precisa aprender a conviver com a pessoa a partir de novos paradigmas (vv.2,3).

Você dorme profundamente e o seu cônjuge a desperta e lhe pede um favor. Você reluta e demonstra indiferença. Ou você está assistindo a algo na TV e seu cônjuge quer conversar. Você lhe dá um corte: "Podemos conversar quando o programa terminar?". Em seguida, sentindo-se culpada pela indiferença, você busca a reconciliação. "…chamei-o, mas ele não respondeu" (v.6).

Quando há conflitos, ou você os enfrenta ou foge deles. Quem luta quer conversar e buscar uma solução. Quem foge quer o fim da discussão e não quer enfrentar a situação.

É importante estar consciente da reação natural do outro ao conflito. Encontramos em Cântico dos Cânticos 5:10-16, o antídoto ao egoísmo, à indiferença e à comunicação inadequada. Quando a mulher faz uma lista dos atributos maravilhosos do amado, ela recupera sua estima por ele, e conclui: "…tudo nele me agrada…" (v.16).

A perfeição pertence apenas a Deus. Não a esperemos no outro. Que minimizemos os pontos fracos, e sejamos rápidas para elogiar e engrandecer os pontos fortes. Que vejamos um ao outro com olhos bons e pacientes. Que jamais desmereçamos o amor um do outro! —Poh Fang Chia

Nós [o] amamos porque Deus nos amou primeiro.
—1 João 4:19

28 de agosto

Na cerca

Leitura:
João 20:19-29

…Se eu não vir o sinal dos pregos nas mãos dele […] não vou crer! —João 20:25

Imagine um carro preso em uma cerca metálica. Agentes da lei viram essa cena improvável ao frustrarem a tentativa de contrabandistas de cruzarem ilegalmente a fronteira. Dois homens haviam subido por rampas até o topo da cerca de 4,2 m de altura e esperavam descer o carro da mesma maneira para chegarem ao destino. Quando os agentes de fronteira chegaram, os homens fugiram.

A incapacidade de mover-se também aprisiona a condição espiritual de algumas pessoas. Elas querem crer em Jesus como o caminho para a salvação, mas as dúvidas as impedem de aceitar plenamente essa verdade.

Os discípulos anunciaram que tinham visto Jesus vivo após a Sua morte, Tomé duvidou, e disse: "…Se eu não vir o sinal dos pregos nas mãos dele […] não vou crer!". Mas depois, Jesus apareceu e convidou o desconfiado discípulo a examiná-lo. E compreendeu as dúvidas de Tomé e deu-lhe a certeza que ele necessitava. E disse-lhe: "…Pare de duvidar e creia!" (v.27).

Você ouve Jesus lhe dizendo essas palavras hoje? Talvez você queira uma prova tangível da ressurreição do Senhor. Felizmente, é possível crer nele sem a comprovação que Tomé teve, porque Jesus disse: "…Felizes são os que não viram, mas assim mesmo creram!" (v.29).

Se você quer conhecer Jesus, Deus pode transformar esse desejo em um relacionamento real com Ele. Leve suas dúvidas — quaisquer que sejam — a Deus. —*Jennifer Benson Schuldt*

A Bíblia tem a orientação espiritual.
Peça ao Senhor para abrir os seus olhos sobre Jesus.

29 de agosto
"Curtir" isso

Leitura:
Filipenses 3:7-21

...encham a mente de vocês com tudo o que é bom e merece elogios, isto é, tudo o que é verdadeiro, digno, correto, puro, agradável e decente. —Filipenses 4:8

Como seria o perfil do apóstolo Paulo nas redes sociais? *Amigo de Pedro. Atualização de status: Preso, outra vez, mas vale a pena. Paulo foi marcado no álbum de Silas "O Melhor das Viagens Missionárias — Parte 1". Religião: ex-anticristão, servo santificado.*

Será que ele teria excluído João Marcos da lista dos "amigos"? Haveria palavras de censura no mural de Demas? Teria criticado a igreja de Corinto num comentário?

O mundo on-line tem transformado a igreja, mas a pergunta permanece: Nossos relacionamentos estão melhores ou mais voláteis? À medida que as denominações criam comunidades virtuais, o Corpo de Cristo se vê em lutas que o apóstolo Paulo não teve que enfrentar. Ou teve? (Eclesiastes 1:9,10).

As verdades das Escrituras permanecem as mesmas (Salmo 119:89). O narcisismo é antigo. Paulo nos mostra que devemos crucificar nosso amor ao eu a fim de "...conquistar o prêmio, pois para isso já fomos conquistados por Cristo Jesus" (Filipenses 3:12). Isso influencia o propósito de nosso coração, e nossas atitudes na vida diária, inclusive as que demonstramos on-line.

As Escrituras nos desafiam a nos comportarmos como pessoas cujo coração foi testado e aprovado por Deus (Jeremias 17:9,10). Usar a internet muito tempo durante o dia é uma forma de permanecermos centradas em nós mesmas. —*Regina Franklin*

Antes de postar seus comentários na rede, questione se isso é: verdadeiro, digno, justo e puro.

30 de agosto
O que devo fazer?

Leitura:
2 Crônicas 10:1-17

O rei desprezou o conselho dos homens mais velhos […], como os jovens haviam aconselhado…
—2 Crônicas 10:13,14

O autor Jerry Jenkins dá excelentes conselhos para autores cristãos, como: "Não podemos escrever para a alma de outras pessoas a menos que a nossa esteja saudável." Ou: "Um escritor nunca chega lá." E ressalta: "Permita-se ser tocado, e escreva o que o move." Eu tentei seguir os conselhos dele. O conselho de alguém experiente é sempre útil, especialmente, frente a novos desafios.

Roboão precisava dos bons conselheiros de seu pai, Salomão, quando se tornou o novo rei de Israel. O povo pedia que ele aliviasse as "…cargas pesadas…" (v.4), e os mais velhos e sábios recomendaram, "…Se o senhor for bondoso, se tratá-los bem […] eles serão seus servidores para sempre" (v.7). Este conselho refletia vários princípios sábios: era pacífico, gentil, disposto a ceder, sincero e imparcial (Tiago 3:17).

Mas Roboão decidiu pedir conselho aos jovens, seus companheiros, que chamaram os israelitas de chorões e disseram-lhe para tornar a vida deles ainda mais pesada. Sugeriram que dissesse: "…Ele castigou vocês com chicotes; eu vou surrá-los com correias" (v.11). Infelizmente, Roboão "…falou duramente com o povo, como os jovens haviam aconselhado…" (vv.13,14).

Isso prova que nem todo conselho é bom. Talvez hoje ao enfrentar um desafio você questione: *O que devo fazer?* Procure conselhos de alguém experiente. Ore por direção e, no tempo certo, aja sob o conselho sensato que recebeu. —Jennifer Benson Schuldt

Compare os conselhos que ouve com o que a Bíblia diz sobre a sabedoria do alto.

31 de agosto
Tempos difíceis à frente

Leitura:
Isaías 41:1-20

…estou com vocês; não se apavorem, pois eu sou o seu Deus. Eu lhes dou forças e os ajudo; eu os protejo com a minha forte mão.
—Isaías 41:10

Você enviou inúmeros currículos e, mesmo assim, o emprego continua distante. Tem estilo de vida saudável, e o risco do câncer é estranhamente alto. Tenta ser um bom pai ou mãe e, mesmo assim, seu filho opta por não seguir a Deus. E a lista continua. Na vida, a única certeza é a incerteza. Mesmo depois de ter feito tudo o que você poderia, o futuro ainda está além do seu controle.

Em nossa luta contra a ansiedade e o medo, é fácil nos voltarmos a ídolos e fazermos os nossos próprios deuses. Isaías descreve que as nações se recusavam a reconhecer que Jeová é o Deus da história. E para sentir-se mais seguras, se apressaram a fazer novos ídolos e tentaram fortalecê-los (41:2-7).

E hoje? Fortalecemos os nossos ídolos mergulhando na internet, acumulando bens, desenvolvendo o intelecto ou esculpindo o corpo.

Contudo, Deus conclama o Seu povo para reagir de maneira diferente ao medo. Reconhecemos que Ele nos escolheu, chamou e nunca nos rejeitará. O Senhor diz: "Não fiquem com medo, pois estou com vocês; não se apavorem, pois eu sou o seu Deus. Eu lhes dou forças e os ajudo; eu os protejo com a minha forte mão" (v.10).

Em nossos medos, procuremos nos concentrar em duas verdades: "Estou com vocês" e "Eu sou o seu Deus". *Eu sou* é o Deus que não muda. Suas verdades e Seu propósito não mudam (Números 23:19; Efésios 1:11). Este Deus imutável está conosco. —*Poh Fang Chia*

Não tenha medo. Não perca o ânimo.
Ele a fortalecerá e a ajudará. Ele a sustentará.

1.º de setembro

Temor

Leitura:
Salmo 103:12-14

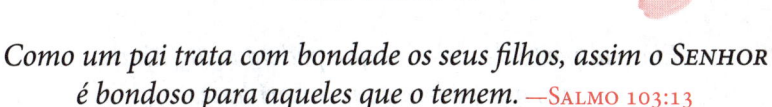

Como um pai trata com bondade os seus filhos, assim o Senhor é bondoso para aqueles que o temem. —Salmo 103:13

Na Uganda, tive contato ocasional com sangue ao segurar crianças moribundas, fazer curativos, e ao tentar confortar pacientes com AIDS e câncer.

Entendia que, desde que não houvesse troca de fluidos corpóreos ou de sangue, o risco de contrair o vírus HIV era zero. Fiquei chocada quando a minha quantidade de leucócitos estava muito baixa, possivelmente indicando a presença do HIV. Embora o teste para HIV tenha dado "negativo", levei vários dias para me recuperar do temor que senti enquanto aguardava os resultados.

O temor nos faz tremer (Êxodo 20:18) e causa tal paranoia que até "…o som de folhas caindo…" nos faz buscar abrigo e correr como se estivéssemos "…combatendo, mesmo que não haja inimigos por perto…" (Levítico 26:36,37).

O temor pode causar úlceras, ataques cardíacos e outros problemas de saúde, nos impedir de dar passos de fé ou nos levar a atos de desespero. Ele pode produzir efeitos positivos quando adequadamente direcionado. O temor a Deus a impedirá de pecar (Êxodo 20:19-21). Temer a Deus de maneira reverente e obedecer aos Seus mandamentos também nos dispõe para receber as Suas bênçãos (Deuteronômio 6:24).

Em Provérbios, lemos: "Para ser sábio, é preciso primeiro temer a Deus, o Senhor" (9:10), porque isso "…ajuda a evitar as armadilhas da morte" (14:27). "Quem teme o Senhor terá uma vida longa, feliz e tranquila" (19:23). —*Roxanne Robbins*

Permita que o temor trabalhe a seu favor e tema a Deus acima de tudo.

2 de setembro
Enxergando perto e longe

Leitura:
Salmo 145

*Ele está perto de todos os que pedem a sua ajuda,
dos que pedem com sinceridade.*
—Salmo 145:18

Ter olhos saudáveis não é o suficiente para enxergar claramente. Sei disso por experiência. Após uma série de cirurgias nos olhos para corrigir um descolamento de retina, ambos enxergavam bem, mas recusavam-se a cooperar entre si. Um olho via coisas distantes e o outro via as próximas. Em vez de trabalharem juntos, eles lutavam pela supremacia. Até conseguir ter uma nova prescrição para óculos, três meses mais tarde, meus olhos permaneceram sem foco.

Algo semelhante acontece com a nossa visão de Deus. Algumas pessoas focalizam melhor em Deus quando o veem como "perto" — quando pensam nele como intimamente presente em sua vida diária. Outros cristãos veem Deus mais claramente como "distante" ou muito além de tudo que podemos imaginar, governando o Universo em poder e majestade.

Embora as pessoas discordem sobre qual visão é a melhor, a Bíblia funciona como uma lente de grau, ajudando-nos a ver que as duas são corretas. O rei Davi apresenta as duas visões no Salmo 145: "Ele está perto de todos os que pedem a sua ajuda…" (v.18) e "O Senhor Deus é grande e merece receber altos louvores. Quem pode compreender a sua grandeza?" (v.3).

Felizmente, nosso Pai celestial está perto para ouvir as nossas orações, e tão acima em poder, que consegue satisfazer a todas as necessidades. —*Julie Ackerman Link*

*Deus é grande o suficiente para cuidar
das menores necessidades.*

3 de setembro
Vida simples

Leitura:
Marcos 10:17-31

...vá, venda tudo o que tem e dê o dinheiro aos pobres...
—Marcos 10:21

Certa jovem trocou sua casa de três quartos por uma de quase 25 m. Isso a liberou de um financiamento, e a nova casa custou-lhe uma fração do que pagava, e diminuiu suas despesas. Ela eliminou os supérfluos; fotos antigas, cartas de amor e lembranças da faculdade.

Na busca pela vida simples, ela não quer ter mais do que 300 bens. Sua história me inspirou a pensar sobre como estar ligada a bens materiais pode influenciar a nossa vida espiritual.

Jesus encontrou o jovem rico que queria saber como herdar a vida eterna (v.17). Ele obedecia aos mandamentos de Deus desde a infância, e Jesus percebeu a sua fraqueza. "Jesus olhou para ele com amor..." (v.21), e disse-lhe a dura verdade: "...Falta mais uma coisa para você fazer: vá, venda tudo o que tem e dê o dinheiro aos pobres e assim você terá riquezas no céu. Depois venha e me siga" (v.21).

O final não foi feliz, e o desafio arrasou o jovem. "Quando o homem ouviu isso, fechou a cara; e, porque era muito rico, foi embora triste" (v.22). Ele podia optar: escolher Jesus ou ficar confortável com seus bens.

Nosso chamado para a "vida simples" não é apenas sobre a quantidade ou qualidade de nossos bens, mas sobre o que valorizamos. Jesus alerta: "...onde estiverem as suas riquezas, aí estará o coração de vocês" (Mateus 6:21). Você valoriza o status, a autoestima e a segurança que os bens podem lhe fornecer? —*Jennifer Benson Schuldt*

*Jesus é a nossa maior riqueza
e a nossa melhor escolha.*

4 de setembro
Viciado em trabalho ou tolo?

Leitura:
Eclesiastes 4:4-16

*Se Deus der a você riquezas e propriedades
e deixar que as aproveite [...]. Isso é um presente de Deus.*
—Eclesiastes 4:19

Certo homem trabalhava 70 horas por semana, amava seu emprego e tinha um bom salário para prover por sua família. Ele pensava: *um dia vou diminuir o ritmo, mas não hoje...* Certa noite, ao retornar, não encontrou mais a sua família em casa. As crianças tinham crescido e se mudado, a esposa encontrara uma nova ocupação, e a casa estava vazia. Tinha sido nomeado ao cargo de diretor-executivo e estava no topo, porém, sozinho!

Quando Salomão *observava as pessoas*, ele reparou num homem que se lamentava ao fim do dia, e disse: "...Para que é que ele trabalha tanto, deixando de aproveitar as coisas boas da vida?..." (Eclesiastes 4:8).

Para evitarmos seguir estes exemplos errados, precisamos:

1. *Preferir o contentamento e não apenas a realização* (vv.4-6). Salomão descreve sobre dois extremos: o viciado em trabalho e o tolo. Encontre o equilíbrio adequado. É melhor ter menos e usufruir bem daquilo que temos.

2. *Priorizar os relacionamentos em vez das riquezas* (vv.7-12). Não sacrifique relacionamentos no altar do sucesso. Não confunda as prioridades. Os relacionamentos dão sentido ao trabalho, e são recompensadores e agradáveis.

3. *Escolher a sabedoria não a popularidade* (vv.13-16). Poder e popularidade são transitórios. Ninguém permanecerá no topo para sempre. Apegue-se fortemente à sabedoria e levemente ao poder. —*Poh Fang Chia*

*Nosso trabalho é um presente de Deus,
usufrua e aceite a sua porção.*

5 de setembro

Descubra o que é seu

Leitura:
Romanos 8:13-27

Assim também o Espírito de Deus vem nos ajudar na nossa fraqueza... —Romanos 8:26

Muitos em minha cidade têm recuperado dinheiro, propriedade e outros bens financeiros, com a ajuda de um programa de resgate financeiro. Mel recuperou algum dinheiro que o seu antigo banco não lhe havia enviado. Roberto registrou-se no site do programa e descobriu que sua avó lhe deixara uma herança significativa. O lema do programa é: *Descubra o que é seu*.

Como seria se descobríssemos tudo o que nos pertence pelo Espírito Santo? Quantas riquezas espirituais inexploradas! O poder de Deus agindo em nós nos capacita a exterminar "...as ações pecaminosas..." (Romanos 8:13). Não somos boas, mas "...o Espírito de Deus vem nos ajudar na nossa fraqueza" (v.26). Quando a força de vontade não basta, precisamos de ajuda sobrenatural; assim conseguimos nos reconciliar com quem nos feriu, evitar sites prejudiciais ou rejeitar o segundo prato de comida.

O Espírito Santo nos dá a capacidade de pensar clara e corretamente. Nem sempre os nossos pensamentos honram o Senhor. Às vezes, despertamos com ideias de medo, terror ou culpa. Daí, é reconfortante lembrar que os que têm "...a mente controlada pelo Espírito de Deus [terão] a vida eterna e a paz" (v.6).

As pessoas, às vezes, negligenciam seu dinheiro e perdem seus benefícios, mas nós muitas vezes não conseguimos notar e usufruir do poder do Espírito Santo. Nossa vida é repleta de esforços próprios para praticar o bem (Gálatas 5:22,23). —Jennifer Benson Schuldt

Somente o poder de Deus, agindo em nós, produzirá o melhor.

6 de setembro

Persistência e esperança

Leitura:
Tiago 1:2-4

...os sofrimentos produzem a paciência, a paciência traz a aprovação de Deus, e essa aprovação cria a esperança.
—Romanos 5:3,4

Quando meu marido construiu uma varanda na frente de nossa casa, ele sabia que, um dia, um pássaro poderia tentar construir ali um ninho e, por isso, ele fez o topo da coluna do canto sobre uma inclinação. Mais tarde, rimos presunçosamente ao vermos pintarroxos esforçando-se ao máximo para reivindicar direitos de ocupação de um novo lar. Pilhas de grama na varanda revelavam seus esforços em vão. Mas após dois dias de incessante chuva, vimos que um ninho aparecera, de fato, exatamente no ponto em que imaginávamos ser impossível. Devido à chuva, a sra. Pintarroxo conseguiu fabricar um pouco de lama. Tecendo-a com ramos e grama, nossa determinada amiga emplumada construíra para si um novo ninho. Ela foi perseverante.

A perseverança é inspiradora! Tentar viver de maneira que honre a Cristo em tempos de dificuldades pode deixar-nos frustradas e desencorajadas. Mas quando dependemos de Deus para nos ajudar em meio às nossas dificuldades, somos fortalecidas para prosseguir mesmo quando nem sempre conseguimos enxergar a solução para os nossos problemas. Lemos em Gálatas 6:9 que não devemos cansar de fazer o bem e isso nos encoraja a não desistirmos.

Nosso amoroso Deus está usando um desafio aparentemente intransponível em sua vida para produzir perseverança? Deixe-o produzir a perseverança em você e, através dela, a esperança (Romanos 5:3,4).

—Anne Cetas

Quando o mundo diz: "Desista", a esperança sussurra: "Persevere, tente mais uma vez"!

7 de setembro
Cidadania

Leitura:
Filipenses 3:12-21

Mas nós somos cidadãos do céu...
—Filipenses 3:20

Onde está a sua cidadania? Não, não estou perguntando se você é um cidadão naturalizado do seu país. Também não estou perguntando se você é africano, francês ou alemão. A Bíblia menciona apenas duas cidadanias — a do mundo e a do céu; o reino das trevas e o reino da luz. De qual destas provém a sua cidadania? A qual delas você pertence? A nossa pátria está nos céus.

Paulo proclama, com autoridade, que os verdadeiros cristãos são "...cidadãos do céu e estamos esperando ansiosamente o nosso Salvador, o Senhor Jesus Cristo, que virá de lá. Ele transformará o nosso corpo fraco e mortal e fará com que fique igual ao seu próprio corpo glorioso..." (Filipenses 3:20,21). "Ele nos libertou do poder da escuridão e nos trouxe em segurança para o Reino do seu Filho amado. É ele quem nos liberta, e é por meio dele que os nossos pecados são perdoados" (Colossenses 1:13,14).

A Bíblia considera a Igreja como um posto avançado, do reino celestial, na Terra. O pastor Charles Spurgeon ilustrou o significado de cidadania celestial usando o exemplo de um cidadão inglês que vivia nos EUA. "Embora ele viva nos Estados Unidos e faça negócios lá, ainda assim, é um alienígena e não pertence àquela nação aflita."

Como cidadãos do céu e "...estrangeiros de passagem por este mundo" (1 Pedro 2:11), temos privilégios e responsabilidades. Temos também a obrigação de brilhar por Cristo. —Roxanne Robbins

Lembremo-nos de que somos o reflexo do próprio reino dos céus.

8 de setembro
Um longo caminho

Leitura:
Colossenses 3:1-17

E tudo o que vocês fizerem [...], façam em nome do Senhor Jesus e por meio dele agradeçam a Deus, o Pai.
—Colossenses 3:17

Quando tentamos vender a nossa casa pessoalmente, meu marido assegurou-se de pedir permissão aos vizinhos para colocarmos placas de sinalização no cruzamento perto de nossa casa. Um proprietário, surpreso, com nossa atitude, deu-nos sua permissão, e admitiu que retiraria qualquer outra placa não autorizada. Não nos surpreendeu vermos uma placa removida e jogada para o canto. A lição foi clara: um pouco de respeito nos leva longe.

Como cristãs, somos chamadas a incorporar uma cultura totalmente diferente da sociedade secular que nos cerca: nos vícios que evitamos, e na atmosfera de honra que criamos por onde passamos (Colossenses 3:12-14).

Seguimos um Salvador que se fez "nada" por nós (Filipenses 2:7,8), e destravamos o segredo da vida transformada quando entendemos que todo nosso valor está envolvido nele (Colossenses 2:6,7). Precisamos de pouco esforço para fazer, simplesmente, o que nos beneficia, mas o reino dos céus nos convoca a fazer algo completamente diferente. Estava implícito no sacrifício de Jesus a Sua decisão de colocar a nossa necessidade acima do Seu próprio bem-estar (Isaías 53:6-10).

Como amamos a Deus com todo nosso ser, o próximo cumprimento óbvio de Sua Palavra é amar aos outros como desejamos ser amadas (Lucas 10:27). Desta forma, a nossa vida não busca os nossos próprios interesses apenas, mas respeita as preocupações dos outros.

—Regina Franklin

E, acima de tudo, tenham amor, pois o amor une perfeitamente todas as coisas. —Colossenses 3:14

9 de setembro

Expostas

Leitura:
Efésios 6:10-18

...Nós devemos usar a fé e o amor como couraça e a nossa esperança de salvação como capacete. —1 Tessalonicenses 5:8

Tenho uma amiga íntima casada com um dos líderes sênior de uma nação africana que, durante décadas, foi conhecida por extrema perseguição. Seu marido servia como catalisador para que o povo daquele país fosse liberto de um regime opressivo. Ela e seus três filhos passaram um ano comigo em Uganda.

Certa noite, todos nós fomos à igreja em seu veículo blindado, e percebi que as janelas à prova de balas, de 10 cm de espessura, estavam abertas. "As janelas não deveriam abrir, disse ela: "mas os mecânicos que o consertaram ficaram intrigados e mexeram nas janelas. Agora, não conseguimos fechá-las."

Embora o veículo seja projetado para proteger contra granadas e outras armas, se a blindagem total do carro não estiver intacta seus passageiros estarão vulneráveis.

Como cristãs, temos um inimigo à espreita, buscando rachaduras em nossa armadura por onde ele possa atacar. Estamos lutando "...contra as forças espirituais do mal..." (Efésios 6:12). Somos instruídas a nos fortalecermos no Senhor e a vestirmos "toda a armadura que Deus dá", para ficarmos "firmes contra as armadilhas do Diabo" (vv.10,11).

Lembre-se de vestir todas as partes da armadura de Deus: capacete da salvação, cinturão da verdade, couraça da justiça de Deus e escudo da fé (vv.13-17). E, ao empunhar a espada do Espírito (a Palavra de Deus), você estará rechaçando o inimigo e frustrando seus ataques devastadores. —*Roxanne Robbins*

...nós, que somos do dia, devemos estar em nosso perfeito juízo... —1 Tessalonicenses 5:8

10 de setembro
Erros transformados em beleza

Leitura:
Lucas 22:39-51

Mas Jesus acudiu, dizendo: Deixai, basta. E, tocando-lhe a orelha, o curou. —Lucas 22:51

No início de sua carreira, o músico de jazz, Herbie Hancock, foi convidado para tocar no quinteto de Miles Davis, uma lenda musical de sua época. Numa entrevista, Hancock admitiu ter ficado muito nervoso, mas pelo fato de Davis ter sido tão acolhedor, a experiência foi maravilhosa. Durante uma apresentação, quando Davis estava próximo do auge de seu solo, Hancock tocou o acorde errado. Ele ficou mortificado e Davis continuou como se nada tivesse acontecido. "Ele cantou algumas notas, tornando meu acorde certo", disse Hancock.

Que exemplo de liderança amorosa! Davis não repreendeu Hancock nem o fez parecer tolo. Não o culpou por arruinar a sua apresentação. Simplesmente ajustou o seu plano e tornou um erro potencialmente desastroso em algo belo.

A atitude do cantor Davis em relação ao músico Hancock, reflete a atitude de Jesus em relação a Pedro. Quando Pedro cortou a orelha de uma pessoa entre a multidão que tinha vindo para prender Jesus, o Mestre a recolocou (Lucas 22:51), indicando que o Seu reino era de cura, não de violência. Muitas vezes, Jesus usou os erros dos Seus discípulos para mostrar um caminho melhor.

O que Jesus fez por Seus discípulos, Ele também faz por cada uma de nós. E o que Ele faz por nós, podemos fazer pelos outros. Em vez de evidenciar cada erro, podemos transformá-los em lindos atos de perdão, cura e redenção. —*Julie Ackerman Link*

Jesus deseja transformar os nossos erros em exemplos surpreendentes de Sua graça.

11 de setembro

Seja revolucionária

Leitura:
Lucas 6:27-38

*...amem os seus inimigos
e façam o bem para os que odeiam vocês.*
—Lucas 6:27

Os que conseguem amar seus inimigos são revolucionários. João, estudante, tornou-se um revolucionário contra a sua vontade.

Em suas férias escolares, João pediu a Deus que lhe concedesse um ministério. Contatou várias organizações, mas não encontrou uma vaga sequer. Por fim, aceitou o que estava disponível. Ele acabou dirigindo um ônibus de transporte público. Uma gangue de rua se locomovia todos os dias no ônibus que ele dirigia, sem pagar passagem e lhe faziam ameaças. Certo dia, eles o arrastaram para fora do ônibus e o espancaram até deixá-lo inconsciente. No hospital, João sentiu-se amargurado em relação à gangue e a Deus. "Senhor", ele reclamou, "eu orei por um ministério e tudo que o Senhor me concedeu foi esse trabalho miserável e um espancamento!".

João prestou queixa e os membros da gangue foram presos, julgados e considerados culpados. Porém, durante o julgamento, Deus começou a substituir a amargura dele por compaixão e amor. Quando o juiz pronunciou a sentença, João pediu permissão para cumprir a pena determinada pela justiça. Atordoado, o juiz disse: "Não há nenhum precedente para isto!" "Sim, há", ele respondeu, explicando que Jesus morreu na cruz por um mundo culpado. O pedido dele foi negado, mas João começou a visitar os jovens na prisão e viu a maioria deles aceitar a Cristo.

Quando amamos os outros dessa forma, é revolucionário! —*Joanie Yoder*

*Amar um amigo é natural, amar o inimigo demonstra
o poder sobrenatural de Deus agindo em nós.*

12 de setembro
A fundação certa

Leitura:
Mateus 7:24-29

Quem ouve esses meus ensinamentos e vive de acordo com eles é como um homem sábio que construiu a sua casa na rocha.
—MATEUS 7:24

"Tenho más notícias para você", disse o empreiteiro que estava reformando uma casa antiga que eu tinha herdado. "Quando começamos a transformar a metade dos fundos da garagem em seu escritório, descobrimos que as paredes quase não tinham fundação. Vamos ter que demoli-las, cavar fundações adequadas e começar de novo."

"Você precisa mesmo fazer isso?", questionei, calculando silenciosamente o custo extra. "Não podemos só remendar?" Mas o empreiteiro foi inflexível. "Se não cavarmos a profundidade adequada o inspetor não aprovará. A fundação certa é muito importante."

A fundação certa faz diferença entre algo que dura e algo temporário. Jesus sabia que ainda que as fundações sejam invisíveis, elas são extremamente importantes para a força e a estabilidade da casa (Mateus 7:24,25), especialmente quando esta é atingida pelas intempéries. O Senhor também conhecia o coração dos Seus ouvintes. Eles eram tentados a tomar o caminho fácil, encontrar atalhos ou fazer coisas pela metade para atingir seus objetivos.

Outras fundações podem ser mais rápidas e mais fáceis. Construir a nossa vida sobre a fundação certa é um trabalho árduo, mas a verdade de Deus é o único alicerce sobre o qual vale a pena construir. Quando as tempestades da vida nos atingem, as casas construídas com o alicerce em Cristo e mantidas por Ele permanecem firmes. —*Marion Stroud*

A mulher sábia edifica a sua vida sobre a Rocha.

13 de setembro
Rio na areia

Leitura:
Eclesiastes 1:1-10

Todos os rios correm para o mar, porém o mar não fica cheio...
—Eclesiastes 1:7

Minha família e eu escolhemos um local com cerca de 6 m de distância da água e começamos a cavar à beira-mar. Queríamos escavar um mini leito, que se estenderia até voltar ao mar. Enchemos os baldes e despejamos o conteúdo em nossa trincheira caseira. Vibramos ao ver a água serpentear pela praia, correndo de volta à sua origem.

Depois, pensei sobre a inutilidade de nossa escavação. Foi divertido, mas me lembrou do versículo: "Todos os rios correm para o mar, porém o mar não fica cheio..." (v.7). Esta observação é uma dentre os vários pensamentos relacionados — cortesia do rei Salomão, à futilidade. De fato, ele começou o livro de Eclesiastes anunciando: "...Tudo é ilusão" (v.2).

Embora ele tenha concluído algo diferente no livro, muitos hoje concordam com seus pensamentos iniciais. Acreditam num tipo de existência "escolha a sua própria aventura," onde cada um cria significado dentro de sua própria vida, sem um objetivo maior, um padrão, a nos guiar. Tais pessoas encontram seu propósito final na vida familiar, no trabalho ou na devoção a uma causa.

Essas coisas produzem alguma realização, que se relacionam somente à vida "...neste mundo" (v.9). Como cristãs, sabemos que esta vida não é tudo, e o nosso propósito aqui está ligado à eternidade em outro lugar. Salomão concluiu que a principal ordenança é "...tema a Deus e obedeça aos seus mandamentos..." (12:13). —*Jennifer Benson Schuldt*

O temor ao Senhor dá sentido à vida e perdura para além das areias movediças.

14 de setembro

Harmonia

Leitura:
Salmo 133

Como é bom e agradável que o povo de Deus viva unido como se todos fossem irmãos! —Salmo 133:1

Um grupo de jovens passou muitas horas estudando as Escrituras e servindo juntos, e isso criou um forte vínculo entre eles. Porém, um problema ameaçou romper esse companheirismo. Eles não conseguiam lidar com o conflito, e já não estavam mais tão unidos quanto antes. Reuniram-se num jantar para dialogar e aprenderam lições importantes sobre a união.

Cantava-se o Salmo 133 enquanto os peregrinos viajavam a Jerusalém para celebrar as festas. Era um bom lembrete aos peregrinos que enfrentavam, não apenas a potencial desarmonia entre suas famílias, mas a tensão de estar bem com outros que disputavam os mesmos recursos: hospedagem, comida e bebida. Em Atos 6:1, lemos a respeito de outra discórdia que envolve a distribuição de alimento.

Davi nos lembra: "Como é bom e agradável que o povo de Deus viva unido como se todos fossem irmãos!" (v.1). União cristã não quer dizer uniformidade, e nem ausência de conflitos. E requer que lidemos com os conflitos, porque somos pessoas habitadas pelo mesmo Espírito, chamando o mesmo Deus de Pai, reconhecendo o mesmo Jesus como nosso Senhor e Salvador, e o seguindo.

Davi declara que havendo união, ela santifica e tem efeito sobre os outros (v.2). É renovadora como o orvalho. (v.3).

E o jantar? Bem, o grupo está aprendendo a se manter unido e a lidar com suas diferenças e se comprometeu novamente uns com os outros, porque são uma família. —Poh Fang Chia

"...[a união] é como o orvalho do monte Hermon", que traz renovação de vida. —Salmo 133:31

15 de setembro
Esperando pela adoção

Leitura:
Gálatas 4:4-7

Deus já havia resolvido que nos tornaria seus filhos, por meio de Jesus Cristo, pois este era o seu prazer e a sua vontade.
—EFÉSIOS 1:5

É lindo testemunhar a transformação de uma criança órfã ao ser adotada por uma família amorosa e carinhosa. Sempre que uma criança sai da desnutrição à boa saúde, do desespero à esperança, do abandono à comunidade, recordo-me do Salmo 68:6: "Ele dá aos abandonados um lar onde eles podem viver…". Com tantos que necessitam de uma família, questiono a demora nos processos de adoção.

A espera pode nos incitar a ter uma imagem distorcida da fidelidade de Deus em vez de vermos a generosa perfeição do Seu tempo. É importante orarmos sempre para termos paz (Filipenses 4:6) e obtermos o entendimento da precisão de Deus, observando as Escrituras. Deus exemplifica a paciência e o propósito da espera em Gálatas 4:4-7:

• "…*quando chegou o tempo certo*, Deus enviou seu próprio Filho, que veio como filho de mãe humana e viveu debaixo da lei" (v.4).

• "[Deus enviou seu Filho] para libertar os que estavam debaixo da lei, *a fim de que nós pudéssemos nos tornar filhos de Deus*" (v.5).

• "E, para mostrar *que vocês são seus filhos*, Deus enviou o Espírito do seu Filho ao coração, o Espírito que exclama: Pai, meu Pai" (v.6).

• "*Assim vocês não são mais escravos; vocês são filhos*" (v.7).

• "E, já que são filhos, Deus lhes dará tudo o que ele tem para dar aos seus filhos" (v.7).

Deus espera ansiosamente para adotá-la como Sua filha. Seu Pai está esperando o seu abraço. —*Roxanne Robbins*

E a paz de Deus, que ninguém consegue entender, guardará o coração e a mente de vocês… —Filipenses 4:7

16 de setembro
No final

Leitura:
Eclesiastes 3:1-11

Ele nos deu o desejo de entender as coisas que já aconteceram e as que ainda vão acontecer... —Eclesiastes 3:11

O biscoito caído no chão, em forma de peixinho, me fez perceber como o tempo passa rápido. Enquanto eu lidava com noites insones, dentições de bebês e descarte de fraldas, parecia que o fim estava próximo. Hoje, as mãos que seguravam biscoitos em forma de peixinho, seguram uma mochila, livros escolares e um tablet.

O autor do tempo, Deus, nos lembra de que Ele sempre existiu (Apocalipse 1:8). Nossos dias são numerados nesta Terra, mas temos a promessa da vida eterna (João 3:36). Viver a dupla existência do eterno e do temporal nem sempre é fácil, como o autor de Eclesiastes comunica vividamente nas reflexões sobre o significado da vida. Além disso, quando enfrentamos o sofrimento, a desilusão pode facilmente turvar a nossa visão (2:13-17).

Precisamos então nos apegar à verdade de que o conhecimento de Deus se estende além do que vemos. "[Ele] também pôs a eternidade no coração do homem, sem que este possa descobrir as obras que Deus fez desde o princípio até ao fim" (3:11). Não nos apeguemos às dificuldades. Quando Deus nos faz atravessar períodos rigorosos de treinamento (Tiago 1:2-4), encontramos esperança em saber que há uma linha de chegada mais adiante.

Mais do que viver para o momento, precisamos ser um povo que aguarda pacientemente o próximo mover de Deus. Precisamos nos livrar da ira, abrir mão da obstinação e do dia de ontem. —*Regina Franklin*

Um dia, reinaremos com Aquele que sempre existiu e sempre existirá!

17 de setembro
Teologia de beira de estrada

Leitura:
2 Tessalonicenses 1:7-12

...quando o Senhor Jesus vier do céu e aparecer junto com os seus anjos poderosos, [...] para castigar os que rejeitam a Deus...
—2 Tessalonicenses 1:7,8

Viajando pelas estradas, passei por uma placa e li a mensagem: O inferno existe. Concordei, mas aquela teologia de beira de estrada sumiu da minha mente. Na volta, fui surpreendida pelas palavras da beira oposta — Jesus vive. Estas duas verdades me fizeram perguntar: Por que a existência do inferno não me faz compartilhar sobre Cristo ainda mais?

A Bíblia nos encoraja: "...salvem outros, tirando-os do fogo" (Judas 1:23). Creio que o fogo do julgamento seja literal; um verdadeiro inferno. Não é uma grande festa em que os pecadores poderão usufruir de prazeres pervertidos. Será um lugar de mal e desespero porque todos "...serão castigados com a destruição eterna e ficarão longe da presença do Senhor..." (2 Tessalonicenses 1:9).

Para sempre é muito tempo. Os que terminarem no inferno "serão castigados com a destruição eterna" (v.9). O hades é um destino — não uma parada inoportuna da jornada rumo ao aperfeiçoamento espiritual. O teólogo Matthew Henry escreveu que as pessoas no inferno "estarão sempre morrendo, e nunca morrerão. O sofrimento correrá paralelamente à linha da eternidade".

A destruição eterna é perturbadora e nos faz tremer. Ela nos encoraja a compartilhar sobre Jesus? Estamos dispostas a declarar que não basta ser "boa" para evitar o inferno? —*Jennifer Benson Schuldt*

...o salário do pecado é a morte, mas o presente gratuito de Deus é a vida eterna... —Romanos 6:23

18 de setembro
Tudo é lindo

Leitura:
Joel 2:18-27

Devolverei tudo o que vocês perderam quando eu mandei as enormes nuvens de gafanhotos… —Joel 2:25

A beleza entrelaçada dos laços negros sobre o fundo de cores lilás e alaranjado chamou a minha atenção. A complexidade daquele desenho levou-me a presumir que ele tinha sido criado por um artista muito habilidoso. Porém, ao olhar a imagem mais de perto, vi o artista admirando o seu trabalho num dos cantos desse quadro. O artista era um verme e a sua obra de arte era uma folha que tinha sido parcialmente roída.

O que conferia beleza àquela imagem não era a destruição da folha, mas a luz resplandecendo através dos buracos. Enquanto admirava a imagem da foto, comecei a pensar sobre as vidas que têm sido corroídas pelos "vermes" do pecado. Os efeitos são devastadores. O pecado nos corrói ao sofrermos as consequências de nossas próprias más escolhas, ou escolhas de outras pessoas. Todas nós somos vítimas deles.

Mas aquela cena retratada também me trouxe à memória a esperança que temos em Deus. Por intermédio do profeta Joel, Deus disse a Israel: "Devolverei tudo o que vocês perderam quando eu mandei as enormes nuvens de gafanhotos… (Joel 2:25). E lemos em Isaías que o Senhor foi designado para: "…dar aos que choram em Sião uma coroa de alegria, em vez de tristeza, um perfume de felicidade, em vez de lágrimas, e roupas de festa, em vez de luto…" (61:3).

Satanás faz o que está ao seu alcance para nos tornar feias, mas a Luz do Mundo pode tornar-nos lindas — a despeito dos maiores esforços de Satanás. —*Julie Ackerman Link*

Deus não remove todas as nossas imperfeições, mas nos torna lindas em meio a elas.

19 de setembro
O que Jesus não fez

Leitura:
Hebreus 4:14-16

Quando foi insultado, não respondeu com insultos...
—1 Pedro 2:23

Uma vez ouvi um cético dizer que, se Jesus era realmente o Filho de Deus, Seus sofrimentos devem ter sido mais fáceis de suportar. Este comentário levou-me a reexaminar os evangelhos. Ao rever as coisas incríveis que Jesus fez e disse para completar a nossa grande salvação, percebi também um número de coisas que Jesus *não* fez e que é igualmente essencial para a nossa salvação:

Jesus *não* exigiu que Sua vontade fosse atendida (Mateus 26:39). Ele *não* convocou as legiões de anjos para resgatá-lo (v.53). Ele *não* se defendeu nem ameaçou Seus acusadores (27:12-14). Ele *não* salvou-se a si mesmo (Marcos 15:31). Ele *não* desceu da cruz (v.32). Ele *não* deixou de amar e salvar os pecadores (Lucas 23:43).

O fato de que Jesus *poderia ter* feito essas coisas intensificou a Sua agonia e aumentou a tentação de usar o Seu poder para Sua própria vantagem. Mas ele *não* o fez. Em vez disso, Ele usou o Seu poder para o nosso benefício! Isto está descrito em Hebreus 4:15,16. Jesus sofreu tentação da mesma maneira que nós — exceto que Ele não pecou. Dessa maneira, Ele pode "compreender as nossas fraquezas" (v.15). Consequentemente, podemos nos aproximar do Seu trono da graça com ousadia "sempre que precisarmos de ajuda" (v.16).

Qualquer que seja a sua necessidade hoje, Jesus quer que você venha e utilize plenamente este privilégio. —*Joanie Yoder*

*Toda tentação é uma oportunidade
para confiar em Deus.*

20 de setembro

Deter-se

Leitura:
2 Samuel 7:4-15

...nunca perguntei aos líderes que escolhi por que razão eles não construíram para mim um templo... —2 Samuel 7:7

Certa garota tinha problemas para aceitar sua aparência. Acreditava que era muito linda para ser eficiente no trabalho. Queixava-se assim: "Sinto que minha beleza me atrapalha. Minhas colegas me desacreditam, e os colegas me acham atraente, mas não me levam a sério. O que posso fazer, exceto chegar ao trabalho num saco de lixo?".

Eu a compreendo, mas me questiono se reclamar assim lhe trouxe algum alívio duradouro. A murmuração dos israelitas irritou o Senhor, que os livrara da escravidão (Números 11:1). E mesmo assim, continuaram: Estamos com sede. Não gostamos da liderança (Moisés e Arão). Estamos famintos e cansados do maná. Precisamos de carne. Já fizemos turismo suficiente pelo deserto.

Tornaram-se especialistas em murmuração. Deus porém, demonstrou uma maneira diferente de lidar com essas circunstâncias. O Senhor disse: "...não tenho morado em nenhum templo. Tenho viajado morando numa barraca. Em todas as minhas viagens com o povo de Israel, nunca perguntei aos líderes que escolhi por que razão eles não construíram para mim um templo..." (2 Samuel 7:6,7). É maravilhoso saber que o Deus do Universo habitou no deserto, bem próximo do Seu povo, e fez isso sem reclamar!

Quando você precisar levar o lixo para fora, comer sobras, ou lidar com um motorista doido, procure não murmurar. Demonstre ao mundo um vislumbre da santidade de Deus. —*Jennifer Benson Schuldt*

Façamos: "...tudo sem queixas nem discussões".
—Filipenses 2:14

21 de setembro
Péssimos consoladores

Leitura:
Jó 42:7-9

...Estou muito irado com você e com os seus dois amigos, pois vocês não falaram a verdade a meu respeito... —Jó 42:7

Costumo ficar calada quando vou a um funeral ou visito alguém no hospital, e me preocupo em parecer como um dos amigos de Jó. Eles foram melhores consoladores quando calados (Jó 2:11-13). Argumentaram com tanta veemência, que levaram Philip Yancey a comentar: "Se hoje tivéssemos apenas os capítulos de Jó 3–37, consideraríamos os três amigos os verdadeiros heróis do livro." Porém, Deus zangou-se com eles (42:7).

Deus estava zangado porque não falaram corretamente sobre o Senhor (vv.7,8). Se quisermos ser melhores consoladores, precisamos conhecer mais profundamente Jesus e evitar a tentação de explicar o inexplicável.

Algumas vezes, oferecer explicações não alivia o sofrimento do outro. Há respostas que somente Deus pode dar. Querendo fazer o Seu papel, confundimos mais do que ajudamos. Em tais circunstâncias, é mais sábio nos humilharmos perante o Senhor e dizermos a quem sofre que talvez não consigamos compreender os caminhos de Deus, mas podemos confiar em Sua sabedoria, poder e amor. Foi o que Deus respondeu a Jó, não lhe deu qualquer explicação. Simplesmente o lembrou de quem Ele é (Jó 38:41).

Oswald Chambers sugere: "A melhor coisa que você pode fazer pelos que estão sofrendo é não dizer banalidades nem fazer perguntas, mas ficar em comunhão com Deus." —*Poh Fang Chia*

O maior consolo será o resultado da sua oração por aquele que sofre.

22 de setembro
Não fui esquecida

Leitura:
Salmo 13

*Nós pomos a nossa esperança em Deus, o Senhor;
ele é a nossa ajuda e o nosso escudo.*
—Salmo 33:20

Esperar é difícil em qualquer situação, porém, quando dias, semanas ou até meses se passam e nossas orações parecem não ter resposta, é fácil sentir que Deus nos esqueceu. Talvez, possamos enfrentar as distrações cotidianas ao longo do dia, mas, à noite, é muito mais difícil lidar com os pensamentos que nos causam ansiedade. As preocupações se intensificam e as horas de escuridão parecem não ter fim. O cansaço extremo faz parecer impossível enfrentar o novo dia.

O salmista cansou-se ao esperar (13:1). Sentiu-se abandonado — como se os seus inimigos estivessem em vantagem (v.2). Quando estamos esperando que Deus resolva uma situação difícil ou responda a orações muitas vezes repetidas, é fácil desanimar.

Satanás sussurra em nossos ouvidos que Deus nos esqueceu, e que as coisas jamais mudarão. Nossa tendência pode ser a de ceder ao desespero. Por que se preocupar em ler a Bíblia ou orar? Por que se esforçar para adorar com os outros cristãos? Precisamos mais dos nossos salva-vidas espirituais quando estamos esperando. Eles nos ajudam a permanecer firmes no amor de Deus e a nos tornarmos sensíveis ao Seu Espírito.

O salmista tinha um remédio. Ele se concentrava em tudo o que sabia sobre o amor de Deus, lembrando-se das bênçãos do passado e louvando a Deus, voluntariamente, que não o esqueceria. Podemos fazer o mesmo. —Marion Stroud

*Vale a pena esperar em Deus;
Seu tempo é sempre o melhor.*

23 de setembro
Verdadeira satisfação

Leitura:
Salmo 119:129-138

*A explicação da tua palavra traz luz
e dá sabedoria às pessoas simples.* —Salmo 119:130

Você, como eu, se afundou em pecado (vício, imoralidade sexual, fofoca, orgulho, ira desenfreada, preguiça etc.), tentando mascarar a dor da vida? É fácil reagir ao vazio, decepção ou dor afastando-se dos mandamentos de Deus.

O pecado nunca leva à paz ou à satisfação duradoura pela qual ansiamos. Tomando as coisas em nossas mãos e desobedecendo a Deus, encontramos mágoa e, talvez até —, uma profunda depressão.

É difícil compreender como a Palavra de Deus pode trazer satisfação quando estamos perdendo um relacionamento ou conforto material. Quando colocamos nossa confiança em Deus e em Sua Palavra experimentamos a paz "…que ninguém consegue entender" (Filipenses 4:6,7) e o contentamento que desafia as circunstâncias (1 Timóteo 6:6).

O salmista sofreu perseguições, fome, solidão, sofrimento e ataques de inimigos. E testifica que o verdadeiro encorajamento é encontrado na Palavra de Deus. Há muito a ser absorvido das "…verdades maravilhosas da [lei de Deus]" (Salmo 119.18). Peça a Deus para:

- Compreender o significado dos Seus mandamentos (v.130).
- Criar em você o desejo por Sua Palavra (v.131).
- Impedi-la de ser derrotada pelo mal (v.133).
- Permitir-lhe experimentar o Seu amor leal (v.135).
- Dar-lhe o ensinamento correto para a vida, porque Ele é justo (v.137).
- Equipá-la com sabedoria confiável (v.138).

Clame a Deus. Volte-se à Sua Palavra. —Roxanne Robbins

*Na Palavra de Deus, você encontrará a paz
e satisfação duradoura que apenas Ele pode dar.*

24 de setembro
Minha irmã sabedoria

Leitura:
Provérbios 7:1-27

Trate a Sabedoria como sua irmã e o Entendimento, como o seu melhor amigo. —Provérbios 7:4

Sou muito unida à minha irmã gêmea. Frequentamos as mesmas escolas, e dividimos muitas coisas: o mesmo quarto, o mesmo guarda-roupa e, mais importante, a mesma fé. Com exceção de Deus, ninguém me conhece melhor do que ela.

Então, ao ler em Provérbios 7:4 que devemos chamar a sabedoria de irmã, meu pensamento foi direto a ela. E não estava muito longe, já que a palavra hebraica para "irmã" é uma expressão carinhosa de intimidade (Cânticos 4:9,10).

A metáfora serve para nos encorajar a ter um relacionamento íntimo e familiar com a sabedoria e o entendimento, como se fossem membros amados da família. Devemos tratar a sabedoria como compromisso profundo e um relacionamento íntimo, não como uma busca acadêmica. Porque quando a sabedoria é "nossa irmã", ela não nos permite flertar com o pecado ou descer pelo caminho da destruição (Provérbios 7:5,24,25).

Em Provérbios 7:6-23 lemos sobre um jovem que faz escolhas insensatas. Ele passeia por lugares errados nas piores horas da noite, procurando por problemas. Quando uma devassa o seduz, ele não se afasta. Ela o elogia e ele gosta. Ela o seduz e ele acredita em sua proposta de que a noite será sensual e segura.

O escritor personificou intencionalmente a sabedoria como a irmã amada, e a tentação como a mulher devassa. Quando somos tentadas, sempre escutamos duas vozes competindo por nossa atenção. Qual delas ouviremos? —*Poh Fang Chia*

...[Jesus] vai na frente delas, e elas o seguem porque conhecem a voz dele. —João 10:4

25 de setembro

Gatilhos

Leitura:
Mateus 26:59-75

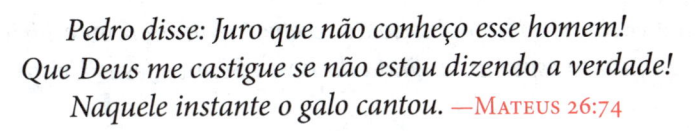

Pedro disse: Juro que não conheço esse homem! Que Deus me castigue se não estou dizendo a verdade! Naquele instante o galo cantou. —Mateus 26:74

Não pensei que seria tão difícil. Mas quando o técnico colocou o escudo contra radiação sobre os meus joelhos, me deu os fones e saiu da sala, senti-me insegura naquele aparelho de ressonância magnética. Minha cabeça e ombros permaneceram fora do túnel. Sentia-me presa, e com a mente perturbada, eu descobri reações nunca antes percebidas. Observando a contagem regressiva da máquina, imaginei se o meu coração e mente se acalmariam ou se eu pularia para fora da máquina em pânico.

A partir de nossa perspectiva, criticamos Pedro por sua decisão de fugir durante o momento de maior necessidade de Jesus. Afinal, Pedro vira os milagres, ouvira a necessidade do Mestre (Mateus 26:41) e prometera segui-lo até o fim — mesmo que tivesse de morrer (v.35). Como ele podia dar as costas e agir tão covardemente?

Sejamos honestas! Também já fugimos quando deveríamos permanecer firmes em Jesus. Longe de existirmos como autômatos, acionamos gatilhos que podem nos fazer fugir de situações percebidas como perigosas. O medo é um desses poderosos gatilhos.

Jesus convidou Pedro para adentrar num dos mais profundos mistérios do céu: Sua morte e ressurreição (vv.27-29,39). Porém, entrar nessa perspectiva de reino exige o nosso encontro com a morte. Como Pedro aprendeu, nosso desejo de nos salvarmos — precisa ser rendido na cruz (João 15:13; 1 João 4:18). —*Regina Franklin*

Somos livres quando, frente às nossas inadequações, amamos Jesus mais do que tememos a dor.

26 de setembro
Ele virá

Leitura:
1 Coríntios 1:6-8

…que vocês não têm deixado de receber nenhum dom espiritual enquanto esperam a vinda do nosso Senhor Jesus Cristo.
—1 Coríntios 1:7

Há muitos anos, cuidei de um menino ugandense, de 7 anos, que estava morrendo de leucemia mieloide aguda.

Nas primeiras semanas, Okello não podia me ver, pois os tumores lhe cobriam os olhos. Ele me reconhecia, e reconhecia o tratamento e os biscoitos que eu lhe levava diariamente.

Apesar de tanto sofrimento e dor, fiz amizade com as enfermeiras e brincávamos umas com as outras. Recordo-me de uma tarde em que uma das enfermeiras notou um pacote de bolachas com creme de amendoim no bolso da camisa de Okello. "Se você não comer essas bolachas", ela provocou: "Tia Roxanne não vai voltar para trazer mais." Okello respondeu: "Ela vai voltar."

Espantei-me com tanta certeza, e pensei no prazer imenso que o Senhor tem ao lhe demonstrarmos nossa confiança em Seu retorno.

Afinal de contas, Jesus provou ser digno de confiança. Ele veio à Terra em uma jornada infinitamente mais sacrificial, importante e intencional do que qualquer visita que eu ou você possamos fazer a alguém. "[Jesus] que morreu por nós para podermos viver com ele, tanto se estivermos vivos como se estivermos mortos quando ele vier" (1 Ts 5:10). Sim, Ele *virá*.

As promessas de Deus serão confirmadas, e Aquele que começou esse bom trabalho na vida de vocês, vai continuar até completá-lo no Dia de Cristo Jesus (1 Coríntios 1:8; Filipenses 1:6). —Roxanne Robbins

Jesus Cristo nos conservará firmes até o fim. Ele é fiel. Sejamos também.

27 de setembro
Altamente contagioso

Leitura:
Deuteronômio 20:1-18

…Se houver aqui um homem tímido e medroso…
—Deuteronômio 20:8

A injeção de imunoglobulina iria doer, e eu sabia, mas poderia prevenir uma batalha contra a Hepatite A, pois alguém próximo havia sido exposto a esta doença do fígado, altamente contagiosa. As autoridades de saúde tinham recomendado que todos da família fossem vacinados.

O *medo* também contagia. Moisés aconselhou seus líderes militares a perguntar à tropa, se havia alguém com medo e sem coragem (v.8). Os que admitiram seu medo foram dispensados antes para prevenir que o pânico de alguns contaminasse a todos.

O nosso medo também pode contaminar outros. Pais passam fobias para os filhos. Amigos infectam outros com superstições. Colegas de trabalho se inquietam quando o destino da empresa está em questão.

Moisés os instruiu: "…Vocês estão aqui para lutar contra os inimigos. Não se assustem, não se apavorem, não fiquem com medo" (v.3). Em outras palavras: *Sejam corajosos. Fiquem firmes. Não desistam* porque "…o Senhor, nosso Deus, está com vocês para lutar ao seu lado e salvá-los do inimigo" (v.4).

A promessa da presença de Deus foi para os israelitas, e é para nós hoje (Mateus 28:20). Portanto, podemos dizer: "Estou certo de que o Senhor está sempre comigo; ele está ao meu lado direito, e nada pode me abalar" (Salmo 16:8). Quando colocamos isto em prática, o medo perderá terreno em nossa vida. Amigos e família poderão começar a notar. A coragem também é contagiosa. —*Jennifer Benson Schuldt*

…o Espírito nos enche de poder e de amor e nos torna prudentes. —2 Timóteo 1:7

28 de setembro
Não, obrigado

Leitura:
Esdras 4:1-5,24

...Queremos construir o Templo junto com vocês. Nós adoramos o mesmo Deus que vocês... —Esdras 4:2

Uma escola cristã para crianças autistas recebeu uma doação de certa empresa, e após certificar-se de que não haveria vínculos, aceitou o dinheiro. Mais tarde, a empresa quis participar do conselho da escola. O dinheiro foi devolvido para não misturar a administração com a visão secular. "É mais importante fazer a obra de Deus da maneira dele", disse a diretora.

Quando os judeus exilados retornaram a Jerusalém, o rei Ciro os encarregou de reconstruir o templo. A construção de Salomão estava em ruínas. Poderiam restaurá-la à sua antiga glória? Qualquer ajuda seria bem-vinda? Aparentemente *não*.

Quando seus vizinhos disseram: "...Queremos construir o Templo junto com vocês. Nós adoramos o mesmo Deus..." (Esdras 4:2), Zorobabel recusou-se, pois o compromisso deste povo com Deus não incluía a total obediência ao Senhor. Eles defendiam ideias e práticas pagãs e judias.

O fato de que estes vizinhos não tinham um interesse sincero em ajudar os judeus se tornou óbvio (vv.4,5). Eles se opuseram veementemente à reconstrução do templo por muitos anos.

O estudioso da Bíblia, Walter Kaiser, escreveu: "O desânimo produziu efeitos; e todo o projeto ficou totalmente parado por 16 longos anos. E assim teria permanecido, não tivesse Deus graciosamente enviado os profetas Ageu e Zacarias" (Esdras 4:24; 5:1).

Imagino quantos bons ministérios cristãos podem estar em situação semelhante. —*Poh Fang Chia*

É mais importante fazer a obra de Deus da maneira dele.

29 de setembro

Resgate exigido

Leitura:
Gálatas 6:1-5

Meus irmãos, se alguém for apanhado em alguma falta, vocês que são espirituais devem ajudar essa pessoa a se corrigir…
—GÁLATAS 6:1

O que se consegue ao unir uma boia salva-vidas com um *frisbee*? A resposta é uma invenção chamada "ResQ Disc". Quando o salva-vidas o arremessa a uma pessoa que está se afogando, o cabo leve e resistente no interior se desenrola, e a pessoa é puxada em segurança. O dispositivo permite que o salva-vidas ajude alguém sem entrar na água.

Quando vemos uma pessoa lutando, muitas de nós somos compelidas a "pular" e ajudar. Esta reação não é inteiramente errada, espiritualmente falando, pois Paulo escreve: "Meus irmãos, se alguém for apanhado em alguma falta, vocês que são espirituais devem ajudar essa pessoa a se corrigir…" (v.1). Ajudar significa confirmar externamente o que a pessoa em luta está sentindo interiormente — a convicção do Espírito Santo (Ezequiel 36:27).

A humildade e a bondade importam quando conversamos com amigos que estão em pecado (Gl 6:1). Estas qualidades demonstram a graça de Deus e nos protegem do orgulho espiritual. A ternura acolhe do isolamento as pessoas em luta e as leva de volta à intimidade com Deus e com os outros cristãos.

Os cristãos são mais apropriados "para ajudar essa pessoa a se corrigir" (v.1). Permanecer forte na fé tem benefícios maravilhosos — paz (Isaías 26:3), força (40:31), alegria (Salmo 16:11). Os benefícios se estendem a nós. Quando outros precisarem de ajuda, estaremos prontas para sermos usadas por Deus. —*Jennifer Benson Schuldt*

Cada um carrega a sua carga, mas devemos socorrer se alguém estiver se afogando no pecado.

30 de setembro
Justiça e fé

Leitura:
2 Samuel 16:1-4; 19:24-30

Ele lhe contou mentiras a meu respeito. Mas o senhor é como um anjo de Deus e sabe a verdade; portanto, faça o que achar melhor. —2 Samuel 19:27

Quando olhávamos as crianças brincando na piscina, vi o meu filho lutando para ficar acima da água, e pulei na piscina. Meu instinto de separá-los e ajudar meu filho pode ter parecido estranho. Mas eu sabia que ele estava debaixo da água porque tentava manter seu amigo, que não sabia nadar, boiando. Depois de ajudá-los, meu filho nadou com segurança para o canto da piscina.

No momento de crise é natural oferecer ajuda a quem amamos. Às vezes, a nossa atenção é atraída pelos que professam fidelidade e oferecem palavras que parecem ser para o nosso bem. Ao passar por certas circunstâncias, porém, a lealdade não deve suprimir a justiça.

Davi cobriu-se de vergonha ao fugir de Jerusalém. Seu próprio filho o forçara a se retirar. Vulnerável pela traição de Absalão, ele recebeu o louvor de Ziba — que parecia ter seus interesses em mente (16:4). Por lhe parecer mais seguro, Davi acreditou nas mentiras de Ziba. Sendo assim a reação do rei tirou de Mefibosete o direito à proteção prometida no passado (1 Samuel 20:42).

Mefibosete sofreu dupla injustiça: a traição de Ziba, seu servo (2 Samuel 19:26,27), e o tratamento injusto de Davi. Contudo optando pela lealdade, Mefibosete demonstrou valorizar mais o relacionamento restaurado com o rei Davi, do que a recompensa da propriedade (vv.29,30). Talvez soubesse que a justiça e a fé andam lado a lado. —*Regina Franklin*

A justiça requer que vejamos as coisas como Deus as vê.

1.º de outubro
A idade não influencia

Leitura:
1 Coríntios 12:12-26

Se uma parte do corpo sofre, todas as outras sofrem com ela. Se uma é elogiada, todas as outras se alegram com ela.
—1 Coríntios 12:26

Após ter um laboratório de prótese dentária e trabalhar nele durante 50 anos, Dave Bowman planejava aposentar-se e relaxar. O diabetes e uma cirurgia cardíaca confirmavam esta sua decisão. Mas ao ouvir sobre os jovens refugiados do Sudão que necessitavam de ajuda, ele decidiu que transformaria o seu modo de viver: decidiu responsabilizar-se financeiramente por cinco deles.

Ao conhecer melhor a situação, soube que esses jovens nunca haviam ido a um médico ou dentista. E quando alguém em sua igreja mencionou o versículo: "...Se uma parte do corpo sofre, todas as outras sofrem com ela...", Bowman não conseguiu tirar a necessidade deles de seus pensamentos. Os cristãos do Sudão estavam sofrendo por necessitar de cuidados médicos, e este senhor já aposentado sentiu que Deus lhe impulsionava para fazer algo a respeito. Mas o quê?

A despeito de sua idade e saúde comprometida, Bowman começou a explorar a possibilidade de construir um centro médico no Sudão. Pouco a pouco, Deus reuniu as pessoas e os recursos necessários e, há 10 anos, o Hospital Cristão abriu as suas portas aos pacientes. Desde então, centenas de doentes e feridos foram tratados ali.

O hospital é um lembrete de que Deus se importa com o sofrimento do povo. E, frequentemente, Ele age por meio de pessoas como nós para dispensar os Seus cuidados — mesmo quando pensamos que a nossa parte já foi feita. —*Julie Ackerman Link*

Deus se importa com o sofrimento do povo.

2 de outubro
Viva preparado

Leitura:
1 Timóteo 4:7-16;

Cuide de você mesmo e tenha cuidado com o que ensina. Continue fazendo isso, pois assim você salvará tanto você [...] como os que o escutam. —1 Timóteo 4:16

Nossa jornada espiritual pode lembrar uma viagem de carro por regiões montanhosas e escuras. Incapazes de ver o futuro, encontramos desafios inesperados, curvas fechadas e subidas íngremes. Com isso em mente, Paulo preparava seu filho espiritual, Timóteo, para as decisões do dia a dia, e para as que eram relacionadas ao ministério. Queria que ele soubesse da importância de manter seu olhar nos lugares certos (1 Timóteo 4:13,16) e de ser vigilante com os perigos (2 Timóteo 2:16,22,23).

Mesmo que os ataques do inimigo, muitas vezes, sejam tão agressivos quanto os de um leão (1 Pedro 5:8), ele também é especialista em nos pegar desprevenidos (Mateus 7:15; 2 Coríntios 11:14). Não podemos viver amedrontados — se agirmos assim será o mesmo que parar na estrada da vida e recusar-se a ir adiante. Mas podemos encontrar o cumprimento das promessas de Deus ao seguirmos na direção que Ele nos dá, permanecendo atentos ao reino espiritual no qual vivemos (Efésios 6:10-13).

Nossa vida pode ser alterada drasticamente se nos recusarmos a lidar com um pecado evidente. As pequenas áreas de transigência também podem ser perigosas (Cânticos 2:15). As Escrituras nos exortam em Efésios 5:15,17: "Portanto, prestem atenção na sua maneira de viver [...]. Não ajam como pessoas sem juízo, mas procurem entender o que o Senhor quer que vocês façam." Viva preparado (1 Pedro 1:13). —*Regina Franklin*

Não vivam como os ignorantes, mas como os sábios.

3 de outubro
Praticando boas obras

Leitura:
Mateus 6:1-3

Tenham o cuidado de não praticarem os seus deveres religiosos em público a fim de serem vistos pelos outros. —MATEUS 6:1

Meu bairro em Uganda era calmo até abrirem um bar, a céu aberto, em frente à minha casa. Agora, temos música alta à noite toda e o proprietário se recusa a considerar os residentes incomodados. Ele nos diz que é um bom homem e, como dá dinheiro aos pobres, não deveríamos reclamar.

Para nós que passamos as noites em claro é fácil ignorar as "boas obras" desse homem. Não nos convence o fato de ele ter esse bar por motivos altruístas.

As inconsistências dele me fizeram refletir sobre minha vida. Será que, para algo bom que fiz por alguém, eu tenha dito ou feito algo cruel a outra pessoa? Não conheço a proporção entre boas e más obras, mas sei que Deus está interessado em minha motivação. Jesus disse: "…Se vocês agirem assim, não receberão nenhuma recompensa do Pai de vocês, que está no céu" (Mateus 6:1).

Deus nos instrui a sermos "…generosos e […] prontos para repartir com os outros…" (1 Timóteo 6:18). Ele quer que ajudemos e sirvamos aos outros sacrificialmente, como Ele fez por nós. Porém, o propósito é glorificá-lo, não simplesmente aparentarmos bondade diante de Deus ou de outros (Colossenses 3:23). Porque, se nossas boas obras nos tornassem aceitáveis ao Senhor, teríamos algo do que nos gabarmos. Mas esse não é o caminho de Deus (Romanos 4:2).

Com o coração transformado pela graça de Deus, deixemos nossas boas ações brilharem (Mateus 5:16). —*Roxanne Robbins*

Que as nossas ações brilhem para que os outros vejam e louvem o Pai.

4 de outubro

Guardar tudo

Leitura
Levítico 19

*Obedeçam às minhas leis e aos meus mandamentos.
Eu sou o Senhor.* —Levítico 19:37

Amo o conhecimento. Quando criança, depois de conhecer a Bíblia ilustrada, quis ler uma Bíblia de verdade. Era um livro grosso e parecia enciclopédia. Lendo-a, descobri que o conhecimento é bom, mas a sabedoria é muito melhor.

Hoje, vejo a vida à luz da Palavra de Deus. Não significa apenas conhecer a Sua Palavra, tenho que ter entendimento dela. Como seres finitos, tendemos a enfatizar certas passagens e negligenciar outras.

Por exemplo, franzimos a testa se alguém considerar a possibilidade de fazer uma tatuagem: "…nem façam marcas no corpo. Eu sou o Senhor" (19:28). Porém, podemos educadamente desculpar essa mesma pessoa por não ir à igreja, ou por seu desrespeito com os idosos. Nessa mesma passagem, Deus disse: "…respeitem o lugar onde sou adorado. Eu sou o Senhor" (v.30) e "Fiquem de pé na presença de pessoas idosas e as tratem com todo respeito. Honrem a mim o Deus de vocês. Eu sou o Senhor" (v.32).

Como obedecer às leis e os mandamentos de Deus? Conhecendo-o e praticando a Sua Palavra.

O escritor John MacArthur explica: "Conhecer a Deus e a Sua Palavra significa mais do que ter o conhecimento teórico, do que ler e compreender mentalmente. É ser pleno desse conhecimento, é amar, acalentar, e nos impregnar por ele. É sermos capazes de obter princípios aplicáveis em atos de entendimento espiritual para termos uma caminhada proveitosa." —*Poh Fang Chia*

*O conhecimento bíblico e o entendimento espiritual
resultam de uma busca individual.*

5 de outubro
Todo mundo faz

Leitura:
1 Samuel 24:1-22

Então eles disseram a Davi: — Esta é a sua oportunidade!...
—1 Samuel 24:4

Foi emocionante conectar-me com meus amigos numa rede social. Trocávamos mensagens e fortalecíamos o contato trocando abraços virtuais. Logo, senti a pressão para ficar conectada na rede para responder cada mensagem.

Seguir a multidão não é, em si, algo ruim, a menos que contrariemos a lei de Deus. Davi teve de decidir entre seguir o conselho de seus companheiros ou honrar a Deus. Ele e seus guerreiros esconderam-se de Saul no fundo de uma caverna, pois o rei o perseguia com a intenção de matá-lo.

Mas Saul e Davi estavam dentro da mesma caverna. Os companheiros de Davi sussurraram: "...Esta é a sua oportunidade! O Senhor Deus disse que lhe entregaria o seu inimigo e que você poderia fazer com ele o que quisesse..." (v.4). Eles tentaram influenciá-lo dizendo-lhe o que eles pensavam que Deus estava dizendo. Mas Davi disse: "O Senhor Deus me livre de fazer algum mal ao meu senhor, que ele escolheu como rei!..." (v.6).

Davi optou pela influência de Deus ao invés da de seus amigos, e não houve derramamento de sangue. Saul na verdade chorou e confessou a Davi: "...Você está certo, e eu estou errado. Você tem sido muito bom para mim enquanto eu lhe tenho feito muito mal" (v.17).

Se a pressionarem a tomar decisões erradas e lhe disserem: "vá, faça", não o faça. Antes pense se isso está de acordo com os padrões de Deus para um viver cristão (Efésios 5:1-4). —*Jennifer Benson Schuldt*

*Ouça a voz de Deus e honre-o,
em vez de honrar a influência dos seus aliados.*

6 de outubro
De coração para coração

Leitura:
Salmos 62

...Abram o coração para Deus, pois ele é o nosso refúgio.
—Salmo 62:8

Imaginamos que o rei Davi devia estar extremamente chateado porque seus inimigos estavam tramando tirar-lhe o trono. Porém, no Salmo 62 ele testemunhou que sua alma se mantinha tranquilamente confiante em Deus. Como isso foi possível em meio a esse tumulto? O versículo 8 nos oferece uma pista — que eu mesma descobri há vários anos.

Eu havia acabado de voltar para casa, cansada da batalha, sozinha e completamente esgotada. Quando comecei a derramar minhas aflições diante de Deus, de repente parei e disse: "Pai, perdoa-me. Estou tratando o Senhor como um conselheiro!". Mas a força impetuosa das palavras fluiu, seguida pelas mesmas desculpas embaraçosas. Então o Espírito de Deus sussurrou profundamente dentro de mim: *Eu sou seu grande Conselheiro.*

Mas é claro! Não havia Ele, o Criador de minha constituição física e espiritual, também criado as minhas emoções? Seria bem razoável, então, permitir que meus sentimentos desordenados fossem expostos diante dele. Em seguida, veio o Seu conselho reconfortante e corretivo, habilmente ministrado pelo Espírito Santo, por meio de Sua Palavra. Os meus problemas não se evaporaram, mas como Davi, eu podia descansar somente em Deus. E, novamente, senti paz.

Jamais hesite em derramar o seu coração diante de Deus. Em dias de angústias, você descobrirá que a oração é o atalho mais rápido entre o seu coração e o de Deus. —*Joanie Yoder*

Deus enche o nosso coração com a Sua paz, quando o derramamos diante dele.

7 de outubro
O verdadeiro chefe

Leitura:
2 Timóteo 2:23-26

Vocês não terão de fazer nada: o Senhor lutará por vocês.
—Êxodo 14:14

Ao aprontar-se para dormir, meu filho de 9 anos disse: "Mãe, o homem que luta é o chefe, o que não luta é o *verdadeiro* chefe!"

Sete meses depois, a secretária de Estado norte-americana, disse algumas palavras que ecoavam as convicções de meu filho, em resposta aos ataques às missões de seu país no Oriente Médio.

"Quando os cristãos são sujeitos a insultos à sua fé, esperamos que não recorram à violência", disse ela. "O mesmo se aplica a todas as fés. Abster-se da violência, não é um sinal de fraqueza; é sinal de que a sua fé é inabalável." Quer venha da boca de bebês ou de líderes experientes, há sabedoria na exortação de abster-se do combate.

A Bíblia declara: "Qualquer tolo pode começar uma briga; quem fica fora dela é que merece elogios" (Provérbios 20:3); "A pessoa de mau gênio sempre causa problemas e discórdias. O orgulhoso acaba sendo humilhado, mas quem é humilde será respeitado" (29:22,23); "A pessoa de mau gênio sempre causa problemas, mas a que tem paciência traz a paz" (15:18); "O egoísta sempre causa problemas. Quem confia no Senhor terá sucesso. Quem confia em si mesmo é tolo, mas quem segue os ensinamentos dos sábios terá segurança" (28:25,26).

"Fique longe das discussões tolas e sem valor, [...] O servo do Senhor não deve andar brigando, mas deve tratar todos com educação. Deve ser um mestre bom e paciente" (2 Timóteo 2:23,24). —Roxanne Robbins

Sigamos os conselhos do apóstolo Paulo e afastemo-nos de discussões tolas.

8 de outubro

Curada

Leitura:
Marcos 8:22-38

...O Filho do Homem terá de sofrer muito. Ele será rejeitado [...]. Será morto e, três dias depois, ressuscitará. —Lucas 24:31

Tenho visto a mão provedora de Deus agir em meu corpo e no de outras pessoas. Porém, minha teologia e prática colidem quando não vejo Deus se mover da maneira como eu esperava. Mas Ele me abriu mais o entendimento, quando num culto de jovens recebi oração por causa de um menisco rompido.

Com adolescentes à minha volta, senti-me humilhada por ser a destinatária de suas orações, e fui honrada ao ouvir a oração de uma mulher, de 27 anos, de nossa equipe do ministério de jovens. Em sua vida, a resposta de Deus ao câncer veio por meio de uma mastectomia, não por livramento milagroso. Emocionei-me enquanto ela orava pela minha necessidade, e vi naquele momento a grandeza de Deus e a complexidade de Seus caminhos. Meu insignificante menisco rompido, a batalha de vida e morte daquela mulher, e o Deus fiel. A oração é um acesso de extremo privilégio.

Os caminhos de Deus são muito superiores ao que conseguimos compreender (Romanos 11:33,34). Mas há mais:
- A ressurreição de Jesus nos redime (Isaías 53:5; 61:1-3; Mateus 11:2-5).
- O triunfo de Jesus não excluiu o sofrimento (Is 53:3,4; Mc 8:31).
- Deus acolhe e incentiva nossos pedidos de intervenção milagrosa (Tiago 5:13-18).

Como o cego em Marcos 8 que não foi curado como os outros, assim também as nossas histórias variam nos modos como Deus executa os Seus planos para a nossa vida. —Regina Franklin

Jesus nos convida a nos aproximarmos dele diariamente.

9 de outubro
Letras verdes

Leitura:
Gênesis 1

…espalhem-se por toda a terra e a dominem…
—Gênesis 1:28

Deus é verde? O que Jesus disse sobre o ambiente? Qual é o meu papel no cuidado com a Terra? Estas perguntas me chamaram a atenção enquanto folheava as páginas introdutórias de uma edição da Bíblia, que destaca as passagens sobre o meio ambiente. Essa versão apresenta em verde os versículos referentes aos elementos da criação. Intrigada, abri em Gênesis. A primeira página e parte da segunda apareciam em tinta verde.

Lendo isso, ocorreu-me que, como habitantes, somos mais inquilinos do que proprietários. "…A terra e tudo o que nela existe pertencem ao Senhor" (1 Coríntios 10:26), e ainda, "…a terra [o Senhor] deu aos seres humanos" (Salmo 115:16). Como Deus, em última instância, é responsável pela Terra, devemos cuidar bem da Sua propriedade.

Deus a equipou para nos manter vivos e para o nosso bem-estar. E declarou: "…eu lhes dou todas as plantas que produzem sementes e todas as árvores que dão frutas (Gênesis 1:28,29). Formou uma atmosfera que nos permite respirar (vv.6-8). Colocou o mundo em movimento para que a gravidade nos mantivesse no chão.

Alguns cometem o erro de "…[adorar] e [servir] as coisas que Deus criou, em vez de adorarem e servirem o próprio Criador…" (Romanos 1:25). Nosso planeta é temporário e, quando tiver servido aos propósitos de Deus, Ele abrirá as cortinas para revelar um novo céu e uma nova terra (Apocalipse 21:1). —*Jennifer Benson Schuldt*

*Somente Deus, o nosso Criador,
merece toda a nossa adoração.*

10 de outubro
Rejeite a apatia

Leitura:
Neemias 1

Quando ouvi isso, eu me sentei e chorei. Durante alguns dias, eu fiquei chorando e não comi nada. E fiz a Deus […] oração.
—Neemias 1:4

Descrição do cargo: *Reconstruir a segurança nacional. Lidar com a injustiça econômica. Extinguir conflitos internos. Iniciar reformas religiosas. Pagamento recebido: Ameaças e ameaças.*

Você trocaria uma confortável carreira pública por este emprego? Neemias trocou. Ele deixou seu trabalho de copeiro e confidente do rei da Pérsia para ajudar o desmoralizado povo de Jerusalém. O que o motivou?

Primeiramente, ele não permitiu que a vida confortável anulasse suas preocupações com o povo de Deus, seus conterrâneos. Pesquisou e conversou com os que haviam chegado recentemente de Jerusalém para saber sobre a situação do povo e da cidade (1:2).

Segundo, ele se identificava com a opressão do povo. Neemias não somente ouviu as necessidades das pessoas; mas as sentiu. Chorou, lamentou, jejuou e orou por vários dias, rogando a Deus que agisse naquela situação.

A grandeza de Neemias veio de pedir grandes coisas a um grande Deus, e de tentar grandes coisas dependendo dele. Tive o privilégio de encontrar alguns Neemias de nossos tempos, que organizaram um evento para levantar fundos para uma escola cristã para crianças autistas na Índia. Eles *ouviram* sobre a necessidade, sentiram-na e reagiram a ela.

Que o Senhor possa abrir os nossos olhos, ouvidos e coração para perceber o panorama espiritual ao nosso redor — nos dando responsabilidade sobre o Seu povo. —*Poh Fang Chia*

*Dá-nos visão para o Seu propósito
e o comprometimento com o Senhor.*

11 de outubro
De muito em muito

Leitura:
Salmo 84:10-12

O Senhor Deus é a nossa luz e o nosso escudo. Ele ama e honra os que fazem o que é certo e lhes dá tudo o que é bom. —Salmo 84:11

Nos primeiros quatro anos em que meu filho ugandense adotivo esteve comigo, não tive medo do futuro nem de sustentá-lo. Porém, como está difícil pagar as contas e sobreviver do salário que o ministério nos proporciona, e sem saldo disponível, preocupei-me. Meus desejos se voltaram para a maior estabilidade financeira em vez de confiar na provisão diária de Deus.

Vivendo no leste africano e cercada por pessoas que sofrem pela extrema pobreza, sei que materialmente me encontro muito melhor do que 98% dos que me cercam. Mas tive dificuldade em confiar nas verdades do Salmo 84:10-12:

- "O Senhor Deus é a nossa luz e o nosso escudo..." (v.11);
- "Ele ama e honra os que fazem o que é certo e lhes dá tudo o que é bom" (v.11);
- Temos alegria quando confiamos nele (v.12).

Ontem, parei num caixa eletrônico e quando saí com dinheiro na mão, meu filho falou: "Mamãe, Deus nos abençoou com dinheiro." Meio cética, falei: "Sim, Deus está nos sustentando de pouco em pouco." Ele respondeu docemente: "Mamãe, de muito em muito!".

Deus me abençoou com um filho que, pelo seu exemplo de fé, me desafia a me humilhar, a confiar que o Senhor me exaltará; e a lançar todas as ansiedades e preocupações sobre Ele (1 Pedro 5:6-8).

Lutemos para descansar na verdade de que Deus suprirá nossas necessidades. Oremos juntas, e Ele fortalecerá a nossa fé. —Roxanne Robbins

Deus nos ajudará a mantermos a nossa confiança nele.

12 de outubro
Corra para a cruz

Leitura:
Hebreus 10:28-39

*Que coisa terrível
é cair nas mãos do Deus vivo!*
—Hebreus 10:31

Sempre que um alerta de tsunami é emitido na costa norte de Maui, no Havaí, as pessoas que vivem em Hana sobem rapidamente a encosta de uma montanha até um lugar alto e seguro. Perto dali existe uma cruz de madeira muito alta, colocada muitos anos atrás por missionários. As pessoas correm para o lugar onde está a cruz para se proteger fisicamente.

De maneira similar, todas nós necessitamos de um local onde encontrar a segurança espiritual. Por quê? Porque o Senhor nos dá esses alertas em Sua Palavra: "Todos pecaram e estão afastados da presença gloriosa de Deus" e "…o salário do pecado é a morte…" (Romanos 3:23; 6:23). Lemos em Hebreus: "Cada pessoa tem de morrer uma vez só e depois ser julgada por Deus (9:27)." Podemos não gostar de pensar sobre quais serão as consequências do nosso pecado quando estivermos face a face com o Deus santo, mas: "Que coisa terrível é cair nas mãos do Deus vivo!" (10:31).

A boa notícia é que, por amor a nós, o Pai nos preparou um lugar seguro! Ele enviou Seu Filho Jesus para morrer, para que não tivéssemos de nos separar dele eternamente (Romanos 5:8-10; Colossenses 1:19-22).

Pela morte de Jesus Cristo na cruz e por Sua ressurreição dentre os mortos, esse lugar seguro está disponível. Você já correu para a cruz? —Anne Cetas

*Para fugir da maldição do pecado,
corra para a cruz.*

13 de outubro
Persistência

Leitura:
Lucas 18:1-8

…orar sempre e nunca desanimar.
—Lucas 18:1

Deveria ser uma daquelas idas bate e volta à loja, mas minha filha viu os brinquedos em oferta e implorou: "Podemos olhar?". Respondi com um "Talvez". Ela usou a tática de negociação preferida entre as crianças: a persistência: "por *favooor*?". Continuou pedindo até nos afundarmos em bonecas e livros.

Deus não se importa com a persistência de Seus filhos. A Bíblia nos incentiva a "…orar sempre e nunca desanimar" (v.1). De fato, Jesus contou uma história sobre uma viúva que importunava um juiz com repetidos pedidos de justiça (v.3). O juiz tinha má reputação, e pensou: "…vou dar a sentença a favor dela. Se eu não fizer isso, ela não vai parar de vir me amolar até acabar comigo" (v.5). Até esse juiz desonesto decidiu com justiça (v.7).

Deus é justo Juiz (Salmo 7:11), e Jesus nos assegura de que faz justiça aos Seus escolhidos "…que clamam a ele dia e noite…" (Lucas 18:7). Além de justiça, Deus dá "coisas boas" e o auxílio do Espírito Santo aos que lhe pedem (Mateus 7:11; Lucas 11:13).

Você tem dificuldade em pedir e bater à porta com o fervor da viúva persistente? Talvez já tenha orado sobre algo, desistiu, e tentou resolver a questão por si mesma. Se assim for, lembre-se de que Deus é capaz de "…fazer muito mais do que nós pedimos ou até pensamos" (Efésios 3:20).

Voltar a Deus repetidas vezes coloca o resultado em Suas mãos e sempre nos permite esperar nele. —*Jennifer Benson Schuldt*

Ele me ouve sempre que eu clamo pedindo socorro.
—Salmo 116:2

14 de outubro
Bate e foge

Leitura:
Jó 5:1-27

...somos nós mesmos que causamos o sofrimento, tão certo como as faíscas das brasas voam para cima. —Jó 5:7

Certa noite, um carro bateu na lateral de nossa casa. Acordei com o barulho, e em seguida, escutei o ruído do rádio e os pneus "cantando" enquanto o motorista fugia do local, causando-nos problemas.

Jó teve muitos problemas. Satanás tentou interromper o relacionamento de Jó com Deus (1:9) afligindo-o com problemas, tribulações sérias e repentinas, com resultados devastadores. O diabo usou desastres naturais, ataques violentos e doença para fazer Jó se voltar contra o seu Criador (vv.13-19; 2:3-7).

Jó não se submeteu às táticas de Satanás, e permaneceu próximo a Deus. Seu amigo Elifaz o aconselhou: "...se eu fosse você, voltaria para Deus e entregaria o meu problema a ele" (v.8). E o incitou a abrir-se com o seu Criador para expressar o medo, a raiva e a confusão.

Lembrou-o de que Deus protege os que sofrem (v.11). Essa verdade pode nos impedir de culpar Deus e nos afastarmos dele quando mais precisamos ficar ao Seu lado. Às vezes, Deus permite que o perigo nos aflija, mas não nos abandona em nossa tensão (Salmo 23:4).

Elifaz sugeriu que os problemas de Jó tinham origem num julgamento divino. Embora Jó fosse inocente, vale notar que, às vezes, o pecado *traz* tribulação à nossa vida. Nesse caso, podemos ficar próximos a Deus, nos arrepender e aceitar Sua correção (v.17).

Satanás investe para que os problemas abalem a sua fé. Contra-ataque. Ore sem cessar; não se entregue à culpa (1:22); arrependa-se quando necessário. —*Jennifer Benson Schuldt*

Cheguem perto de Deus, e ele chegará perto de vocês... —Tiago 4:8

15 de outubro
A necessidade de saber

Leitura:
Jó 38:1-21

...quem é você para pôr em dúvida a minha sabedoria?
—Jó 38:2

Meu filho ainda pergunta o porquê de tudo. Suas perguntas mudaram da curiosidade inocente para uma ocasional disputa. Ele faz perguntas não para obter conhecimento, mas informações para arranjar uma saída para qualquer coisa que lhe pedimos para fazer.

Desde o Jardim do Éden, os seres humanos sucumbiram à tentação de obter mais conhecimento (Gênesis 3:5,6). As surpresas são agradáveis, mas não gostamos de enfrentar o desconhecido com informações limitadas.

O impulso de saber o que o futuro nos reserva se torna ainda maior perante as dificuldades. Não desejamos todas as respostas, e sim o controle. A informação não traz a paz, como Salomão, o mais sábio dos homens, reconheceu (Eclesiastes 1:16-18). Como um filho que deseja renegociar as regras, levamos nossas perguntas ao Senhor, não porque queremos compreender os Seus caminhos, mas por desejarmos ver a Sua posição para defendermos melhor a nossa.

Jó percebeu que o prêmio definitivo não é a resposta que recebemos, mas o relacionamento que priorizamos. Reconhecendo que a sabedoria de Deus ultrapassou em muito a sua, Jó teve de tomar uma decisão: continuar a exigir respostas ou render sua própria vontade àquele que é maior (Jeremias 17:7).

A chave para a liberdade de Jó veio com o reconhecimento da soberania de Deus e sua disposição para arrepender-se de ter pensado que havia um caminho melhor (Jó 42:2,6). —*Regina Franklin*

Jesus é sempre o melhor caminho.

16 de outubro

Cumprir

Leitura:
2 Crônicas 36:21-23

Assim se cumpriu o que [o] Senhor Deus tinha dito pelo profeta Jeremias... —2 Crônicas 36:21

Há muitos anos o editor de uma revista norte-americana fez previsões para todos os dias do ano, exceto para 13 de julho. Quando o mensageiro avisou que precisava do texto para impressão, o editor lhe disse para colocar algo razoável para o dia 13 de julho. As cópias foram impressas com a previsão: "Vento, granizo e neve." O mensageiro respondeu que aquele clima seria bom e diferente. E eis que, em 13 de julho de 1884, vento, granizo e neve *realmente* atingiram aquela região em pleno verão!

Se por um lado o mensageiro previu algo improvável, as profecias de Deus não são um golpe de sorte. Deus é soberano. Em 2 Crônicas lemos que os que haviam retornado do exílio encaravam um futuro incerto. Podemos aprender algo com o verbo *cumprir* (vv.21,22).

• "Assim se cumpriu o que [o] Senhor Deus tinha dito pelo profeta Jeremias..." (v.21). A mensagem do profeta era impopular. Ele nos mostrou que a opinião do povo não é um bom indicador de confiabilidade. Apenas a opinião de Deus é confiável.

• "...O país ficará em ruínas setenta anos..." (v.21). Isso se cumpre com precisão (Mateus 5:18).

• "No primeiro ano [...], cumpriu-se o que o Senhor Deus tinha dito..." (2 Crônicas 36:22). Deus pode usar os instrumentos mais improváveis para cumprir Sua promessa. Ele é o Rei dos reis!

Cada palavra será cumprida. Ele tem a vontade e o poder para tal.
—Poh Fang Chia

As promessas de Deus, e Suas advertências, são verdadeiras.

17 de outubro
Torcida

Leitura:
Gênesis 12:10-20

…Eu, o Senhor, falo a verdade, e o que digo sempre merece confiança. —Isaías 45:19

Uma empresa da internet cria e vende mentiras personalizadas. Mediante taxas, ajuda as pessoas a enganar os outros. As estatísticas mostram que cerca de 30% dos candidatos exageram ou aumentam aspectos de seus currículos. O que Deus pensa quando alteramos os fatos para atender às nossas necessidades?

Abrão foi manipulador. Quando a fome o atingiu, ele e sua esposa Sarai foram ao Egito procurar alimento. Chegando lá, Abrão se voltou a ela e disse algo como: "Querida, você é a mulher mais bonita ao sul do Neguebe. Então, poderia apenas dizer aos egípcios que é minha irmã?" (Gênesis 12:11-13). Presumi que Abrão estava pedindo a Sarai para mentir por ele, mas lemos em Gênesis 20:12, que Sarai era, de fato, meia-irmã dele, e também sua esposa!

Sarai chamou a atenção no Egito (v.14), e decidiu apoiar tal farsa (v.19). O Faraó a levou ao seu palácio, mas antes que ela se tornasse mais uma no seu harém, Deus enviou Suas terríveis pragas sobre Faraó e sua corte. Finalmente, este exigiu a verdade, perguntando a Abrão: "…Por que não me disse que ela é a sua mulher?" (v.18).

Sarai e Abrão haviam distorcido a verdade. A Bíblia relaciona intimamente a mentira e o engano: podemos pensar neles como vizinhos espirituais (Jó 31:5; Salmo 101:7; Oseias 11:12). Deus é sempre a favor da verdade, toda a verdade, nada mais do que a verdade (Isaías 45:19).

—Jennifer Benson Schuldt

Aos olhos de Deus, enganar é tão ruim quanto mentir.

18 de outubro
Pare e veja

Leitura:
1 Reis 19:1-12

Ele diz: Parem de lutar e fiquem sabendo que eu sou Deus...
—Salmo 46:10

Quando meu oftalmologista diz "fique parada", eu fico. Não discuto. Não me rebelo. Não me movo enquanto ele não está me olhando. Por quê? Porque ele é um renomado cirurgião ocular que está tentando preservar a minha visão e necessita da minha cooperação. Seria tolice minha ignorar suas instruções.

Logo, por que não colaboro dessa mesma forma com as questões de descanso espiritual? Deus considera o repouso tão importante, que o incorporou ao ritmo da vida. Sem repouso, não conseguimos enxergar com clareza; começamos a nos ver mais importantes do que somos.

Elias se encontrou em estado de exaustão após o tenso confronto com Acabe e Jezabel. Deus enviou um anjo para cuidar dele. Durante esse tempo de descanso, Deus falou com o profeta (1 Reis 19:9). Elias pensou que agia sozinho ao trabalhar para o Senhor. Ele se dedicara tanto, que não sabia que outros sete mil não haviam se dobrado a Baal (v.18).

Alguns de nós podemos ter medo do que poderá acontecer se nos sentarmos e pararmos de trabalhar. Mas algo pior acontece quando nos recusamos a repousar. Sem repouso, não podemos ser saudáveis — nem espiritual nem fisicamente. Deus nos cura enquanto repousamos.

Exatamente como eu necessitava ficar parada para meu olho cicatrizar, todos nós necessitamos ficar parados para que Deus possa manter clara a nossa visão espiritual. —*Julie Ackerman Link*

Nossa maior força pode ser nossa capacidade de permanecermos quietas e confiarmos em Deus.

19 de outubro

Isolamento

Leitura:
Atos 2:42-47

Conversávamos com toda a liberdade e íamos juntos adorar com o povo no Templo. —Salmo 55:14

Em estado de exaustão ao completar 5 anos de serviço em Uganda, enviei um e-mail para amigos e colegas de ministério, pedindo oração. Um pequeno exército de irmãos e irmãs em Cristo intercedeu por mim em oração e me ajudou a atravessar um tempo difícil.

Não permiti que meu orgulho me impedisse de buscar ajuda. Se tivesse agido dessa forma, estaria isolada e poderia ter desmoronado pelo estresse a que me submeti.

Na Bíblia, há ocasiões em que pessoas eram separadas da comunidade como punição por pecados como: comer pão fermentado, fazer incenso para uso pessoal, não observar o sábado ou estar cerimonialmente impuro (Êxodo 12:14,15; 31:13-15; Levítico 7:20-22).

Hoje, o confinamento solitário é reservado somente aos piores criminosos. Contudo, muitas de nós escolhemos o isolamento em vez da comunidade. Quer temamos ser vulneráveis, tenhamos vergonha de algo que fizemos ou simplesmente não queiramos conversar, por vezes cremos ser mais fácil nos afastarmos do que sermos honestas com outras seguidoras de Jesus.

Necessitamos de períodos de solidão e tempos a sós com o Senhor, mas afastarmo-nos da comunidade cristã não é saudável. É por isso que os cristãos de Atos estabeleceram o precedente da comunidade bíblica. "E todos continuavam firmes, seguindo os ensinamentos dos apóstolos, vivendo em amor cristão, partindo o pão juntos e fazendo orações" (Atos 2:42,46,47). —Roxanne Robbins

Reunindo-nos como cristãs, obedecemos uma recomendação de Jesus.

20 de outubro

Não estou ouvindo

Leitura:
2 Reis 17:1-23

*Mas os israelitas [...] não quiseram obedecer; foram teimosos como os seus antepassados, que não confiaram no S*ENHOR*, o Deus deles.* —2 R*EIS* 17:14

Senhor, não estou ouvindo e nem vou ler a Bíblia porque sei o que me dirás, não gosto do que ouço e não quero ouvir. Estou me afastando das pessoas santas que o Senhor coloca em meu caminho. Vou dormir até tarde e não vou à igreja.

Parece familiar? Sim, às vezes, preferimos não ouvir Deus, em especial, quando temos prazer em situações pecaminosas. Os israelitas também não ouviam a Deus: "O S*ENHOR* Deus havia mandado mensageiros e profetas [...]. Mas os israelitas [...] não quiseram obedecer; foram teimosos como os seus antepassados..." (2 Reis 17:13,14). Eram rebeldes em sua recusa de crer em Deus.

Seus corações endureciam, e seu comportamento e ações se tornavam azedos. Passaram a desprezar a aliança com Deus. Rejeitaram os Seus decretos e desprezaram as Suas advertências. Quando Deus lhes disse: "Não façam", foram rebeldes e adoraram ídolos sem valor.

Samaria sucumbiu à Assíria em 722 a.C. e o Reino do Norte se tornou as "dez tribos perdidas", sem sua identidade e seu "valor" (v.15). "Seguiram deuses inúteis e viveram vidas inúteis, como as nações pagãs ao seu redor" (E. Peterson).

Às vezes, testamos a paciência de Deus e tudo parece bom quando o desobedecemos. E pensamos: *Deus ainda não nos alcançou.*

Paulo adverte em Romanos 2:4: "...será que você despreza a grande bondade, a tolerância e a paciência de Deus?". —*Poh Fang Chia*

Você sabe muito bem que Ele é bom e que quer fazer com que você mude de vida.

21 de outubro
Confrontando as trevas

Leitura:
Mateus 16:13-28

Jesus [...] disse a Pedro: —Saia da minha frente, Satanás! Você é como uma pedra no meu caminho para fazer com que eu tropece...
—Mateus 16:23

"Demônio louco!" Cliquei em "Enviar" antes de reler o texto e, logo, percebi que a mensagem deixaria meu marido confuso. Eu tentei digitar "Trânsito!" para explicar meu atraso ao nosso encontro, mas devo ter apertado letras erradas. O corretor automático do celular mudou tudo! Não faço ideia de como "Trânsito" virou "Demônio".

Se cremos na existência do céu e inferno, precisamos acreditar também nas Escrituras quando falam de forças espirituais atuantes. Como Jesus reconheceu que Pedro não recebeu sua revelação messiânica por meio de "carne e sangue" (Deus Pai o revelara), Paulo nos lembra de que "...não estamos lutando contra seres humanos, mas contra as forças espirituais do mal que vivem nas alturas, isto é, os governos, as autoridades e os poderes que dominam completamente este mundo de escuridão" (Efésios 6:12).

Os poderes das trevas são reais e num momento de grande pesar, Pedro cedeu à sua condição humana e colocou seus desejos acima da vontade do Pai. Nem toda influência demoníaca se manifesta como corpos contorcidos e ameaças violentas (Mateus 17:15-18; Marcos 5:6-20). Para Pedro, foi a observação de que, certamente, Cristo não tinha vindo para morrer. Porém, essa interação específica com Jesus também revela o infinito poder do Mestre. Ele é maior do que qualquer inimigo espiritual (Salmo 18:39-42; Colossenses 2:13-15; Apocalipse 12:11). —*Regina Franklin*

*Jesus já fez a Sua obra;
temos apenas de caminhar nela.*

22 de outubro
Amor de verdade

Leitura:
João 14:15-31

*Se vocês me amassem, ficariam alegres,
sabendo que vou para o Pai...*
—João 14:28

Uma menina de 13 anos roubou o carro de seu irmão e dirigiu 1.280 km para encontrar um garoto de 12 anos que ela conheceu pela internet. Com o romance em mente, ela roubou o cartão de débito de sua mãe, saiu pela janela de seu quarto e fugiu de casa. Finalmente, a polícia a deteve a 80 km da residência do menino.

A menina estava em busca de amor — algo que todos nós ansiamos. Durante a última ceia, Jesus falou aos Seus discípulos sobre o amor verdadeiro. Ele lhes disse: "Se vocês me amassem, ficariam alegres, sabendo que vou para o Pai..." (14:28). Que coisa difícil para digerirem! A vida deles era seguir Jesus, espiritual e fisicamente. Contudo, o Senhor lhes ensinou que o amor é altruísta, que deseja o melhor para a outra pessoa, mesmo quando isso significa abrir mão.

Jesus disse também que os que o aceitassem e o obedecessem, certamente, o amariam, e Ele os amaria e se revelaria a cada um (v.21). Suas palavras demonstram que os relacionamentos de amor são recíprocos, com investimentos das duas partes. O Senhor proclamou: "O mundo precisa saber que eu amo o Pai e que, por isso, faço tudo o que ele manda..." (v.31). Ele tomou sobre si os nossos pecados ao ser crucificado (Isaías 53:6). Submeteu-se, humildemente, à vontade do Pai e, onde existe humildade, o amor pode crescer.

Cresça em amor por Jesus Cristo para compreender a plenitude de Deus (Efésios 3:18,19). —Jennifer Benson Schuldt

*Quando nos submetemos a Deus,
seguimos o modelo de humildade de Cristo.*

23 de outubro
Dureza na crítica

Leitura:
Provérbios 25:11-13

*Quem fala a verdade convence,
mas a acusação de vocês não prova nada.*
—Jó 6:25

Você já teve uma amiga, que a criticou? Eu já e sei que ela quis o meu bem, mas fez comentários sem saber se eu estava pronta a recebê-los. Por isso, aprecio muito como Paulo agiu com seu amigo (Filemom 1:14).

Quando minha amiga me enviou um e-mail enumerando minhas falhas, vendo em mim apenas duas áreas talentosas, fiquei triste. Em vez de orar e pedir a Deus sabedoria para lidar com isso, fiz uma busca na internet. Procurei por bullying (agressões verbais, ofensas) e outros sinônimos que a descreviam como arrogante.

Foi fácil encontrar palavras que confirmavam que ela agia inadequadamente comigo, mas ainda assim eu não havia encontrado a solução. Liguei então para outra amiga bastante sábia, que me sugeriu que buscasse a Deus. "Peça-lhe que a ajude a filtrar esse conteúdo, e para ajudá-la a apegar-se ao que é verdade e a expor as mentiras. Peça-lhe para entender se o inimigo está tentando provocá-la com mentiras que você acredita sobre si mesma usando essas palavras que você recebeu."

Esse conselho confirmou o que Provérbios diz: "A palavra certa na hora certa é como um desenho de ouro feito em cima de prata" (25:11). É bom que ouçamos conselhos (v.12), mas devemos pedir a Deus que nos ajude a discernir se a crítica é válida ou não. Se o mensageiro for confiável, e a mensagem trouxer convicção e apontar áreas que necessitem mudanças, você terá um novo ânimo (v.13). —Roxanne Robbins

*Antes de criticar alguém,
olhe para as suas próprias falhas.*

24 de outubro
Desperdício mental

Leitura:
Mateus 6:25-34

…não se preocupem com a comida e com a bebida que precisam para viver nem com a roupa que precisam para se vestir…
—Mateus 6:25

Ao conversar com uma amiga, lembrei que eu tinha saído de casa há horas, e imaginei meus filhos chorando e isso me perturbou. Pouco depois, li um aviso que dizia: *A preocupação é um mau uso da imaginação.*

Às vezes, a preocupação consiste em imaginar problemas que jamais virão, e envolve cuidados legítimos sobre questões da vida. Mas, Jesus disse: "…não se preocupem com a comida e com a bebida que precisam para viver nem com a roupa que precisam para se vestir…" (v.25).

Não percamos o sono por essas coisas porque o estresse não resolve os nossos problemas. Para enfatizar isso, Jesus levantou a questão: As preocupações podem acrescentar um único segundo à sua vida? (v.27). Personalizar essa pergunta pode nos ajudar a evitar o desperdício de nosso tempo: *Preocupar-me vai me ajudar a arrumar um marido, gerar um bebê, conseguir um emprego?*

Jesus nos assegura de que a fé move montanhas (17:20). A Bíblia afirma: "…é claro que ele vestirá também vocês, que têm uma fé tão pequena!" (6:30). Essa afirmação é importante. Como cristãs, já aprendemos a confiar em Deus para nossa salvação e a evidência de Sua provisão para o aqui e agora está ao nosso redor.

Ele vestiu as flores e alimentou os pássaros. Deus proveu as necessidades até das partes frágeis e passageiras de Sua criação, e não temos que desperdiçar nossos cérebros com a ansiedade. —*Jennifer Benson Schuldt*

Podemos entregar todas as nossas preocupações a Deus, porque Ele cuida de nós. —1 Pedro 5:7

25 de outubro
Não é minha obrigação

Leitura:
1 Crônicas 17:1-4,16-25

…Você não é a pessoa que vai construir o templo em que eu vou morar. —1 Crônicas 17:4

Davi teve a ideia, mas o crédito foi de Salomão. (1 Cr 22:1-6). O primeiro templo construído em Jerusalém é conhecido como o templo de Salomão.

O desejo do rei Davi de honrar a Deus é louvável, mas o Senhor disse: "…Você não é a pessoa que vai construir…" (17:4). Como você se sentiria se estivesse no lugar de Davi? Continuaria dedicado em lançar os alicerces?

O comentarista bíblico J. G. McConville escreveu: "Às vezes, temos que aceitar que o trabalho que gostaríamos de executar no serviço cristão não é aquele para o qual estamos mais preparados, nem aquele para o qual Deus realmente nos chamou. Pode ser, como no caso de Davi, um trabalho de base que levará a algo, obviamente, maior. O reconhecimento e aceitação de nossa verdadeira capacidade é o primeiro e necessário passo para compreender o significado do que realmente podemos ou já alcançamos nos propósitos de Deus."

Muitos trabalham num lugar onde há poucos convertidos, mães oram com fé por seus filhos pródigos. E acreditam e aceitam que Deus chamou alguns para semear, outros para regar e outros para colher. E confiam que Deus fará a semente brotar (1 Coríntios 3:6,7).

O rei Davi manteve-se atento ao que Deus faria em vez do que ele próprio não poderia fazer (1 Crônicas 17:16-25). Permaneceu agradecido e fez o que pôde, reunindo homens capazes para ajudar Salomão (capítulo 22).

—*Poh Fang Chia*

Como Davi, busquemos também a glória de Deus, não a nossa própria.

26 de outubro
Abra mão

Leitura:
1 Samuel 15:35–16:13

...vá a Belém, até a casa de um homem chamado Jessé, pois eu escolhi um dos filhos dele para ser rei.
—1 Samuel 16:1

Passei um verão dando cambalhotas e saltos mortais num lago próximo. Eu estava simplesmente tentando aprender esqui aquático. O doloroso esforço revelou a minha profunda determinação. Um de meus maiores erros era a recusa em soltar a corda e admitir a derrota quando tinha caído. Não era algo para se admirar.

Anos mais tarde, longe do ronco do motor e da água refrescante do verão, me vi dando cambalhotas, saltos mortais e colidindo com as águas de um relacionamento particular em busca de reconciliação. Como Samuel, lamento sobre como poderia ter sido (v.35). Acreditando que o chamado de Deus na vida deste indivíduo é o de guiar outros em Sua verdade, me sinto confusa e entristecida sobre o que ocorreu. Tentei entender por minhas forças, mas em vez disso bati na água com um feroz tapa. A mensagem é clara: *abra mão*.

Samuel poderia ter continuado a insistir que era obrigado a ver Saul endireitar-se, mas Deus havia indicado de outra forma (16:1). A opção não era mais se Saul obedeceria ao comando de Deus, mas se Samuel prestaria atenção à voz do Senhor ao abandonar a ideia de Saul como rei.

Por Jesus ter nos deixado a mensagem da reconciliação (2 Co 5:19), devemos fazer tudo que pudermos para manter os nossos relacionamentos de bom acordo com a Palavra. Há casos, porém, quando a escolha certa é a separação — mas somente se atender ao critério bíblico. —*Regina Franklin*

No que depender de vocês, façam todo o possível para viver em paz com todas as pessoas. —Romanos 12:18

27 de outubro

Amor milagroso

Leitura:
João 2:1-12

Jesus fez esse seu primeiro milagre em Caná da Galileia. Assim ele revelou a sua natureza divina, e os seus discípulos creram nele.
—João 2:11

Talvez o casamento em Caná da Galileia tenha sido um dos casamentos mais extraordinários daquela época. Foi nele que Jesus realizou o Seu primeiro milagre (v.11). Ele transformou a água em vinho, dando assim, início ao Seu ministério público.

Antes de realizar o milagre Ele declarou: "...Não é preciso que a senhora diga o que eu devo fazer. Ainda não chegou a minha hora" (v.4). À primeira vista, a resposta de Jesus a sua mãe soa rude, mas vemos Jesus apontando para o Calvário (João 7:6,8; 8:20; 12:23). Ele sabia que assim que realizasse o milagre, daria início a Sua jornada à cruz. Jesus pensou na gravidade da situação: *Seria o momento adequado? Seria a hora certa?*

"Depois disso, Jesus, a sua mãe, os seus irmãos e os Seus discípulos foram para a cidade de Cafarnaum e ficaram alguns dias ali" (v.12). Mas e José, o pai? Os comentaristas bíblicos concordam que o mais provável era que ele já tivesse morrido e que o ministério público de Jesus significava deixar de lado Suas obrigações familiares.

A princípio, nem Tiago nem os outros irmãos parecem ter sido Seus seguidores. Queriam encerrar o ministério dele e fazê-lo cumprir as responsabilidades de filho mais velho (Marcos 3:31-35; João 7:3-5).

Vemos que o milagre de transformar água em vinho tinha mais importância do que o suprimento de uma simples necessidade. Jesus demonstrou que devemos amar a Deus mais do que tudo. —*Poh Fang Chia*

Amemos a Deus mais do que aos nossos entes queridos, mais do que a nossa própria vida. —Lucas 14:26

28 de outubro

Aprendendo a alegrar-se

Leitura:
Salmo 21:1-13

*...o rei está muito feliz. [...] Tu satisfizeste
os seus mais profundos desejos e lhe deste o que ele pediu.*
—Salmo 21:1,2

Meu livro de trigonometria era enorme e até hoje luto para entender aqueles conceitos tão difíceis para mim. Mas, espiritualmente falando, há algo que também acho difícil entender: a alegria. Meu dicionário bíblico diz que alegria é uma qualidade, não só emoção, que vem da parte de Deus e caracteriza a vida cristã. Bela definição, mas como aplicá-la?

Davi alegrou-se ao louvar a Deus por Suas bênçãos. Esse pastor de ovelhas que virou rei se alegrava e exultava na salvação de Deus (Salmo 21:1), pois Ele lhe concedera os desejos de seu coração: sucesso, prosperidade, resgate da morte, liderança, vida longa e acesso ao amor infalível de Deus (vv.3-7). Davi se regozijou pela vitória que Deus lhe dera: fruto de sua confiança no Senhor.

Talvez pensemos: "Claro que Davi estava alegre! Olhe tudo o que Deus deu a ele!" No entanto, ele passou por muito sofrimento, fracasso e medo. Falhou como pai (1 Reis 1:6), fugiu de um assassino (1 Samuel 19:18), fracassou moralmente (2 Samuel 11:2-4) e perdeu um bebê (2 Samuel 12:19). Mesmo assim, seu relacionamento com Deus lhe trouxe alegria, o que o fez testemunhar: "Os que são perseguidos olham para ele e se alegram; eles nunca ficarão desapontados" (Salmo 34:5).

Deus oferece outras fontes de alegria: Sua presença (Salmo 21:6), perdão dos pecados (32:1,2), Sua Palavra (Jeremias 15:16) e a oração respondida (João 16:24). —*Jennifer Benson Schuldt*

*A fé nos permite aprender sobre a alegria
durante as dificuldades, e nos momentos de vitória.*

29 de outubro
Fé vitoriosa

Leitura:
1 Pedro 1:5-7

Essas provações são para mostrar que a fé que vocês têm é verdadeira. [Vocês] receberão aprovação, glória e honra...
—1 Pedro 1:7

Tukutana, a organização sem fins lucrativos que dirijo na África Oriental, está financiando a educação de uma jovem. Ela sobreviveu a uma das mais longas guerras da África, mas não sem marcas. Quando tinha apenas 13 anos, rebeldes do *LRA — Lord's Resistance Army* (exército de resistência do Senhor) atacaram sua vila ao norte de Uganda. Além de matarem seus pais diante dela, os impiedosos rebeldes a sequestraram, estupraram e a engravidaram. Pouco antes do nascimento de seu filho, a jovem conseguiu escapar dos captores e fugir para a aldeia de seu tio.

Como a conheci após os horrores que a despojaram de sua família e da inocência, desenvolvi profundo respeito por esta adolescente. Sua alegria e determinação em completar os estudos para poder dedicar seu futuro a ajudar outros proclama a essência de 1 Pedro 1:5-7:

- Sua fé será visível (v.5).
- Alegrias o esperam, apesar das provações (v.6).
- As provações produzem a fé genuína (v.7).
- A fé trará honra, glória e louvor no dia da revelação (v.7).

Admiro-me com a fé dessa jovem e sua força em Jesus Cristo. Fé vitoriosa sobre os crimes mais sombrios cometidos contra ela (Romanos 8:37). Ela confia no cuidado do Senhor (Salmo 27:1-3).

Quando as provações atravessarem nosso caminho, tenhamos o cuidado de não lançar fora a nossa fé confiante no Senhor. —*Roxanne Robbins*

Deus concede a perseverança necessária para enfrentarmos as provações.

30 de outubro
Oferta gratuita

Leitura:
Efésios 1:1-11

…Como é maravilhosa a graça de Deus, que ele nos deu com tanta fartura […] em toda a sua sabedoria e entendimento.
—Efésios 1:7,8

A frustração tomou conta de mim ao ler as reclamações e reivindicações de um aluno imaturo. Pensei em responder-lhe com alfinetadas sutis de reprovação, mas resolvi refletir sobre a resposta. Quando cheguei à raiz da minha frustração, decidi ignorar minhas primeiras inclinações e avaliei a oportunidade de oferecer graça.

A graça, muitas vezes é algo abstrato em nossa caminhada, não presente na vida prática. Quando frustradas, a vontade de revidar cresce em nosso coração. Queremos provar que os outros estão errados e nos defendermos. Quer verdadeiramente ultrajadas ou apenas ofendidas, buscamos a oportunidade de triunfar, seja aberta ou intimamente.

Paulo relembra os cristãos que Deus: "…nos tem abençoado por estarmos unidos com Cristo, dando-nos todos os dons espirituais do mundo celestial" (1:3). Porém, às vezes esquecemos que este tesouro espiritual guarda a graça necessária para oferecer bondade onde, de outra forma, exigiríamos "olho por olho" (Mateus 5:38-44).

A graça se apresenta visível por meio de Cristo (2 Coríntios 8:9; Tito 2:11). Em nossa vida deve ser o mesmo. Assim como Jesus escolheu nos amar quando nada tínhamos a oferecer, nossa habilidade de produzir graça não é medida pelos momentos em que cremos que alguém possa nos dar retorno. Sentimos a graça, de fato, quando oferecemos amor em momentos que poderíamos oferecer vingança. —*Regina Franklin*

A graça é um valor fundamental de nossa teologia e experiência cristã.

31 de outubro
Paixão óbvia

Leitura:
Daniel 6:1-22

…[Eles] encontraram [Daniel]
orando ao seu Deus.
—DANIEL 6:11

Uma senhora *apaixonada* por flores enche a sua varanda e o seu jardim com as cores do arco-íris durante toda a primavera. Abróteas e tulipas parecem bailarinas de um musical. Peônias de doce fragrância balançam sob a brisa. Depois as malvas-rosa altaneiras e alegres margaridas se sobressaem. Ela proclama sua paixão a todos sem dizer uma só palavra.

Nós também podemos proclamar a nossa paixão por Deus e Seus caminhos no dia a dia. Daniel foi administrador de Dario, um rei pagão, e era habilidoso nisso: "…honesto e direito, e ninguém podia acusá-lo de ter feito qualquer coisa errada" (Daniel 6:4). A retidão de Daniel refletia aos outros a integridade de Deus (2 Crônicas 19:6,7).

Os colegas de Daniel vigiavam seus passos para tentar desqualificá-lo. Como ele era íntegro no trabalho, voltaram-se à sua vida privada, às suas práticas espirituais. Eles proibiram a oração a outro que não fosse Dario e, então, "…foram juntos até a casa dele e o encontraram orando ao seu Deus" (Daniel 6:11). Daniel então passou uma noite na cova dos leões; mas o rei Dario lhe disse: "…Que o seu Deus, a quem você serve com tanta dedicação, o salve" (v.16). E Deus o salvou (v.22).

A devoção de Daniel foi contagiosa e o rei creu em Deus, declarando: "Ele é o Deus vivo […] socorre e salva […] Foi ele quem salvou Daniel, livrando-o das garras dos leões" (vv.26,27). —*Jennifer Benson Schuldt*

Os hábitos diários de Daniel proclamavam sua paixão por Deus, e os nossos também devem fazê-lo.

1.º de novembro

Sou um ramo

Leitura:
João 15:1-8

Eu sou a videira, e vocês são os ramos. Quem está unido comigo e eu com ele, esse dá muito fruto porque sem mim vocês não podem fazer nada. —João 15:5

Um menino estava plantando uma macieira no jardim. Assim que terminou, exclamou para o avô: "Acabamos de plantar a macieira, só falta pendurar as maçãs!"

Essa atitude reflete como, às vezes, vemos os frutos em nossa vida. Muitas vezes agimos como se pudéssemos frutificar por esforço próprio.

Jesus nos diz que devemos desenvolver uma vida que produz *muito fruto*. Isto é a vida transformada pela profunda e íntima comunhão com Ele. A razão é simples: *Ele* é a videira e *nós* os ramos (João 15:5).

O tema central do Novo Testamento é a nossa extraordinária união com Jesus Cristo, o Filho de Deus. Nossa vida se une à vida de Jesus, nosso Salvador e Senhor. À luz desse relacionamento, como videira e ramos, vivemos com o reconhecimento de que nossa suficiência vem completamente de Deus e de que somos totalmente dependentes do Senhor e de Sua obra em nós. Portanto, vivamos de tal forma a receber nossa suficiência de Deus. O pastor e autor Ray Stedman compreendeu isso e disse: "quero viver com tudo vindo de Deus e nada vindo de mim".

Oração é o reconhecimento dessa dependência. Quando oramos, reconhecemos diante de Deus que somos incapazes de fazer *qualquer coisa* e somos totalmente dependentes dele para *tudo*. Quando permitimos que a Palavra de Deus dirija a nossa vida, estamos reconhecendo: "Jesus, vivo por Tua Palavra!"

Você reconhece que a sua suficiência vem de Deus? —*Poh Fang Chia*

Jesus declarou: "Eu sou a videira, e vocês são os ramos."

2 de novembro

Destronado

Leitura:
Jó 12:13-25

Cinco já morreram, um está governando, e o outro ainda não apareceu. E, quando aparecer, precisará governar por pouco tempo. —Apocalipse 17:10

Muammar Gaddafi, o chefe de Estado líbio que governou mais tempo na África, costumava armar sua tenda de luxo sempre que ia à Uganda. Meu filho e eu tentávamos contar o número de soldados e lançadores de mísseis de curto alcance que cercavam a residência de lona. O coronel temia por sua segurança e se protegia bem.

Seus temores se concretizaram. O povo da Líbia se revoltou contra ele. Recordamos de ter visto duas dúzias de pessoas fora da Casa do Parlamento em Londres no início da revolta, cantando: "Líbia, Líbia, um dois três, lance Gaddafi ao mar!" Poucos dias depois, o ditador foi capturado e morto.

Isso sintetiza a proclamação de Jó de que "Deus tira os reis dos seus tronos e os põe na prisão" (12:18). Nenhum rei perverso, chefe de Estado ou presidente, independentemente de quão grande seja seu império, permanecerá no poder eternamente ou possuirá sequer uma fração do poder do Deus Altíssimo. O Senhor "...faz com que os líderes das nações percam o juízo e os leva por desertos sem caminhos" (v.24).

"Quando chegar o tempo certo, Deus fará com que isso aconteça, o mesmo Deus que é o bendito e único Rei, o Rei dos reis e o Senhor dos senhores, o único que é imortal. Ele vive na luz, e ninguém pode chegar perto dela. Ninguém nunca o viu, nem poderá ver. A ele pertence a honra e o poder eterno!" (1 Timóteo 6:15,16). —Roxanne Robbins

Jesus reina eternamente. Sua verdade e Seu amor prevalecerão sobre todos os líderes cruéis.

3 de novembro
Uma coisa só

Leitura:
Lucas 10:38-42

…você está agitada e preocupada com muitas coisas
—Lucas 10:41

Minha amiga Cha-Lisa jogou fora a sua lista de tarefas! Tínhamos conversado sobre o fato de não conseguirmos executar nossa interminável lista de afazeres. Cha-Lisa disse: "É só acabar uma tarefa e mais duas aparecem no lugar". E, lhe informei: "Sinto-me culpada quando não consigo dar conta de tudo." Éramos escravas daqueles irritantes papeizinhos.

Marta convidou Jesus para jantar, e dedicou-se a cumprir sua lista de tarefas: varreu o chão, arrumou a mesa, preparou a salada. Ela ignorou Jesus até ficar totalmente sobrecarregada. Ao ver que não iria suportar, protestou: "…O senhor não se importa que a minha irmã me deixe sozinha com todo este trabalho? Mande que ela venha me ajudar" (Lucas 10:40).

Segundos de silêncio seguiram essa demanda. Imagino Jesus tomando uma colher das mãos de Marta e acalmando a sua ira (Provérbios 15:1), dizendo-lhe: "…você está agitada e preocupada com muitas coisas, mas apenas uma é necessária! Maria escolheu a melhor de todas…" (Lucas 10:41,42). Maria estava sentada aos pés de Jesus, aprendendo dele. Ela jogara fora sua lista de tarefas, e reservara o seu tempo para o Senhor.

Você sofre por suas muitas ocupações? Sua vida de oração consiste em dez segundos de pedidos de socorro em horas de crise? Lembre-se: Toda a nossa correria acaba em nada (Salmo 39:6; 46:10).

Peça ajuda e orientação a Jesus ao definir as suas responsabilidades.

—*Jennifer Benson Schuldt*

Aquiete-se e reconheça o inestimável valor de estar na presença de Deus.

4 de novembro
Sobre ouvir

Leitura:
Êxodo 16:1-8

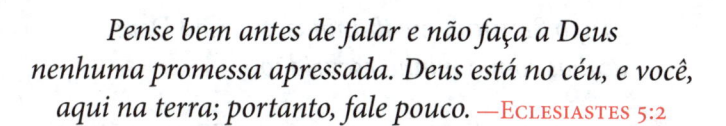

Pense bem antes de falar e não faça a Deus nenhuma promessa apressada. Deus está no céu, e você, aqui na terra; portanto, fale pouco. —Eclesiastes 5:2

"Deus deu a você dois ouvidos e uma boca por alguma razão", diz o ditado. A habilidade de ouvir é essencial para a vida. Os conselheiros nos dizem para ouvirmos uns aos outros. Os líderes espirituais nos dizem para ouvirmos a Deus. Mas dificilmente alguém nos dirá: "Ouça-se a si mesmo." Não estou sugerindo que temos uma voz interior que sempre sabe a coisa certa a dizer. Nem estou dizendo que deveríamos ouvir a nós mesmas em vez de ouvir a Deus e aos outros. Estou sugerindo que precisamos ouvir a nós mesmas para descobrirmos como os outros estão recebendo as nossas palavras.

Os israelitas poderiam ter seguido este conselho quando Moisés os liderava para fora do Egito. Poucos dias após a libertação miraculosa que enfrentaram, eles estavam reclamando (Êxodo 16:2). Apesar de sua necessidade por comida ser legítima, a maneira como eles se expressaram não era (v.3).

Sempre que o nosso falar é fruto do medo, da raiva, da ignorância ou do orgulho — mesmo que digamos a verdade — aqueles que ouvem, ouvirão mais do que as nossas palavras. Ouvirão emoções. Mas essas pessoas não sabem se essa emoção é fruto do amor e da preocupação ou do desdém e do desrespeito. Assim corremos o risco de sermos mal compreendidas. Se nos ouvirmos antes de falar em voz alta, poderemos julgar nossa intenção, antes que as palavras descuidadas machuquem outros ou entristeçam o nosso Deus. —*Julie Ackerman Link*

Que as nossas palavras agradem ao Senhor.

5 de novembro

Escondendo a chama

Leitura:
João 3:19-21

Tu, ó Senhor, me iluminas; tu, meu Deus, acabas com a minha escuridão. —Salmo 18:28

A pira olímpica de 2012, projetada por Thomas Heatherwick, em Londres era magnífica. Apesar da beleza, composta por 204 pétalas de cobre, causou o desprezo de alguns que não conseguiram vê-la.

Heatherwick explicou que ele quis alcançar a proximidade que houve nos Jogos de 1948 com a pira dentro do estádio e perto dos espectadores. Apenas quem tinha ingresso para a cerimônia de abertura ou eventos atléticos no estádio olímpico a contemplou pessoalmente. Ele sabia que os espectadores presentes no Parque Olímpico poderiam vê-la nas várias telas, e fãs de todo o mundo poderiam testemunhá-la pela TV e internet. Definitivamente, foi uma abordagem inovadora, mas a pira não pôde ser vista facilmente por muita gente na cidade.

Felizmente, pela graça e misericórdia de Deus, nenhuma pessoa, lei ou objeto pode esconder a luz de Cristo — "Deus mandou a luz ao mundo" (João 3:19). Jesus proclamou: "Eu sou a luz do mundo, quem me segue nunca andará na escuridão, mas terá a luz da vida" (8:12).

A luz de Jesus revela Deus às nações (Lucas 2:32; João 3:21) e nos permite contemplar Sua face, Sua verdade e Seu coração (Lucas 1:79). "O Deus que disse: 'Que da escuridão brilhe a *luz* é o mesmo que fez a *luz* brilhar em nosso coração. E isso para nos trazer a luz do conhecimento da glória de Deus, que brilha no rosto de Jesus Cristo" (2 Coríntios 4:6).

—Roxanne Robbins

Sejamos agradecidas a Deus, por tornar a luz de Cristo livre e acessível a todos.

6 de novembro
A casa do Senhor

Leitura:
1 Reis 9:1-9

Mas, se você ou os seus descendentes deixarem de me seguir [...] então eu arrancarei Israel, o meu povo, da terra que lhe dei...
—1 Reis 9:6,7

Minha igreja local se mudou para seu próprio prédio, após dez anos de aluguel. Na primeira reunião de oração, pedimos ao Senhor para sermos um povo que o busque. Salomão completou a construção do magnífico templo, mas por quatrocentos anos Israel havia adorado numa simples tenda! O rei cumpriu o sonho de seu pai Davi, que queria um lugar permanente e bonito onde o povo de Israel pudesse adorar o seu Deus.

Neste momento da história dos israelitas, o Senhor apareceu a Salomão uma segunda vez —a primeira está registrada em 1 Reis 3:3-15. Há duas lições-chave que podemos aprender do que o Senhor disse ao rei neste momento significativo:

Primeiro: não importa quão magnífica seja a construção do templo, será uma concha vazia sem a presença de Deus. Seu valor está na promessa divina de que Ele sempre habitaria no templo de forma especial. O Seu povo poderia contar com os Seus olhos atentos e o Seu coração compassivo (1 Reis 9:3). Segundo: o templo não teria valor sem a obediência e fé. Cada geração tinha que se comprometer a andar em fiel obediência ao Senhor, pois Ele rejeitaria o Seu templo se o Seu povo o abandonasse para seguir outros deuses (vv.6,7). As palavras do escritor Gary Inrig nos servem de alerta: "A primeira geração pregou o evangelho. A segunda o assumiu. A terceira geração o perdeu." Desfrute da presença de Deus em sua igreja. —*Poh Fang Chia*

A igreja serve para nos aproximar de outros cristãos em comunhão com Deus.

7 de novembro

Síndrome dos multi-papéis

Leitura:
Deuteronômio 10:12-22

Povo de Israel, escute o que o Senhor Deus exige de você…
—Deuteronômio 10:12

Um pastor listou os papéis que ele poderia desempenhar. Eles incluíam: ativista comunitário, teólogo, conselheiro financeiro, *coaching* de vida, e esses representavam as necessidades dos membros da igreja. Embora seja importante atentarmos às necessidades dos outros, se isto nos consumir, poderemos começar a servir às pessoas em vez de servir a Deus.

Precisamos compreender o que Deus deseja de nós. Após apresentar essa questão aos israelitas, Moisés anunciou-lhes: "Ele quer que vocês o temam e sigam todas as suas ordens; quer que o amem e que o sirvam com todo o coração e com toda a alma" (Deuteronômio 10:12).

Deus queria estar no centro da vida deles. Deveriam respeitá-lo como o dono e Criador de tudo (v.14; Salmo 89:11), e obedecer "a todas as leis de Deus […] para o seu bem" (Deuteronômio 10:13). Deveriam amá-lo com exclusividade, e permanecer "…ligados com ele…" (v.20).

O seu serviço aos outros devia refletir a misericórdia e justiça de Deus com os necessitados (v.18). Tudo na vida deles deveria fluir da pessoa de Deus e do relacionamento com Ele.

O pregador Vance Havner disse: "É irônico que pessoas que trabalham em nome de Deus têm dificuldade de encontrar tempo para Ele. Os pais de Jesus o perderam no templo e não foram os únicos a perdê-lo ali."

Se você está perdendo Jesus em seu serviço a Deus, renove o seu relacionamento com Ele (Jeremias 17:7,8). —Jennifer Benson Schuldt

Renove sua esperança e confiança no Senhor, hoje.

8 de novembro
Nenhuma necessidade é banal demais

Leitura:
Isaías 49:13-18

...assim o S<small>ENHOR</small> é bondoso para aqueles que o temem.
—S<small>ALMO</small> 103:13

Diversas mães de crianças pequenas compartilhavam respostas encorajadoras à oração. Porém uma delas disse sentir-se egoísta por incomodar Deus com seus problemas pessoais. "Comparado com as enormes necessidades globais com as quais Deus lida," ela explicou, "as minhas questões devem lhe soar banais".

Minutos mais tarde, seu filhinho prendeu os dedos numa porta e correu, aos berros, para a mãe. Ela não lhe disse: "Como você é egoísta em me incomodar com seus dedinhos latejantes, estou ocupada!". Em vez disso, ela demonstrou grande compaixão e carinho por ele.

Como nos relembra o Salmo 103:13, essa é uma resposta de amor, humana e divina. Em Isaías 49, Deus disse que mesmo que uma mãe se esqueça de sentir compaixão por sua criança, o Senhor nunca esquece de Seus filhos (v.15). Deus garantiu ao Seu povo: "Eis que nas palmas das minhas mãos te gravei" (v.16).

Tal intimidade com Deus pertence aos que o temem, e que realmente confiam nele, em vez de em si mesmos. Como aquela criança com os dedos latejantes correu livremente para sua mãe, que da mesma forma possamos correr para Deus com os nossos problemas diários.

Nosso Deus compassivo não nos negligencia e responde às nossas preocupações. Ele tem tempo e amor ilimitado para cada um de Seus filhos. Nenhuma necessidade é banal demais para Ele. —*Joanie Yoder*

Deus mantém os Seus filhos na palma de Sua mão.

9 de novembro
Não se deixe enganar

Leitura:
Provérbios 26:1-12

Elogiar um tolo é o mesmo que amarrar a pedra no estilingue.
—Provérbios 26:8

"É melhor calar-se e deixar que as pessoas pensem que você é um tolo, do que falar e acabar com toda a dúvida." —Mark Twain

Mark Twain, escritor do século 19, usava sua sagacidade mordaz para expor os males da humanidade. Ele ecoa uma verdade bíblica. Provérbios 17:28 diz: "Até um tolo pode passar por sábio e inteligente se ficar calado." Os obstinados e rebeldes não se importam com a santidade de Deus nem com os outros. Intencionalmente desobedientes, vivem para si mesmos e acreditam que podem escapar com seus pecados.

Os cristãos são chamados a andar em obediência (a evitar o caminho do tolo), e a se posicionar ao lado da verdade. Não agir como tolo requer o entendimento do poder e da santidade de Deus, e envolve tomar decisões alinhadas com a Sua justiça.

O tolo vive como se Deus não existisse (Salmos 14:1; 53:1), e nossa resposta a ele deve ser sábia. Não devemos:

- Envolver-nos em discussões tolas (Provérbios 23:9; 26:4).
- Nomear um tolo para um lugar de honra (26:1,8).
- Confiar tarefas importantes a um tolo (vv.6,10).

Não importa o quão impressionante seja uma pessoa, diminuímos a grandiosidade de Deus ao aplaudirmos aqueles que vivem em clara desobediência à Sua Palavra. Recusar-se a honrar um tolo não é falta de consideração, mas trata-se de nomear os fatos como eles são, pois entendemos a glória de Deus. —*Regina Franklin*

Jamais um grande talento ou dom pode acobertar o pecado.

10 de novembro
Bibliotecas ao ar livre

Leitura:
Hebreus 10:19-25

Não abandonemos, como alguns estão fazendo, o costume de assistir às nossas reuniões... —Hebreus 10:25

Ao sair para caminhar, uma mulher descobriu uma pequena biblioteca no jardim de um vizinho e gostou deste senso de comunidade. Há centenas dessas ao redor do mundo e cada uma tem sua política de empréstimos.

Gostamos de nos ligar aos que compartilham nossos interesses. Como cristãs temos essa oportunidade com pessoas na igreja. A Bíblia desafia: "Não abandonemos [...] o costume de assistir às nossas reuniões..." (v.25), para nos encorajarmos mutuamente. Telefonemas, mensagens e e-mails servem se tratar-se de uma conversa rápida — mas nada como uma conversa presencial, quando nos sentimos solitárias, em prantos ou apenas mal-entendidas.

Estudar a Bíblia juntos nos permite construir uma compreensão comum das Escrituras e atingir conclusões baseadas em boa teologia. Os sacerdotes de Israel reconheceram essa importância durante o tempo em que o Livro da Lei de Moisés fora negligenciado. "Eles iam lendo o Livro da Lei e traduzindo; e davam explicações para que o povo entendesse o que era lido" (Neemias 8:8).

Muitas igrejas explicam os textos bíblicos em pregações após o louvor. A comunhão na adoração nos lembra de nosso propósito comum — glorificar a Deus, e criar um senso de unidade, que honre o Senhor (João 17:23).

A comunhão entre os fiéis é excelente razão para irmos à igreja. Melhor ainda, é poder nos ligarmos a Jesus. —*Jennifer Benson Schuldt*

Jesus nos diz que onde dois ou três estiverem juntos em Seu nome, Ele estará ali com eles.

11 de novembro
Exercitando o amor

Leitura:
1 Coríntios 133

Portanto, agora existem estas três coisas: a fé, a esperança e o amor. Porém a maior delas é o amor. —1 Coríntios 13:13

A maioria dos cristãos está familiarizada com a passagem de 1 Coríntios 13 e até alguns não-cristãos podem recitá-la. É fácil apreciar a beleza e sabedoria deste grande hino de amor, mas quando se trata de aplicá-lo... é outra história.

O apóstolo Paulo escreveu esta passagem à igreja, em Corinto, que lidava com os efeitos da divisão e confusão: inveja, orgulho, insatisfação e egoísmo.

Em uma cultura que valoriza a pessoa de acordo com a sua capacitação, Paulo diz que o cristão sem amor é pior do que qualquer coisa — independentemente de seus dons (vv.1-3).

A palavra grega para *amor* usada nesse texto é *ágape* — dispensado aos outros sem considerar se são ou não dignos de recebê-lo. O teólogo John Stott o descreve como "um servo da vontade e não uma vítima da emoção".

Paulo registra os 15 aspectos desse amor. O professor de ensino bíblico, Alistair Begg, explica: "em grego, elas estão em formas variáveis. A ênfase paulina não é tanto no que é o amor, mas no que ele faz. Não devemos só ler ou ouvir essas palavras; precisamos colocá-las em ação. Estas características do amor devem ser cunhadas em nossa vida enquanto as praticamos diariamente, tornando-as parte de nossas atividades habituais. São a consequência de constante repetição, quase da mesma forma como construímos nossa musculatura pelos exercícios, e veríamos o atrofiamento se não os praticássemos." —*Poh Fang Chia*

Sigamos as instruções do apóstolo ao exercermos o amor pelos outros incondicionalmente.

12 de novembro
Melhor que o planejado

Leitura:
Efésios 5:15-21

…paremos de criticar uns aos outros. [Cada] um de vocês resolva não fazer nada que leve o seu irmão a tropeçar ou cair em pecado. —Romanos 14:13

As interrupções não são novidade. Raramente um dia corre como o planejado.

A vida é cheia de inconveniências. Os nossos planos são constantemente contrariados por circunstâncias além do nosso controle. A lista é longa e sempre mutante. Doenças, conflitos, engarrafamentos, esquecimentos, mau funcionamento de equipamentos, grosserias, preguiça, falta de paciência, incompetência…

O que não podemos ver, no entanto, é o outro lado da inconveniência. Acreditamos não ter outro propósito além de nos desencorajar, dificultar a vida e frustrar os nossos planos. Entretanto, as *inconveniências* podem ser o jeito de Deus nos proteger do perigo despercebido, ou a oportunidade de demonstrar a graça e o perdão divino. Pode ser o começo de algo muito melhor do que havíamos planejado. Ou poderia ser um teste para verificar como reagimos à adversidade. Seja o que for, mesmo que não conheçamos os motivos de Deus, podemos estar certos de que Ele quer tornar-nos mais parecidos com Jesus e quer expandir o Seu reino na Terra.

Dizer que através da história os seguidores de Deus encontraram inconveniências é eufemismo. Deus tem os Seus propósitos. Sabendo disso, podemos agradecer-lhe, confiantes de que Ele nos dá a oportunidade de remir o tempo (Efésios 5:16,20). —*Julie Ackerman Link*

O que acontece conosco não é tão importante quanto o que Deus faz em nós e por nosso intermédio.

13 de novembro
Observando

Leitura:
Mateus 5:1-16

Assim também a luz de vocês deve brilhar para que os outros vejam as coisas boas que vocês fazem e louvem o Pai de vocês, que está no céu. —Mateus 5:16

"Fiquem me olhando!". Estas palavras repercutem pela casa quando nossos filhos tentam algo novo. É bom dividir momentos de realização com quem acredita em nós e nos incentiva. Recentemente, quando meu marido e eu passávamos por uma prova de fé na vida ministerial, percebi que Deus me chamou para agir e poder dizer aos meus filhos: "Fiquem me olhando."

Uma das maiores mentiras do inimigo em meio à tribulação é a ideia de que estamos sozinhas. Esta falsa sensação de isolamento traz a ideia errada de que Deus, de alguma forma, nos abandonou para atravessarmos um deserto espiritual sozinhas (Salmo 94:14; Isaías 43:1,2). Podemos acreditar, equivocadamente, que somos a única pessoa que já enfrentou tal situação (Eclesiastes 1:10; 1 Coríntios 10:13). Finalmente, o inimigo pode nos retrair e nos fazer esquecer como nossas ações afetam quem nos rodeia.

Jesus sabia que todos observariam os que dizem segui-lo. Antes de Seu desafio de ser uma Luz no mundo, porém, Jesus passou muito tempo conversando sobre os valores do reino, alguns dos quais giram em torno de sofrimento e perda (Mateus 5:3,4,10-12).

Quando enfrentamos dificuldades devemos saber que Deus e uma "grande multidão de testemunhas" (Hebreus 12:1-3) nos observam. Lembramo-nos desta verdade porque ela nos encoraja a prosseguir no poder do Espírito Santo (Efésios 4:1; 1 Tessalonicenses 2:10-12). —*Regina Franklin*

Deus nos permite atravessar qualquer situação na vida de maneira digna da cruz.

14 de novembro
O maior presente

Leitura:
2 Coríntios 5:14-21

Tudo isso é feito por Deus, o qual, por meio de Cristo, nos transforma de inimigos em amigos dele.
—2 Coríntios 5:18

Meu filho fez a lista do que ele tinha feito nos últimos anos — atividades que não teria feito se ainda fosse órfão e vivesse em extrema pobreza. Em sua aldeia, nunca teria recebido educação formal, comido sushi, ido surfar, lido livros, viajado de avião, jogado tênis ou tido água corrente e eletricidade em sua casa.

Agora que estamos juntos, sua vida é radicalmente diferente, mas não se compara ao que significa experimentar uma nova vida em Cristo. Como seguidoras de Jesus, somos controladas por Seu amor que nos estimula a deixar o "eu" de lado e viver para Deus e para os outros. "[Cristo] morreu por todos para que os que vivem não vivam mais para si mesmos, mas vivam para aquele que morreu e foi ressuscitado para a salvação deles" (2 Coríntios 5:15). Quando pertencemos a Cristo:

- Somos novas pessoas, começamos uma nova vida (vv.14,17).
- Não avaliamos os outros sob parâmetros humanos (v.16).
- Somos reconciliadas em Cristo (vv.18,19).
- Somos embaixadoras de Cristo (v.20).
- Falamos por Cristo quando declaramos: "Voltem a Deus!" (v.20).
- Somos justificadas perante Deus por meio de Cristo (v.21).

"Por meio de Jesus Cristo, o nosso Senhor, louvemos o único Deus, o nosso Salvador, a quem pertencem a glória, a grandeza, o poder e a autoridade, desde todos os tempos, agora e para sempre" (Judas 1:25).

—Roxanne Robbins

Jamais seremos "tudo" para os nossos filhos. Somente Deus – somente Cristo.

15 de novembro

Digno de um rei?

Leitura:
1 Samuel 8:1-22

Ele respondeu: —Faça o que eles querem. Dê a eles um rei...
—1 Samuel 8:22

Singapura foi colônia por 150 anos e teve uma série de reis e rainhas durante esse período. Mas hoje é um estado democrático!

Em 1 Samuel 8, encontramos o povo de Israel *exigindo* um rei (10:17-19; 12:6-18). Por que queriam um governante real? À primeira vista, duas razões se destacam. Samuel era idoso e seus filhos corruptos (8:5), e o povo argumentava que queria *ter um plano de sucessão*.

Mas no capítulo 12 aprendemos que a ameaça militar representada por Naás, o rei de Amom, era talvez a principal razão para os israelitas pedirem um rei. Eles queriam um rei que os guiaria na batalha, assim como outras nações.

A isso chamamos *conveniência*. (Já não fizemos algo apenas por conveniência?) Essencialmente, o povo dizia: "Não queremos ser um povo diferente. Não queremos mais que *Deus* seja nosso rei."

Samuel alertou que ter um rei similar a todas as outras nações significaria a perda de liberdades e bens que as pessoas aproveitavam naquele momento. (Repare a recorrência das palavras "tomará" e "melhor" no capítulo 8:11-17). Ainda assim o povo insistiu.

Um comentarista bíblico escreveu: "Os israelitas julgam que o preço que pagarão por seu rei será muito menor do que pagariam ao se sujeitar a outras nações. O que não entendem é que Deus os protegerá sem custo, se apenas se arrependerem de seus pecados, clamarem por libertação e o servirem com todo o coração." —*Poh Fang Chia*

Não se glorie no homem, [...]conte apenas com Deus. —Oswald Chambers

16 de novembro
Dê somente uma ordem

Leitura:
Lucas 7:1-10

…Dê somente uma ordem, e o meu empregado ficará bom
—Lucas 7:7

Certo homem entrou no restaurante dizendo ser o novo chef, o gerente não acreditou e na sequência descobriu que se tratava de um intruso.

Os líderes religiosos dos tempos de Jesus o retratavam como alguém que estava simplesmente blefando — um intruso sem poder de verdade (Marcos 11:27-33). Aqueles que o conheciam, no entanto, reconheciam-no como governante de tudo. Estavam impressionados com a Sua autoridade por serem testemunhas oculares dos Seus milagres e aprendizes de Seus ensinos (Mateus 9:8).

Certa ocasião, um soldado romano reconheceu o supremo poder de Cristo e disse: "Eu também estou debaixo da autoridade de oficiais superiores e tenho soldados que obedecem às minhas ordens. Digo para um: 'Vá lá', e ele vai. Digo para outro: 'Venha cá', e ele vem. E digo também para o meu empregado: 'Faça isto', e ele faz" (Lucas 7:8). Ele sabia que Jesus tinha autoridade sobre as doenças, e pediu que o Senhor curasse o seu servo. Muitos pediam que o Mestre realizasse milagres ao lado da cama, mas esse homem enviou-lhe a mensagem: "Senhor, não se incomode, pois eu não mereço que entre na minha casa. […] Dê somente uma ordem, e o meu empregado ficará bom" (vv.6,7). Jesus admirou-se ao ouvir isso, e disse: "…afirmo a vocês que nunca vi tanta fé, nem mesmo entre o povo de Israel!" (v.9).

Ouçamos a voz do Senhor (João 10:3). Isso aumentará a nossa fé.
—Jennifer Benson Schuldt

Quando precisamos de ajuda, podemos pedir a Jesus: "Dê-nos somente uma ordem".

17 de novembro
O jogo da culpa

Leitura:
Gênesis 16:1-6; 21:8-13

—Por sua culpa Agar está me desprezando [...]. Que o Senhor Deus julgue quem é culpado, se é você ou se sou eu!
—Gênesis 16:5

Quando o marido de Janete a trocou por outra mulher, ela jurou que jamais conheceria a nova esposa dele. Porém, ao perceber que a sua amargura estava prejudicando o relacionamento de seus filhos com o pai deles, pediu a ajuda de Deus para dar os primeiros passos para superar a amargura numa situação que ela não poderia mudar.

Em Gênesis 16, lemos a história de um casal a quem Deus prometeu um filho. Quando Sarai sugeriu ao seu marido, Abrão, que tivesse um filho com a serva deles, Agar, ela não estava confiando totalmente que Deus lhe daria a criança que tinha prometido. Quando o bebê nasceu, Agar desprezou Sarai (Gênesis 16:3,4), o que a tornou uma mulher amargurada (vv.5,6).

Agar havia sido escrava sem direitos e, de repente, tornara-se especial. Como Sarai reagiu? Culpando os outros, inclusive Abrão (v.5). A promessa de Deus foi realizada no nascimento de Isaque, 14 anos mais tarde. A atitude de Sarai estragou o banquete oferecido por Abrão na ocasião do desmame (21:8-10).

Talvez, nunca tenha sido fácil, para Sarai, ter vivido com as consequências de sua decisão de passar à frente de Deus. Apenas um milagre da graça poderia ter mudado sua atitude, e isso poderia ter transformado tudo. Sarai não pôde reverter a decisão, mas, com a força de Deus, poderia ter convivido com ela de forma diferente e glorificado ao Senhor. —Marion Stroud

Pela graça de Deus, podemos refletir a Sua luz em momentos de escuridão.

18 de novembro
Se... então

Leitura:
Gênesis 28:10-22

*Se tu fores comigo e me guardares [...] e se eu voltar são e salvo para a casa do meu pai, então tu, ó S*ENHOR*, serás o meu Deus.*
—G*ÊNESIS* 28:20,21

Nossa casa estava à venda e antevíamos a hora em que poderíamos viver numa comunidade a mais de 56 quilômetros de distância, onde já iniciamos uma igreja, na qual vamos ministrar. Enquanto esperávamos, poderíamos ter caído na tentação do *se... então*. *Se o Senhor nos fizer isso, então faremos aquilo.* Mas isso não estabelece um alicerce para os momentos de incertezas.

Fugindo da própria decepção, Jacó estava desesperado para saber sobre o seu futuro. Como ele, sabemos que Deus cumpre as Suas promessas e provê nossas necessidades. Contudo, muitas vezes vivemos uma existência *se... então*, na tentativa de tornar a vida mais segura e previsível. Em Betel, Jacó disse: "Se fores..." e "se me deres roupa e comida" (Gênesis 27:5-34).

Todas nós já oramos algo assim: "Deus, se agires em meu favor, então eu te darei mais de mim." Mas com tais promessas, de alguma maneira questionamos os planos de Deus. É como assinar um contrato e permitir uma cláusula condicional. O Senhor, entretanto, não se envolve em acordos contratuais. Ele é Deus de compromisso e de aliança (v.15), exemplificada pelo Seu amor sacrificial (João 3:16).

Jacó não compreendia ainda que Deus não deixaria a promessa de uma grande nação (Gênesis 15:5-7) basear-se num acordo "se... então". Deus queria o amor de Jacó. Assim, Ele lutou com Jacó, não para derrotá-lo, mas para que Jacó revelasse a glória de Deus (32:24-32). —*Regina Franklin*

Deus é Deus independentemente das circunstâncias.

19 de novembro
Algo menor

Leitura:
Juízes 17

*Naquele tempo não havia rei em Israel,
e cada um fazia o que bem queria.* —Juízes 17:6

Fiquei surpresa quando soube que poucos comentários são escritos sobre o livro de Juízes. Mas há muitas histórias úteis e interessantes neste livro. No capítulo 17, o protagonista se chama Mica, mas não é o *profeta*. Embora seu nome signifique "quem é como o Senhor". Este Mica é apontado como exemplo da imensa corrupção religiosa de Israel naquela época.

Mica era ladrão e idólatra. Roubou 1.100 siclos de prata de sua própria mãe! Era um alto valor, se comparado ao salário que ele ofereceu ao "jovem levita" que se tornou seu sacerdote pessoal — somente 10 peças de prata por ano (vv.7-10).

Mica demonstrou remorso? Ele devolveu o dinheiro à mãe, pois ela havia amaldiçoado o ladrão. Ele estava apavorado, não arrependido.

Então Mica inventou sua própria religião. Erigiu um altar em sua casa, complementando-o com um traje sacerdotal, uma imagem fundida e alguns ídolos do lar. Além de estabelecer o jovem levita como seu próprio sacerdote para que Deus o abençoasse (v.13).

Deus viu nisso a anarquia espiritual: "...cada um fazia o que bem queria" (v.6).

Ironicamente, Mica pensava que tinha obtido o favor de Deus por ter convidado um sacerdote levita, genuíno, para atuar como seu "capelão" particular. Hoje, os cristãos também podem ser culpados por criar suas próprias religiões, podemos terminar por adorar no altar de algo muito menor. —Poh Fang Chia

*É essencial que estudemos a Palavra de Deus,
para que o conheçamos melhor.*

20 de novembro

Libertos

Leitura:
Mateus 18:21-35

O patrão teve pena dele, perdoou a dívida
e deixou que ele fosse embora. —Mateus 18:27

Eric Smallridge chama Renée Napier de "anjo". Renée o perdoou por matar sua filha Meagan em um acidente no qual ele dirigia embriagado. O perdão de Renée demorou a chegar, porém, Eric diz ter "encontrado sua salvação eterna como resultado". O perdão de Renée incentivou a família dele a fazer o mesmo. Em conjunto, eles apelaram ao tribunal para que Eric fosse libertado da prisão após ter cumprido metade da sentença de 22 anos. O perdão por parte de Renée deu a Eric uma "segunda chance".

Jesus contou a história do rei que perdoou um de seus devedores e deu-lhe uma segunda chance (Mt 18:27). O rei estava prestes a vender o homem e sua família como escravos, mas o devedor se ajoelhou e pleiteou mais tempo, prometendo pagar tudo. O rei "...teve pena dele, perdoou a dívida e deixou que ele fosse embora" (v.27).

O devedor perdoado foi inflexível com o homem que lhe devia muito menos, exigindo dele o pagamento imediato. Não estendeu o perdão que havia recebido, e fez o seu devedor ser detido e encarcerado, até pagar toda a dívida. O rei ouvindo isso, disse-lhe: "...você deveria ter pena do seu companheiro, como eu tive pena de você" (v.33).

Deus nos instrui: "Não fiquem irritados uns com os outros e perdoem uns aos outros, caso alguém tenha alguma queixa contra outra pessoa. Assim como o Senhor perdoou vocês, perdoem uns aos outros" (Cl 3:13). —*Jennifer Benson Schuldt*

Sua graça derramada em nossa vida nos ajuda a abrandar nosso coração para com nossos devedores.

21 de novembro
Conferência de líderes

Leitura:
Josué 23:1-16

Por isso se esforcem para obedecer fielmente a tudo o que está escrito no Livro da Lei de Moisés. Não desprezem nenhuma parte desta Lei. —Josué 23:6

Um historiador observou que a ascensão e queda das sociedades têm relação direta com a sua liderança. Os padrões de crescimento de 60 igrejas parecem confirmar esta observação, pois revela que onde os líderes eram positivos, flexíveis, confiantes, animados e determinados, a igreja crescia.

Josué entendeu o papel dos líderes na vida de Israel. Quando seu tempo se aproximava do fim, ele organizou uma Conferência de Líderes, determinado a abordar alguns tópicos-chave com os anciãos, líderes, juízes e outros oficiais de Israel. Lembrou-os da fidelidade de Deus (vv.3,4), que cumpriu as Suas promessas de aliança. Os patriarcas haviam atravessado a terra como residentes estrangeiros; agora seus descendentes a ocupavam como os beneficiários da fidelidade de Deus.

Josué disse-lhes para firmarem-se nas promessas de Deus enquanto se concentravam no trabalho à sua frente. Israel precisava tomar posse completa da terra pela obediência a Deus e desfrutar de Suas bênçãos. A promessa de vitória total do Senhor exigia a fidelidade deles. Precisavam continuar, pois ainda havia trabalho a ser feito.

Josué exortou o povo a obedecer a Palavra de Deus e deixar que o Senhor os orientasse. Deveriam se apegar ao Senhor e amar somente a Ele (vv.6-8).

Talvez não sejamos diáconos ou líderes de ministérios nas igrejas, nem executivos em organizações, mas somos chamados a fazer discípulos (Mateus 28:19,20). —*Poh Fang Chia*

Permaneçamos fiéis ao nosso Deus soberano, amando a Ele e a Sua Palavra.

22 de novembro
Dinheiro fácil

Leitura:
Provérbios 28:18-28

A vida da pessoa honesta é cheia de felicidade, mas quem tem pressa de enriquecer não fica sem castigo. —Provérbios 28:20

A caminho de casa, Kelly percebeu que a porta traseira de um carro blindado abrira e o dinheiro voava pelos ares. Aproximadamente 30 carros se alinharam na pista e os motoristas paravam e tentavam ajuntar as notas.

Para alguns a perspectiva de dinheiro fácil tem forte apelo. Cassinos, bilhetes de loteria, acordos arriscados e até o jogo da caça ao tesouro *high-tech* são sonhos.

É um problema quando perdemos mais do que ganhamos ao tentar enriquecer. Os esquemas para enriquecimento rápido são estabelecidos para poucos terem "grande lucro". Muitas táticas financeiras dão certo porque atendem a nossa ganância. "O ganancioso tem tanta pressa de ficar rico, que nem percebe que a pobreza está chegando" (v.22). Você já ouviu alguém dizer: "Estou tão feliz por ter desperdiçado centenas de reais em bilhetes de loteria não premiados!" ou "O funcionário da lotérica me ajudou a alcançar a estabilidade financeira?".

A Bíblia diz que o trabalho constante leva ao bem-estar financeiro. "A riqueza que é fácil de ganhar é fácil de perder; quanto mais difícil for para ganhar, mais você terá" (13:11). Assim, o empregado que trabalha diligentemente por décadas tem uma chance melhor de adquirir bens do que aquele que aposta os seus ganhos.

Há mais na vida do que adquirir riquezas (22:1), mas a decisão é sua. —*Jennifer Benson Schuldt*

O preguiçoso fica pobre, mas quem se esforça no trabalho enriquece. —Provérbios 10:4

23 de novembro
Reclamações

Leitura:
Números 14:1-11

O Senhor Deus disse a Moisés: — Até quando este povo vai me rejeitar? Até quando não vão crer em mim...? —Números 14:11.

No site de reclamações, eles dizem: "Nosso alvo é ajudar a melhorar as coisas que cercam sua vida e reduzir o estresse de um jeito fácil e simples: de registrar e resolver."

Se isso existisse nos dias de Moisés, com certeza os israelitas seriam seus principais clientes. Três dias após partirem do monte Sinai eles começaram a queixar-se (Números 11:1-3). Pouco depois queixavam-se novamente. *Queremos nosso alho!* Como criancinhas privadas de seus brinquedos, eles sentaram-se às portas de suas tendas e formaram grupos de murmuradores (vv.4-10). O incidente seguinte aconteceu em Números 12:1,2. Desta vez a murmuração foi contra a liderança.

Israel havia desenvolvido um padrão de murmurações. O relato de Números 14 foi "a última gota". Deus foi gracioso e paciente, até o momento de dar um basta. O Senhor disse a Moisés: "...Até quando não vão crer em mim, embora eu tenha feito tantos milagres entre eles?" (v.11).

Os israelitas tinham presenciado as dez pragas que Deus enviara sobre o Egito. Viram Deus dividir o mar diante deles e as evidências da majestosa presença de Deus no monte Sinai (Êxodo 19:16-19), onde Ele havia realizado milagres diários enquanto cuidava de Seu povo escolhido e de seu gado.

Evitemos agir como os israelitas. Quando reclamamos deixamos de apreciar as coisas boas que Deus está fazendo. No final perdemos a fé e levamos outros conosco. —Poh Fang Chia

Deus merece a nossa gratidão com humildade, sem murmurações.

24 de novembro
Faça o tempo

Leitura:
Salmo 84:1-4

Felizes são os que moram na tua casa, sempre cantando louvores a ti. —Salmo 84:4

É fácil nos sobrecarregarmos com as responsabilidades que se agigantam sobre nós. Usamos *apps* de agenda, lembretes e listas úteis para nos mantermos organizadas. Preciso ser cuidadosa para não confiar mais em meus planos do que naquele que detém *o* plano. Preciso entender que o dia a dia deve ser vivido com propósitos.

Nossa agenda, às vezes, adquire vida própria. E em meio ao que está fora do nosso controle, podemos ser culpadas de tentar resolver nossa agenda sem a força e a orientação de Deus. Sempre pedimos a Deus para abençoar os nossos esforços, guardar nossos investimentos e anotar o que fazemos. Mas paremos para questionar: Onde está *Deus* em tudo isso?

Deus não escolheu Davi para assumir as pesadas responsabilidades de um reino porque viu suas habilidades de liderança em ação, sabia que ele era capaz de cumprir várias tarefas ao mesmo tempo ou recebera numerosos prêmios por seu serviço à comunidade. Muito antes de sentar-se no trono, Davi adorava e meditava diante de seu Criador.

A declaração de Davi — saudade dos pátios do Senhor, — não se referia a um prédio. O seu desejo era investir tempo com o Senhor (Salmo 84:1,2), pois se deleitava em estar na presença de Deus e em adorá-lo enquanto ali estava (27:4; 122:1).

Precisamos *fazer* tempo para morar "...na [Sua] casa, sempre cantando louvores a [Ele]" (Salmo 84:4). —Regina Franklin

A vida não para a fim de construirmos um relacionamento com Jesus. A hora é agora.

25 de novembro

Afaste-se das preocupações

Leitura:
Filipenses 4:1-9

Não se preocupem com nada... —Filipenses 4:6

Alguns anos atrás, nosso líder de estudo bíblico nos desafiou a memorizar um capítulo da Bíblia e recitá-lo para o grupo. Em meu interior, comecei a protestar e murmurar. Um capítulo inteiro, na frente de todos? Memorização nunca fora o meu forte; encolhi-me ao imaginar longos silêncios enquanto todos me olhariam, esperando pelas próximas palavras.

Dias depois, folheei relutantemente minha Bíblia, buscando um conjunto de versículos para decorar. Nada parecia certo até eu parar em Filipenses 4.

Li este versículo em silêncio: "Não se preocupem com nada, mas em todas as orações peçam a Deus o que vocês precisam e orem sempre com o coração agradecido" (v.6). Então, soube qual capítulo memorizar e como me afastar de minha ansiedade sobre tal tarefa.

Deus não quer que agonizemos diante dos acontecimentos futuros porque a preocupação paralisa a nossa vida de oração. O apóstolo Paulo nos lembra que, em vez de nos afligirmos, deveríamos pedir ajuda a Deus. Se adotarmos continuamente essa atitude diante da ansiedade, a paz de Deus guardará o nosso coração e mente (v.7).

Certa vez, alguém disse, em tom de brincadeira: "Por que orar quando você pode se preocupar?". O motivo é claro: Preocupar-se não leva a nada, mas a oração nos coloca em contato com Aquele que pode lidar com todas as nossas preocupações. —*Jennifer Benson Schuldt*

É impossível retorcer as nossas mãos quando elas estão unidas, em oração, diante de Deus.

26 de novembro
Não faça as contas

Leitura:
Deuteronômio 4:1-14

Não acrescentem nada à lei que lhes estou dando, nem tirem dela uma só palavra. Guardem todos os mandamentos do Senhor, nosso Deus. —Deuteronômio 4:2

Antigamente, os livros do Antigo Testamento eram copiados a mão e os escribas desenvolveram regras rigorosas para evitar erros. Eles contavam todas as letras da página, copiavam e recontavam para ver se somavam corretamente. Isto impedia que copiassem duas vezes, que pulassem linhas, ou copiassem a mesma linha duas vezes. Se o resultado da soma fosse diferente, destruíam essa cópia e recomeçavam. Eles cuidavam para não acrescentar ou tirar qualquer coisa da Palavra de Deus, e seguiam as instruções de Moisés *ao pé da letra*.

Em Horebe, Moisés enfatizou aos israelitas a singularidade da revelação de Deus e suas responsabilidades. Foi uma revelação especial. Como consequência, os israelitas deviam temer a Deus e honrar Sua Palavra.

Reconhecemos que a Bíblia é a Palavra de Deus inspirada para os cristãos. Deus passou mais de 1500 anos compondo-a, protegendo e preservando-a para nós. Todas tentativas de destruí-la, através dos séculos falharam.

O filósofo Immanuel Kant afirmou que: "A existência da Bíblia, como um livro para o povo, é o maior benefício que a raça humana jamais experimentou. Toda tentativa de depreciá-la é um crime contra a humanidade." O filósofo inglês, John Locke, escreveu: "Ela tem Deus como autor, a salvação como sua finalidade e a verdade, sem qualquer margem de erro, como seu assunto."

Portanto, nada adicione nem subtraia. —*Poh Fang Chia*

Com a ajuda de Deus estude as Escrituras e siga seus ensinamentos em completa obediência.

27 de novembro
Salários justos

Leitura:
Mateus 20:1-16

…Eu não fui injusto com você. […] Pois eu quero dar a este homem, que foi contratado por último, o mesmo que dei a você.
—Mateus 20:13,14

"Não é justo. Por que ela recebeu um aumento e eu não, se faço tanto quanto ela?" "Por que ele foi escolhido para liderar se estou aqui há mais tempo?"

Quero receber o que mereço! Identificamo-nos com os primeiros trabalhadores mencionados (vv.1,2). Os que trabalharam o dia todo, ou boa parte do dia, pensavam que seu salário seria maior do que o dos outros trabalhadores (v.10). E pensaram: "Certamente, se os que trabalharam apenas uma hora receberam uma moeda de prata, eu mereço mais."

Mas logo perceberam que algo estava errado. Aqueles que começaram a trabalhar desde as primeiras horas, receberam uma moeda de prata, o salário diário (vv.8,9). Quando também receberam uma moeda de prata (v.10), sentiram-se *enganados* (vv.11,12).

Imagine que se em vez de receber uma moeda, cada trabalhador tivesse recebido seu salário no envelope, para abrir em privacidade. Ao ver a moeda de prata, seus olhos teriam se iluminado, pois esse era o salário diário típico de um trabalhador comum.

Vivendo à luz de *o que fiz e o que mereço*, e comparando-nos aos outros, começaremos a calcular a nossa recompensa com base em nossos esforços, em vez de na graça de Deus.

Proclamemos como o apóstolo Paulo: "Agradeço a Cristo Jesus, o nosso Senhor, que me tem dado forças para cumprir a minha missão…" (1 Timóteo 1:12). —*Poh Fang Chia*

Sua recompensa será perfeita, assim como Ele é perfeito.

28 de novembro
Cruz e espada

Leitura:
Mateus 9:9-13

…Porque eu vim para chamar os pecadores e não os bons.
—Mateus 9:13

Música *heavy metal*, motos e carros potentes faziam parte do culto anual chamado "Cruz e Espada". A congregação criou esse culto especial para as pessoas que talvez não fossem a um encontro matinal de domingo. Elas poderiam ir com suas roupas de couro, se fossem motociclistas. Disse o pastor: "Serão bem-vindas, independentemente de como estiverem vestidas."

Na casa de Mateus, na noite em que ele fez uma festa para Jesus, havia pecadores, não veículos turbinados (9:10). Era um misto de pessoas, que incluía desprezados cobradores de impostos; indivíduos conhecidos por seus pecados.

Ao perceberem o bando de infratores, os fariseus perguntaram aos discípulos: "Por que é que o mestre de vocês come com os cobradores de impostos e com outras pessoas de má fama?" (v.11). Jesus não os via assim. Disse Ele: "…eu vim para chamar os pecadores e não os bons" (v.13).

Jesus defendeu os convidados sugerindo aos fariseus que pensassem nesse versículo: "…Eu quero que as pessoas sejam bondosas e não que me ofereçam sacrifícios…" (v.13). Ele não se impressionou com a aparência de bondade dos fariseus e queria que a compaixão fosse maior que a crítica.

Jesus quer que tenhamos um coração compassivo para com os que não o conhecem. Todos nós necessitamos da Sua ajuda (Romanos 3:23). O poeta Jeff Bethke resume assim: "Se a graça é água, a Igreja deve ser um oceano." —*Jennifer Benson Schuldt*

A igreja não é um museu para pessoas boas, mas um hospital para os feridos. —Jeff Bethke

29 de novembro
Kit de ferramentas de Deus

Leitura:
2 Timóteo 3:13-17

Pois toda a Escritura Sagrada é inspirada por Deus […]. E isso para que o servo de Deus esteja completamente preparado e pronto… —2 Timóteo 3:16,17

Meu amigo que é um artesão talentoso, por anos foi incapaz de desenvolver seus dons. Simplesmente por não ter as ferramentas certas. Em seu aniversário, dei-lhe um *kit* de ferramentas, cuja caixa se abre como um grande livro e contém as ferramentas básicas que um artesão precisa. À medida que ele examinava cada ferramenta, seus olhos brilhavam de expectativa.

Depois de concluir seu primeiro trabalho, ele me disse animadamente: "Não há nada mais satisfatório do que ter as ferramentas certas para o trabalho." Em seguida, aplicando esse pensamento à sua vida espiritual, ele acrescentou: "Sei onde posso encontrar a ferramenta certa para cada trabalho — na Bíblia!".

O apóstolo Paulo, um fazedor de tendas por profissão e um "construtor competente" no reino de Deus (1 Coríntios 3:10), sabia que precisava de ferramentas espirituais corretas. Ele compreendia que a Palavra de Deus é o *kit* mais prático para suprir as necessidades espirituais. Em 2 Timóteo 3, ele declarou que toda a Escritura é inspirada por Deus (v.16). Ela é indispensável para ensinar, repreender, corrigir, treinar e equipar os cristãos para toda boa obra.

Abra o "*kit* de ferramentas" de Deus e use-o diariamente. Experimente a satisfação de encontrar na Palavra a ferramenta certa para cada tarefa espiritual que você tem a fazer. Esse *kit* contém tudo o que você precisa. É só usá-lo! —*Joanie Yoder*

A Bíblia tem tudo o que precisamos saber, para fazermos tudo o que Deus deseja de nós.

30 de novembro
Adeus, Egito

Leitura:
Êxodo 14

Moisés respondeu: — Não tenham medo. Fiquem firmes e vocês verão que o Senhor vai salvá-los hoje. Nunca mais vocês vão ver esses egípcios. —Êxodo 14:13

A vida dos hebreus se transformou, literalmente, da noite para o dia. Durante gerações eles foram escravizados. Estava além de sua imaginação serem libertos algum dia.

Agora, dois milhões deles viajavam para fora do Egito, em direção a uma nova terra. Todavia, a alegria de sua nova liberdade e status não durou muito. Enfrentaram a ameaça de genocídio. Atrás deles estavam as muito temidas tropas de Faraó; à sua frente o mar pronto a tragá-los. A expressão "entre a cruz e a espada" se aplica perfeitamente à situação deles.

Em vez de confiar em Deus, os israelitas se voltaram contra seu salvador, e clamaram: "Dá-nos a segurança da escravidão, em vez do risco da fé."

Porém Deus demonstrou a Sua paciência e poder. Criou um caminho através do mar Vermelho. Os profetas de Israel se refeririam e falariam frequentemente sobre esse milagre da libertação (Salmo 106:7-12). Foi um acontecimento marcante, lembrando ao povo da aliança de Deus com Abraão (Gênesis 17:1-8) e que Ele pretendia mantê-la.

E nós? Somos fiéis à Sua aliança? Como o antigo Israel, todas nós temos a mesma necessidade de ser libertas da escravidão (Êxodo 1-15); saber quem Deus é e como Ele se manifesta por meio da aliança no Sinai (capítulos 16–24); e experimentar a comunhão com Deus como resultado da Sua presença (capítulos 25–40). O livro de Êxodo nos diz que Deus atenderá a essas necessidades. —*Poh Fang Chia*

Nossa parte é simplesmente confiar e obedecer à Sua Palavra e adorar somente a Ele.

1.º de dezembro

Amenidades

Leitura:
Lucas 9:21-26

...Se alguém quer ser meu seguidor, que esqueça os seus próprios interesses, esteja pronto cada dia para morrer como eu vou morrer e me acompanhe. —Lucas 9:23

Ouvi alguém usar a palavra *amenidades* ao descrever uma igreja e compreendi que se referia aos diferentes ministérios oferecidos na igreja, mas também fui lembrada da grande diferença entre um barco de pesca e um transatlântico.

Em Suas últimas palavras aos Seus seguidores, Jesus lhes ordenou: "...vão a todos os povos do mundo e façam com que sejam meus seguidores" (Mateus 28:19). Ele nos chamou a sermos pescadores de homens: isso é gratificante. Perdemos de vista o âmago do evangelho se nos comprometermos considerando o quanto este tem a nos oferecer ou se atende às nossas necessidades.

Certamente, é adequado às igrejas alcançarem a comunidade por meio de eventos, programas e ideias que transmitem o evangelho de maneiras práticas e viáveis. Ela precisa ser um lugar onde os indivíduos sintam comunhão no corpo local de cristãos.

Porém, em tudo precisamos ser autênticos. A essência do caminhar cristão é a fé. Há cristãos que nunca viram o cumprimento completo de suas esperanças deste lado do céu (Hebreus 11:1,35-40). Ao alcançar perdidos ou discipular cristãos, não devemos apresentar Jesus como se Ele fosse um banco — *coloque algo, retire algo*. Temos as riquezas do céu porque Ele sofreu por nós (Hebreus 2:10; 1 Pedro 2:21; 4:1).

Nossa fé em Cristo precisa nos tornar dispostas a sofrer por Ele porque Ele nos amou primeiro (Lucas 9:23,24; 2 Timóteo 3:12). —*Regina Franklin*

A igreja é o instrumento escolhido por Deus para ser a presença visível do Seu reino no mundo.

2 de dezembro
O Corpo de Cristo

Leitura:
1 Coríntios 12:12-31

Assim Deus colocou cada parte diferente do corpo conforme ele quis. —1 Coríntios 12:18

Duas noites antes de eu me mudar para a África, entrei em pânico. Ao mesmo tempo que acreditava que o Senhor me chamava para ir a Uganda, temia perder meus amigos em meu país. Pensava que eles se esqueceriam de mim e que, em pouco tempo, nada teríamos em comum após minha viagem a um novo continente, cultura e vida.

Dei este passo de fé, apoiando-me em Romanos 15:13, e abracei a promessa de que Deus, a fonte de esperança, me encheria "de alegria e paz". Ele me encheria com esperança "pelo poder do Espírito Santo".

Quando toquei o solo do leste africano, lancei-me ao trabalho e ao ministério. Em meio aos desafios e sofrimentos que enfrentei, tive pouco tempo para pensar sobre o que se passava em meu país. Surpreendentemente, quanto mais eu me derramava sobre o povo sofrido de Uganda, mais o Corpo de Cristo em meu país se unia a mim — até mesmo quando eu correspondia pouco. Eles me apoiaram profundamente: doaram, oraram e se uniram a mim no amor pelo povo de Uganda. Ao servirmos juntos, nós nos aproximamos uns dos outros e, o mais importante, do Senhor.

Todos nós somos "o corpo de Cristo", afirma 1 Coríntios 12:27. "Se uma parte do corpo sofre, todas as outras sofrem com ela. Se uma é elogiada, todas as outras se alegram com ela" (v.26).

Lembre-se de seus irmãos e irmãs que servem distantes de você, e também dos que estão bem próximos. —Roxanne Robbins

Compartilhe o amor, o trabalho em equipe e a força do Corpo de Cristo.

3 de dezembro

Santidade prática

Leitura:
Levítico 19:1,2,9-18

*…Sejam santos, pois eu, o S*enhor*, o Deus de vocês, sou santo.*
—Levítico 19:2

Santidade talvez seja um dos termos mais mal compreendidos atualmente. Embora a Bíblia fale muito sobre santidade, a maioria das pessoas está confusa e apreensiva sobre o seu significado.

O pastor Ray Stedman observou: "A maioria de nós a associa a algum tipo de severidade ou solenidade. Pensamos que as pessoas santas são as que parecem ter sido mergulhadas em vinagre ou embebidas em líquido para embalsamar." Não é de admirar que poucos cristãos aspirem à santidade.

Santidade é muito mais do que cerimônias, dias santos, lugares sagrados ou tabernáculos, onde os ritos eram realizados por uma classe sacerdotal especial. Santidade significa honrar os pais, demonstrar honestidade, bondade, compaixão e justiça. Em essência, nós a praticamos se amarmos o nosso próximo como a nós mesmas (Levítico 19:18).

A santidade não é relevante somente para os ministros em tempo integral; ela o é também para pessoas comuns, como você e eu. Pois lemos: "…Sejam santos, pois eu, o Senhor, o Deus de vocês, sou santo" (v.2). Viver em santidade é imitar a Deus, o único Santo. A santidade do Senhor e Sua redenção gratuita dão a razão e a motivação para a santidade do Seu povo (20:26).

O livro de Levítico detalha como o homem pode santificar-se o suficiente para viver na presença divina e desfrutar de relacionamento tão íntimo com Deus, que se deleitará em dizer: "Você é meu". —*Poh Fang Chia*

A verdadeira santidade é, portanto, algo esplendidamente atraente.

4 de dezembro
Falcões e leões

Leitura:
1 Pedro 5:5-11

...o inimigo de vocês, o Diabo, anda por aí como um leão que ruge, procurando alguém para devorar.
—1 Pedro 5:8

Certa manhã, observei enquanto um coelho comia grama em meu quintal. Ele tinha o pelo salpicado marrom e o rabo parecia um pompom. De repente, um falcão deslizou pelo ar, rápido e preciso como um raio. Com as garras estendidas, ele vinha rápido para arrebatar sua presa. Mas, o coelho reconheceu o perigo que se aproximava e escondeu-se num lugar seguro, poucos centímetros à frente do falcão.

Como o coelho que identificou seu predador e debandou, nós precisamos estar atentas para fugir do nosso inimigo. "Estejam alertas e fiquem vigiando porque o inimigo de vocês, o Diabo, anda por aí como um leão que ruge, procurando alguém para devorar" (1 Pedro 5:8). Satanás deseja devorar-nos, fazendo desviarmos para os seus caminhos. Ele age assim, jogando com a verdade (João 8:44) e tentando nos enganar (Gênesis 3:1).

Os esquemas do diabo refletem a sua natureza desonesta, e os seus truques querem nos pegar desprevenidos. Entretanto, a Bíblia diz que os cristãos devem estar alertas e vigilantes. Viver nesse estado de prontidão nos ajuda a discernir os falsos ensinamentos (1 João 4:1-3; 2 João 1:7-11) e a triunfar sobre a tentação (Mateus 26:41).

Tome cuidado com o seu predador espiritual. Que tipo de mentiras ele está sussurrando? De que maneira ele a persuade? "Portanto, obedeçam a Deus e enfrentem o Diabo, que ele fugirá de vocês" (Tiago 4:7).

—Jennifer Benson Schuldt

Reconhecer o inimigo é o primeiro passo para a vitória.

5 de dezembro
Amor verdadeiro

Leitura:
1 Tessalonicenses 4:1-10

Que cada um saiba viver com a sua esposa de um modo que agrade a Deus, com todo o respeito. —1 Tessalonicenses 4:4

Um rapaz e uma moça que estavam em pé no estacionamento atraíram a minha atenção. Com braços entrelaçados, o rapaz, astuciosamente, estendeu a mão para colocá-la entre as pernas dela. Meu coração se abateu e comecei a orar para que eles um dia pudessem glorificar a Deus com seus corpos (1 Tessalonicenses 4:3-5).

Nosso mundo relaciona sexo com a aprovação, e não surpreende que as pessoas se confundam sobre o desejo sexual e seu propósito. Considere a esfera da propaganda. A campanha de "beleza verdadeira" de um famoso sabonete, ressoou nos corações de mulheres de diferentes partes do mundo. Ironicamente, outro produto da mesma marca para o público masculino, em sua propaganda torna as mulheres pouco mais do que animais sexuais, movidas por luxúria interior.

Embora o desejo sexual seja um dom de Deus, Satanás distorceu algo bom em anseio egocêntrico. O verdadeiro amor, porém, é altruísta e respeitoso (Romanos 12:9,10).

Casados ou solteiros, até os que depositaram sua confiança em Jesus sofrerão tentação sexual. E viver em pureza começa com o coração (Provérbios 4:23), com um relacionamento saudável com Deus (1 Tessalonicenses 4:1), com nós mesmas (4:4) e com os outros (1 Timóteo 5:2).

Permitamos que os maiores mandamentos do Senhor — amar a Deus com tudo o que temos e aos outros como a nós mesmas — fluam do âmago de nosso ser. —*Regina Franklin*

Somente Deus pode nos dar forças para nos manter fiéis em todos os Seus caminhos.

6 de dezembro
Esculpindo parte de um tronco

Leitura:
Êxodo 2:11-15

…Então Moisés ficou com medo e pensou: "Já descobriram o que eu fiz." —Êxodo 2:14

Certa manhã, vi um homem cortando uma árvore com motosserra. À tarde, ele ainda cortava o tronco com a motosserra ajustada num ângulo incomum. Dias depois, vi que o cepo havia sido transformado numa réplica de espiga de milho. Ele não apenas tinha derrubado a árvore, mas esculpido fileiras verticais de espigas de milho.

Isso me faz lembrar de que Deus pode transformar uma vida, espiritualmente equivalente a um tronco de árvore: improdutivo e inútil — em obra de arte para a Sua glória (Efésios 2:10).

Deus usou Moisés para tirar os israelitas do Egito (Êxodo 3:10-12) apesar de seu grave erro. Nascido de família hebraica escrava, ele cresceu na realeza egípcia. Quando adulto, ele testemunhou um egípcio espancando um hebreu. Moisés certificou-se de que ninguém o via e "…matou o egípcio e escondeu o corpo na areia" (2:12). Não foi em legítima defesa, ele foi violento e pecou.

Embora muitas de nós nunca tenhamos pensado em tirar a vida de alguém, nos identificamos com a sequência familiar de pecados — o desejo de infringir a ética de Deus, o ato em si, o desânimo e o remorso que vêm a seguir (Tiago 1:14,15). Felizmente, o perdão e a graça de Deus nos permitem esquecer o passado e avançar "…para o que está na minha frente" (Filipenses 3:13).

Vistamos nossa nova natureza para que possamos nos tornar parecidas com Ele (Colossenses 3:10). —*Jennifer Benson Schuldt*

Deus usou Moisés para tirar os israelitas do Egito e pode nos usar em Sua obra também.

7 de dezembro
Não desista

Leitura:
Amós 7:10-17

—Não sou profeta por profissão [...]. Mas o Senhor Deus mandou que eu deixasse os meus rebanhos e viesse anunciar a sua mensagem ao povo de Israel. —Amós 7:14,15

Há 3 meses atuo como diaconisa de jovens na igreja que frequento, e já recebi três pedidos de pessoas que querem abandonar o posto. Umas simplesmente desaparecem durante o combate. Sinto-me como um general tentando reunir seu exército para lutar mesmo quando está perdendo seus soldados.

Em Amós 7:10-17 o profeta pastor de ovelhas foi chamado para profetizar no Reino Norte, Israel. Nesse ministério, ele foi difamado por Amazias, que deturpou sua mensagem e lançou dúvidas sobre seus motivos. Amós poderia ter desanimado, pois não era apreciado.

Amazias ordenou que Amós fosse para casa (v.12). Ele estava dizendo: "saia desse lugar, pois sua mensagem não é aceita. Vá para casa, para um lugar onde as coisas lhe são familiares e seguras!". Mas o profeta permaneceu onde estava. Deus lhe dera uma comissão, e ele reconhecia que seu ministério e sua residência eram escolhas de Deus (v.15).

O teólogo Alistair Begg diz: "Quando alguém estiver servindo a Deus, haverá oposição, perseguição e acusação. Não há lugar ideal para servir ao Senhor em nenhuma parte do mundo a não ser no lugar para onde Ele o enviou." Hoje vejo meu equívoco. Não sou o general; mas Deus é. E Ele está agindo em Sua Igreja para torná-la "santa e inculpável" (Efésios 5:27).

Que possamos dizer um dia: "Combati o bom combate, terminei a corrida, guardei a fé" (2 Timóteo 4:7). —*Poh Fang Chia*

Continue a lutar! Continue a correr! Continue a crer!

8 de dezembro
Fé como de uma criança

Leitura:
Mateus 18:1-5

*Eu afirmo a vocês que isto é verdade:
se vocês não mudarem de vida e não ficarem iguais às crianças,
nunca entrarão no Reino do Céu.* —Mateus 18:3

Certo domingo, ouvi Marco falar de seu relacionamento com os seus dois pais; o que o criou desde bebê e o seu Pai celestial.

Primeiro, ele descreveu a confiança que tinha em seu pai durante a sua infância, como simples e descomplicada. Ele esperava que o seu pai arrumasse o que estragava e lhe desse conselhos. Entretanto tinha receio em desagradá-lo, porque muitas vezes esquecia que o amor e o perdão de seu pai viriam logo a seguir.

Marco continuou: "Há alguns anos, fiz uma porção de coisas erradas e feri muitas pessoas. Por minha culpa, terminei um relacionamento feliz e descomplicado com o meu Pai celestial. Esqueci que podia pedir-lhe para consertar os meus estragos e buscar o Seu conselho."

Os anos passaram. Por fim, Marco buscou a Deus, desesperadamente, mas não sabia o que fazer. Seu pastor simplesmente lhe disse: "Diga a Deus que você está arrependido, e que, desta vez, é para valer." Em lugar disto, Marco fez perguntas do tipo: "Como isto funciona?" e "E se…?".

Finalmente, seu pastor orou por ele dizendo: "Por favor, Deus, dê-lhe a fé como a de uma criança!" Mais tarde, Marco alegremente testemunhou: "O Senhor me deu esse tipo de fé!".

Marco cultivou a intimidade com o seu Pai celestial. O segredo para ele, e para nós, é praticar a fé simples e descomplicada como a das crianças. —*Joanie Yoder*

*A fé brilha mais intensamente
se a tivermos como uma criança a tem.*

9 de dezembro
Dinheiro e felicidade

Leitura:
1 Timóteo 6:3-19

É claro que a religião é uma fonte de muita riqueza, mas só para a pessoa que se contenta com o que tem. —1 Timóteo 6:6

Quanto dinheiro uma pessoa precisa para ser feliz?

Em uma viagem recente a um distrito rural da Tailândia vi uma senhora vendendo comida num barco a remo. Ela ganha muito pouco por mês, menos que um salário mínimo, mas possui um genuíno brilho em seu sorriso. Imagino que à noite ela durma melhor do que qualquer executivo preocupado com as propinas que já pagou.

O apóstolo Paulo nos relembra: "De fato, grande fonte de lucro é a piedade com o contentamento (v.6 ARA)." Um comentário bíblico define *piedade* como "reverência ou devoção a Deus, produzindo a consciência da presença dele em cada aspecto da vida".

A pessoa dedicada a Deus e não às coisas do mundo reconhece que os recursos materiais são transitórios. Assim como entramos no mundo sem possuir nada, assim o deixaremos. Os bens materiais são apenas ferramentas que devemos usar para glorificar a Deus. Portanto, quando tivermos suprido as necessidades básicas da vida como alimento e roupas, podemos e devemos estar contentes (v.8).

Certo comentarista da Bíblia afirmou: "Se você tem medo que o amor ao dinheiro esteja tomando conta de sua alma, comece a doá-lo e veja como se sente! Se você se sentir realmente feliz, você ainda estará seguro, mas se doer o seu coração, será a hora de se ajoelhar e orar para ser liberto do pecado da cobiça dos bens materiais! Se não se livrar dele, ele o arruinará." —Poh Fang Chia

Neste mundo materialista é necessário um esforço deliberado para cultivar o contentamento.

10 de dezembro
Camaleão humano

Leitura:
Lucas 19:1-10

Todos os que viram isso começaram a resmungar: —Este homem foi se hospedar na casa de um pecador! —Lucas 19:7

O artista chinês conhecido como o "camaleão humano" se mistura à paisagem, pintando o seu corpo para combinar com o cenário escolhido. Ele até já se pintou de cenas da vida real.

Como cristãos, às vezes tentamos andar sobre a linha tênue entre misturar-se ao mundo ao redor e nos sobressairmos como cidadãos de uma subcultura restrita. Moldando-nos ao mundo, somos testemunhas ineficazes. Se *pregarmos* como se fôssemos *mais santos* poderemos afastar os que precisam de Deus.

Zaqueu tornou-se piedoso após conhecer Jesus, e nem foi pela pregação de Cristo. Quando ele disse: "...se roubei alguém, vou devolver quatro vezes mais" (v.8), Jesus celebrou sua mudança de coração (v.9). Embora seja preciso confrontar as palavras com os comportamentos pecaminosos (Mateus 12:38,39; João 2:15,16), podemos ser afáveis com os que percebem que precisam da presença de Deus (Lucas 7:44-48; João 8:4-11).

Embora Jesus se interesse pelos pecadores, Ele *nunca* participou de seus pecados. Ele visitou Zaqueu, mas não fez concessões nem aceitou o seu dinheiro escuso (vv.2,7). Quando nos aproximamos de pessoas não-cristãs, devemos considerar como podemos conduzi-las a Cristo, em vez de mudar nossas convicções para se adequar às delas (Salmo 1:1).

Se seguirmos a liderança de Jesus encontraremos o equilíbrio entre estar *no* mundo, mas não ser *do* mundo (João 15:19). —*Jennifer Benson Schuldt*

Jesus é perfeito para nos orientar sobre os nossos relacionamentos com as pessoas e a cultura ao nosso redor.

11 de dezembro

Ninguém compareceu

Leitura:
Mateus 6:1-7

Tenham o cuidado de não praticarem os seus deveres religiosos em público a fim de serem vistos pelos outros...
—Mateus 6:1

Certa noite de inverno, o compositor Johann Sebastian Bach deveria estrear uma nova composição. Ele chegou à igreja esperando que estivesse cheia, mas descobriu que ninguém tinha vindo. Sem perder o ritmo, Bach disse a seus músicos que ainda assim tocariam como planejado. Todos tomaram seus lugares, Bach ergueu sua batuta e em pouco tempo a igreja vazia encheu-se de música magnificente.

Esta história me fez sondar um pouco a minha alma. Será que eu escreveria se Deus fosse o meu único leitor? De que maneira o meu texto seria diferente?

Os novos escritores, geralmente, são aconselhados a visualizar a pessoa para quem estão escrevendo como uma maneira de manterem-se focados. Faço isso quando escrevo as meditações devocionais; tento manter os leitores em mente porque quero lhes dizer algo que eles queiram ler e que os ajudará em sua jornada espiritual.

Duvido que o rei Davi, para cujos salmos nos voltamos em busca de consolo e encorajamento tivesse *leitores* em sua mente. O único público que ele tinha em mente era Deus.

Sejam nossos *atos* mencionados no evangelho de Mateus, em obras de arte ou serviços, deveríamos lembrar que o assunto é entre nós e Deus. Quer alguém veja ou não, isso não importa. Ele é o nosso público.

—*Julie Ackerman Link*

Faça a sua parte, mesmo que em sua plateia tenha uma só pessoa.

12 de dezembro

Traga-o

Leitura:
2 Coríntios 12:5-10

Três vezes orei ao Senhor, pedindo que ele me tirasse esse sofrimento. —2 Coríntios 12:8

Nick Vujicic, evangelista australiano, nasceu sem braços e pernas. Sempre teve o profundo desejo de ser curado por Deus e até orou para que lhe crescessem membros. Certa vez, ele e alguns amigos cristãos fizeram braços e pernas de argila e oraram para que se tornassem carne. Embora isso não tenha ocorrido, Nick ainda ora: "Por favor, dá-me braços e pernas. Mas, se não me deres, confio em ti." E seu compromisso com Jesus é "desejar o plano dele".

Paulo sofria de uma aflição que Deus não removeu. Ele a descreveu como uma doença dolorosa; mensageiro de Satanás (2 Coríntios 12:7). Alguns pensam que Paulo sofria de epilepsia, enxaqueca ou até problemas oculares. O apóstolo disse: "Três vezes orei ao Senhor, pedindo que ele me tirasse esse sofrimento" (v.8).

Deus concedeu-lhe outra coisa — graça. Em resposta às orações de Paulo, Ele disse: "A minha graça é tudo o que você precisa, pois o meu poder é mais forte quando você está fraco" (v.9). Deus não estava se recusando a ajudar, estava dizendo "não" ao pedido de Paulo para que pudesse usar as limitações dele para revelar Seu agir ilimitado. A fragilidade de Paulo exibiria o poder de Deus.

Quando Deus diz "não" aos nossos pedidos, podemos presumir que Ele não se importa conosco. A verdade é outra. Mesmo que lhe peçamos para resolver o problema, podemos também orar por mais.

Oremos assim: *Deus, ajuda-me a depender da Tua graça. Sei que o Teu poder se aperfeiçoa em minha fraqueza…* —Jennifer Benson Schuldt

Senhor, libera o Teu poder em minha vida. Usa a minha dor para a Tua glória.

13 de dezembro
Fofoca

Leitura:
Salmo 41:1-11

Se alguém deles vem me visitar, não fala com sinceridade e ainda junta más notícias a meu respeito, para sair espalhando por aí afora. —Salmo 41:6

Li a respeito da luta de uma mulher com a fofoca: ela era mãe de uma criança no berçário, e confessou mexericar sobre outros pais e colegas de seu filho. Sabia que estava errada e tentou parar de fofocar. Em seguida, tentou realçar os aspectos positivos dos outros. Mas admitiu que não resistia a uma boa fofoca.

Isso é muito sério se refletirmos sobre como é ser o alvo das palavras nocivas de alguém. Davi escreveu sobre isso, dizendo: "Os meus inimigos falam mal de mim […] e ainda junta[m] más notícias a meu respeito, para sair espalhando por aí afora" (vv.5,6). Como abutres, eles rondavam sua cama e o caluniavam quando estava doente e fraco (vv.7,8).

Davi entendeu o que estava acontecendo e orou: "…me dá saúde novamente para que eu dê aos meus inimigos o que merecem!" (v.10). Sua raiva surgiu por ser enganado e alvo de mentiras. Seus visitantes fingiram-se de amigos, mas o traíram ao divulgar as piores suposições sobre ele (vv.6,7). Provérbios registra que: "…os mexericos trazem ódio" (25:23). Eles trazem raiva e medo.

Davi disse a Deus: "…são muitos os que lutam contra mim. Quando estou com medo, eu confio em ti, ó Deus Todo-Poderoso" (Salmo 56:2,3).

Deus se agrada quando usamos o conhecimento do que está acontecendo na vida de alguém apenas para abastecer as nossas orações (Efésios 1:15,16; Colossenses 1:3,4). —*Jennifer Benson Schuldt*

Que as nossas palavras sejam agradáveis ao Senhor.

14 de dezembro
O mundo e eu

Leitura:
Lamentações 5:1-21

*Mas tu, ó SENHOR, reinas para sempre,
tu dominas as gentes de todos os tempos.*
—LAMENTAÇÕES 5:19

Eu não conseguia perceber o quão longe da realidade estava até ler *Jogos Vorazes* (Rocco, 2010). E acabei descobrindo que estima-se que em 2010 havia 925 milhões de famintos no mundo — 13,6% da população mundial; quase 1 em cada 7 pessoas experimenta fome regulamente.

Com tantos confortos ao meu alcance, acalmei-me ao pensar que o mundo onde vivo é o mesmo de todos. Infelizmente, isso não é verdade. A fome, a opressão e a injustiça afligem muitas partes de nosso planeta.

Ler o livro de Lamentações nos ajuda a compreender a experiência daqueles que sofreram a morte de sua nação e a agonia do desespero total. Jeremias descreve detalhes vívidos do estado de Jerusalém depois que os babilônios a destruíram. Os israelitas perderam sua terra, seus lares e herança (5:2). Em cada casa parecia haver um membro faltando (v.3). Frio, sede e exaustão eram a rotina (v.4). A esperança se fora. O medo afligia a todos: mulheres, príncipes, jovens e crianças (vv.11-13). A vida não era mais a mesma (v.14).

Em meio à tristeza e desespero, Jeremias clamou: "Mas tu, ó SENHOR, reinas para sempre, tu dominas as gentes de todos os tempos" (v.19).

Embora o sofrimento do presente pareça mais real do que a possibilidade de redenção no futuro, o amor e a fidelidade de Deus permanecem. Vamos orar e ir até os que sofrem hoje, para que descubram essa verdade que aquece o coração. —*Poh Fang Chia*

*O melhor resultado do lamento de uma pessoa
é a sua oração a Deus.*

15 de dezembro
Tijolos sem palha

Leitura:
Êxodo 6:1-13

...Eu sou o Senhor. Vou livrá-los da escravidão do Egito. Estenderei o braço poderoso [...] e salvarei vocês...
—Êxodo 6:6

Muitas de nós enfrentamos o desafio de trabalhar com recursos limitados. Equipadas com menos dinheiro, menos tempo, energia reduzida e poucos ajudantes, nossa carga de trabalho permanece a mesma. Algumas vezes, ela é até maior. Há um ditado que resume esta situação: "Menos barro para mais tijolos."

Esta frase refere-se às dificuldades dos israelitas como escravos no Egito. O faraó decidiu interromper o fornecimento de palha e, no entanto, exigiu que fabricassem o mesmo número de tijolos todos os dias. Eles exploraram a terra para encontrar recursos, enquanto os capatazes do faraó os açoitavam e os pressionavam para trabalharem ainda mais (Êxodo 5:13). Os israelitas ficaram tão desencorajados que não ouviram quando Deus disse por meio de Moisés: "...Vou livrá-los da escravidão do Egito. Estenderei o braço poderoso..." (6:6).

Apesar de os israelitas recusarem-se a ouvir a mensagem de Deus, o Senhor ainda estava guiando e orientando Moisés, preparando-o para falar com o faraó. Deus permaneceu firmemente ao lado de Israel — agindo nos bastidores. Como aqueles israelitas, podemos ficar tão abatidas a ponto de ignorarmos o encorajamento. Em momentos de escuridão, é consolador lembrar-se de que Deus é o nosso libertador (Salmo 40:17). Ele está sempre agindo para o nosso bem, mesmo que não possamos ver o que Ele está fazendo. —*Jennifer Benson Schuldt*

Deus é fiel em todo o tempo.

16 de dezembro
Apenas o necessário

Leitura:
Mateus 6:25-34

Portanto, ponham em primeiro lugar na sua vida o Reino de Deus e aquilo que Deus quer, e ele lhes dará todas essas coisas.
—Mateus 6:33

Amo escrever para o devocional *Pão Diário*. Confesso, entretanto, que me queixo aos meus amigos sobre como é difícil comunicar tudo o que eu gostaria de dizer em uma curta meditação. Se eu apenas pudesse usar mais do que 1380 caracteres!

Este ano, quando cheguei ao livro de Mateus no meu planejamento anual de leitura bíblica, pela primeira vez percebi algo. Ao ler sobre a tentação de Cristo (Mateus 4:1-11), percebi o quanto o texto foi curto. Mateus usou menos de 250 palavras para descrever um dos acontecimentos mais centrais em toda a Escritura. Em seguida, pensei em outras passagens, curtas e também poderosas: O Salmo 23 (615 caracteres) e a oração do Senhor em Mateus 6:9-13 (396 caracteres).

Está claro que eu não preciso de mais palavras, nem caracteres, só preciso usá-los bem. Isto também se aplica a outras áreas da vida — tempo, dinheiro, espaço. As Escrituras afirmam que Deus atende as necessidades daqueles que buscam o Seu reino e a Sua justiça (Mateus 6:33). O salmista Davi nos encoraja: "...não falta nada aos que procuram a ajuda do Senhor" (Salmo 34:10).

Se hoje você está pensando: "preciso apenas de um pouquinho mais" de alguma coisa, considere em vez disso, a possibilidade de que Deus lhe deu *o necessário*. —Julie Ackerman Link

Quem está satisfeito com o que tem, é rico!

17 de dezembro
Um prêmio nos aguarda

Leitura:
2 Timóteo 4:1-8

E agora está me esperando o prêmio da vitória, […] o prêmio que o Senhor, o justo Juiz, me dará naquele dia… —2 Timóteo 4:8

Cada mês percorro a lista dos 66 livros da Bíblia e escolho uma passagem de três livros sobre os quais escrever uma meditação. Mas, às vezes, escrevo sobre o que estou estudando no momento. Uma boa parte do que escrevo é sobre o serviço cristão. E me pergunto: Quantos dos meus leitores estão servindo a Deus ativamente?

Essa passagem é sobre "servir" e oro para que Deus lhe ensine algo. Há um prêmio aguardando a serva de Deus? Talvez você questione: "Qual prêmio?" O Senhor, o justo Juiz, lhe dará um prêmio quando Ele voltar. O "prêmio da vitória" (2 Timóteo 4:8). Conte com isso. Esse prêmio será seu.

Mas por quê? Porque lutamos o bom combate, terminamos a carreira, guardamos a fé? Não exatamente. O apóstolo Paulo diz que o prêmio é para "…todos os que esperam, com amor" a vinda do Senhor. Naturalmente, se temos grande expectativa sobre a Sua vinda, seremos fiéis no serviço.

O teólogo William Barclay explicou: "Quando o imperador [romano] ia visitar um lugar, tudo era colocado em perfeita ordem. As ruas eram varridas e decoradas e todo o trabalho era colocado em dia para que a cidade estivesse pronta para sua *epiphaneia* [aparição]. Paulo questiona Timóteo: Você sabe o que acontece quando uma cidade aguarda a *epiphaneia* do imperador? Você está esperando a manifestação de Jesus Cristo? Faça seu trabalho de forma que tudo esteja pronto quando Ele aparecer." —*Poh Fang Chia*

Fixe seus olhos na esperança da volta de Jesus e como Paulo você também terminará bem.

18 de dezembro
Vila da eternidade

Leitura:
Apocalipse 22:1-21

*…O trono de Deus e do Cordeiro estará na cidade,
e os seus servos o adorarão.*
—Apocalipse 22:3

A jornalista Tracey Lawson visitou Campodimele, na Itália, e a apelidou de "Vila da eternidade". A cidade na montanha é antiga. Os moradores vivem em média 95 anos, e alimentam-se de comidas frescas. É um "agrupamento de casas medievais com olivais em seus declives". A praça principal oferece vista panorâmica do vale, e no crepúsculo vê-se a lua subir em câmera lenta, como um farol.

Então, o que nos impede de comprar uma passagem só de ida para lá? A promessa de um lugar ainda melhor: a "Nova Jerusalém" (Apocalipse 21:1,2). Ali…

Interagiremos com Deus. "O trono de Deus […] estará na cidade, e os seus servos o adorarão." O verbo *adorar* neste verso pode ser sinônimo de *servir*. Em ambos os casos, nossos atos de honra serão realizados face a face com o nosso Criador (22:3,4).

Experimentaremos a luz de Deus. Um dia, viveremos em Seu esplendor, sem a necessidade de lâmpadas, luz elétrica e até do sol! (v.5).

Reinaremos para sempre. Nossa vida continuará sem a ameaça do mal (vv.5,15). Experimentaremos as palavras: "…para que todo aquele que nele crer não morra, mas tenha a vida eterna" (João 3:16).

O escritor C. S. Lewis disse: "Se eu tiver um desejo que nenhuma experiência deste mundo possa satisfazer, a [melhor] explicação é de que fui feito para outro mundo." Busquemos a contínua alegria que vêm da presença de Deus (Salmo 21:6). —*Jennifer Benson Schuldt*

Você foi criada para ter a vida eterna.

19 de dezembro
Quebrando a tradição

Leitura:
Atos 5:12-42

Vão para o Templo e anunciem ao povo tudo a respeito desta nova vida. —Atos 5:20

Só percebi o quanto as tradições natalinas de minha família estavam enraizadas em mim quando casei. Meu marido e eu temos tradições diferentes em alguns detalhes, mas a questão real é mais profunda. Nas constantes mudanças da vida, as tradições dão uma sensação de estabilidade. Embora não nos garantam a durabilidade, ainda assim, as valorizamos.

Mas nem toda tradição traz alegria ou vida. Ao pregar o evangelho, Pedro e seus companheiros apóstolos enfrentaram muito mais do que tradições. Para os ciumentos saduceus, a tradição era mais importante do que a verdade — especialmente quando seus costumes lhes garantiam poder (Atos 5:17). Para os apóstolos, a "mensagem de vida" era mais importante do que as ameaças de homens (v.29).

A má religião continuará a oferecer o engano de sua falsa estabilidade ao apresentar-se como detentora da verdade. Mas, em vez de dar vida, ela procura modos de silenciar e punir quem se move na autoridade de Jesus (Atos 5:18,33,40). A verdade maior prevalece: a Palavra de Deus está acima de costumes e regras de homens (Salmo 119:38,39).

Tenhamos a ousadia de orar: "Agora, Senhor, olha para as suas ameaças e concede aos teus servos que anunciem com toda a intrepidez a tua palavra" (Atos 4:29).

Jesus veio contrapor-se as obras dos homens, para que nós — e nossas tradições — possamos ser feitos novos (Jr 31:31-34; Mc 2:22; Jo 1:14; Gl 4:4). —*Regina Franklin*

Vivemos uma nova aliança com Cristo, vamos reagir às tradições como a igreja primitiva o fez.

20 de dezembro

Atos de bondade

Leitura:
Romanos 12:7-9

…*Quem ajuda os outros, que ajude com alegria.*
—Romanos 12:8

Meu filho passou sua primeira década de vida no clima quente do leste africano. Para o seu aniversário de 10 anos levei-o para conhecer a neve em meu país de origem.

Alguns amigos nos cederam graciosamente a sua casa, enquanto viajavam em férias de Natal. Quando chegamos, só tínhamos o código de abertura da porta da garagem para entrar, mas uma queda de energia impediu-nos de abri-la. Eram 21h30 da véspera de Natal e não tínhamos como entrar. Timidamente, bati à porta dos vizinhos e expliquei nossa situação. Eles nos convidaram a passar a noite com eles.

Como Jó, a família abriu suas portas a desconhecidos (Jó 31:31,32), abençoando-nos grandemente! Eles nos levaram ao jardim para assarmos *marshmallows* na fogueira crepitante. Uma delícia! Ficamos num quarto de hóspedes encantador; ao acordarmos na manhã de Natal, encontramos um enorme café da manhã e presentes de nossos atenciosos anfitriões (Romanos 12:7-9).

Amo a definição de bondade: "Comportamento bom e caridoso, preocupação com os outros, virtude. Os atos de bondade não beneficiam somente seus receptores, mas também o doador." A bondade também é fruto do Espírito (Gálatas 5:22). Quando a praticamos, glorificamos o Senhor que "…é justo em todos os seus atos e fiel em tudo o que faz" (Salmo 145:17).

Neste Natal, "Não abandone a lealdade e a fidelidade; guarde-as sempre bem gravadas no coração" (Provérbios 3:3). —*Roxanne Robbins*

Escolha demonstrar a bondade e o amor do Senhor.

21 de dezembro
Perto do berço

Leitura:
Lucas 2:25-35

…Este menino foi escolhido por Deus […] para a salvação de muita gente em Israel… —Lucas 2:34

Os personagens da cena estavam à beira de uma briga. As meninas vestidas de branco circundavam o berço. Mas alguns querubins decidiram ver melhor o bebê. Seguiram-se empurrões e cotoveladas, e, uma menina voltou-se para a plateia e gritou: "Mamãe!", antes que todos fossem conduzidos para fora do palco. Foi cativante o desejo deles de estar perto do Cristo bebê. Para eles, Jesus era o principal, a melhor e mais significativa parte da celebração de Natal.

Simeão reconheceu a importância do recém-nascido Jesus. O Espírito de Deus o levou ao templo onde Maria, José e o bebê Jesus estavam. Ele "…esperava a salvação do povo de Israel…" (Lucas 2:25), e segurou o Filho de Deus nos braços. Que privilégio *incrível*! Simeão glorificou a Deus, dizendo: "Pois eu já vi com os meus próprios olhos a tua salvação […] uma luz para mostrar o teu caminho a todos os que não são judeus e para dar glória ao teu povo de Israel" (vv.30-32).

Simeão abençoou os pais admirados, e disse-lhes: "…Este menino foi escolhido por Deus […] para a salvação de muita gente em Israel. Ele vai ser um sinal de Deus; muitas pessoas falarão contra ele" (v.34). E descreveu como os que creem em Jesus serão salvos, e os que não crerem cairão em condenação.

Lembrar-nos do bebê Jesus nos ajuda a vê-lo como o maior presente que a humanidade já recebeu: um presente de inocência, amor e salvação (João 3:16). —*Jennifer Benson Schuldt*

Reflita sobre a boa-nova que trouxe grande "alegria para todo o povo!". Fique perto do Salvador.

22 de dezembro
Esperando em adoração

Leitura:
Lucas 2:36-39

[Ana] chegou e começou a louvar a Deus e a falar a respeito do menino para todos os que esperavam a libertação de Jerusalém.
—Lucas 2:38

Estou aprendendo que esperar será produtivo se eu colocar os desejos do meu coração nas coisas de Deus. Ele trabalha em mim a atitude de espera.

A profetisa Ana, viúva, certamente sabia esperar. Em sua extraordinária vigília: "Nunca saía do pátio do Templo e adorava a Deus dia e noite, jejuando e fazendo orações" (v.37).

Ana esperava no Senhor com amor — não simplesmente buscando o que Ele lhe daria —, e experimentou a fé poderosa e perseverante. Após ter visto o Messias, falou "...a respeito do menino a todos os que esperavam a libertação de Jerusalém" (v.38). Ela não interferiu na revelação messiânica, pois essa era a reivindicação sobre a qual ela havia baseado sua vida e algo que tinha esperado muitos anos para ver. Ana permaneceu em atitude de adoração ao Único que cumpriria tal revelação. E, no final, Ele provou ser o galardoador de sua vida (Hebreus 11:6).

Gostamos de pensar que controlamos tudo e, muitas vezes, usamos nossos recursos para produzir o resultado desejado. Buscamos um relacionamento, pressionamos nossos superiores ou aprofundamo-nos em dívidas para garantir que teremos o que desejamos quando quisermos. Se decidirmos esperar pela presença do Deus Vivo, a adoração se tornará um resultado natural da espera.

Adoremos a Deus apesar das orações sem respostas e sem direções claras. Esperar pode ser bom. —*Regina Franklin*

Ana, idosa e viúva, adorava a Deus dia e noite, jejuando e fazendo orações.

23 de dezembro
Abrindo espaço

Leitura:
Lucas 9:18-36

E da nuvem veio uma voz, que disse: Este é o meu Filho, o meu escolhido. Escutem o que ele diz!
—Lucas 9:35

Nossas vozes ressoavam na sala de estar. A véspera de Natal tinha sido como muitas outras. Tínhamos lido a Palavra e cantado juntos. E as palavras de uma canção adquiriram um novo significado. Tínhamos vendido a nossa casa, e morado 45 dias na casa de meus sogros. Eles nos ofereceram o uso de sua casa, esvaziaram os guarda-roupas e gavetas para o nosso uso e saíram viajar.

Embora tivessem aberto tanto espaço para nós, ainda assim, foi um desafio viver com os nossos pertences acumulados aos deles. Eles haviam nos oferecido espaço, mas a casa ainda era deles. Cantando o verso "Abram espaço para Ele", percebi a diferença entre darmos a Jesus espaço em nosso coração ao torná-lo Senhor.

Entregar minha vida a Jesus exige nada menos do que tudo (Gálatas 2:20). É uma transferência de propriedade, uma troca total da nossa agenda para a Sua. Jesus disse: "Se alguém quer ser meu seguidor, que esqueça os seus próprios interesses, esteja pronto cada dia para morrer como eu vou morrer e me acompanhe. Pois quem põe os seus próprios interesses em primeiro lugar nunca terá a vida verdadeira; mas quem esquece a si mesmo por minha causa terá a vida verdadeira" (Lucas 9:23,24).

Ao celebrarmos o nascimento do menino Jesus (2:6,7), precisamos lembrar do incansável amor do Salvador expressado em Sua morte brutal por nós (Isaías 53:3-6). *Sua vida pela nossa, a nossa pela dele.*

—Regina Franklin

Até que ponto esvaziamos o nosso coração para que Ele possa reinar plenamente?

24 de dezembro
Destruído

Leitura:
Mateus 7:24-29

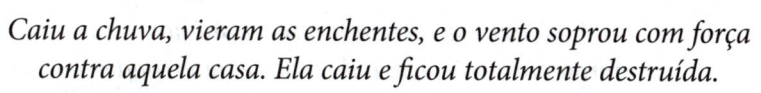

Caiu a chuva, vieram as enchentes, e o vento soprou com força contra aquela casa. Ela caiu e ficou totalmente destruída.
—Mateus 7:27

Meus filhos e eu aderimos à tradição natalina de construir casas de biscoitos de gengibre com alguns amigos. Ano passado, ao nos prepararmos para encontrá-los, juntei nossas coisas e percebi que os biscoitos não pareciam suficientemente consistentes. Minha inquietação aumentou, quando a primeira casa desabou antes de colarmos as peças. Felizmente, tínhamos material suficiente para fazer outra. Colocamos a casa pronta no assento do carona do nosso carro, mas ela se despedaçou minutos depois.

Os atributos de Deus são imutáveis e incluem misericórdia, graça, santidade e justiça. Sua Palavra revela quem Ele é e o que deseja de nós. "A Palavra se tornou um ser humano e morou entre nós, cheia de amor e de verdade. E nós vimos a revelação da sua natureza divina, natureza que ele recebeu como Filho único do Pai" (João 1:14). Se cremos que Sua Palavra é a verdade, então devemos vivê-la em obediência. Estar num relacionamento com Ele é viver como se a nossa vontade não importasse. Sabemos que a transformação deve ser inerente à nossa experiência cristã. Qualquer coisa diferente, não é o verdadeiro evangelho (Romanos 12:1,2).

A destruição da casa construída na areia não é imediata. Ela é devastada quando as tempestades chegam, e nem mesmo uma reforma radical pode transformar o profano, em bom (Ezequiel 13:10-14). —*Regina Franklin*

Ter comunhão com Deus nos leva à transformação constante.

25 de dezembro
O significado do Natal

Leitura:
Lucas 1:26-38

A Palavra se tornou um ser humano e morou entre nós, cheia de amor e de verdade.
—João 1:14

Parece que a cada ano o nascimento de Cristo é cada vez menos valorizado na época de Natal. O editorial de um jornal britânico afirmou: "Cristo foi retirado do Natal, e aparentemente as comemorações agora exigem apenas o ser amável com as pessoas e assegurar-se de que ninguém esteja sozinho."

Temos uma oportunidade magnífica para espalhar as boas-novas de que Jesus é a razão para as comemorações do Natal. Aqui estão três perspectivas sobre o verdadeiro significado do Natal que podemos compartilhar com os outros:

O Natal é uma celebração de aniversário em homenagem a Jesus. O Filho de Deus assumiu a forma humana e "morou entre nós" (João 1:14).

Jesus veio para o nosso bem. Ele nasceu para morrer na cruz por nossos pecados, e ressuscitou para nos dar perdão e vida eterna (1 Coríntios 15:3,4).

Podemos encorajar as pessoas a responderem a Jesus com fé, e a aceitarem a Sua oferta de salvação (João 1:12; 3:16).

Esta época do ano significa mais do que apenas um tempo para ser gentil. O Natal diz respeito a Jesus — a verdadeira razão para as celebrações. Aproveitemos a oportunidade para contar aos outros a milagrosa história de Jesus, o Filho de Deus. E oremos para que muitos, como os sábios que vieram adorar o Salvador prometido (Mateus 2:1,2), o procurem e o encontrem este ano. —*Joanie Yoder*

A manjedoura em Belém foi o primeiro passo da jornada do amor de Deus rumo à cruz.

26 de dezembro
Vigiando

Leitura:
Mateus 1:18-25

A virgem ficará grávida e terá um filho que receberá o nome de Emanuel. (Emanuel quer dizer "Deus está conosco").
—MATEUS 1:23

Lembro-me da primeira vez em que minha família celebrou o Natal com uma guirlanda do *advento*. Meu pai era pastor e, com isso, veio a ênfase nas datas importantes para a igreja. Passei a apreciar a cerimônia com a qual tinha me deparado apenas uma vez antes. Eu amava o simbolismo no ato de acender cada vela, e a cerimônia trouxe uma expectativa que nunca fora gerada pelos presentes sob a árvore de Natal.

As raízes latinas da palavra *advento* significam: "a vinda, aparecimento ou chegada". Passamos semanas, e até meses, preparando-nos para o Natal. Presentes para comprar e embalar, decorações para montar e comida para preparar, repletos de expectativas.

Mas a verdadeira expectativa é por Jesus, e nós, Sua Igreja e noiva, celebramos uma chegada enquanto esperamos outra.

Não satisfeito em tomar o Seu lugar entre nós, Ele escolheu humilhar-se para habitar conosco — e *em nós* (João 14:20; 15:4; 17:21). Ele é o *cumprimento* da promessa. O mundo em que vivemos é apenas uma sombra do que está por vir. Portanto, Ele também é uma promessa *aguardada*.

Os rituais podem ser banalizados, mas guardamos o Natal, pois ele nos lembra que este mundo não é o capítulo final. Jesus está voltando para um povo que vigia com expectativa (Mateus 25:13). Esta esperança deve nos mover para maior adoração hoje. Celebre Jesus no brilho resplandecente das luzes, dos sons cheios de vida das canções e das infindas celebrações natalinas. —*Regina Franklin*

Contemple o amor do Salvador que veio ao mundo.

27 de dezembro

A armadura de Deus

Leitura:
Efésios 6:10-18

Recebam a salvação como capacete e a palavra de Deus como a espada que o Espírito Santo lhes dá.
—Efésios 6:17

Percebi rápido que um menino, que recitava versículos num programa de crianças na igreja, não sabia muito sobre a Bíblia. Ele estava recitando Efésios 6:17 sobre o estudo da armadura espiritual: "Recebam a salvação como capacete e a palavra de Deus como a espada que o Espírito Santo lhes dá."

Quando tentou citar a referência, disse: "Achei que não precisava memorizar os números, pois se referiam apenas à hora do dia." Era isso que os números significavam para ele, já que eram quase 6h17 naquele momento! Sorri, abri minha Bíblia, e mostrei-lhe que os números se referem aos capítulos e versículos.

Embora seja útil conhecer a referência bíblica, esconder a Palavra de Deus em nosso coração é o que verdadeiramente importa (Salmo 119:11). Memorizar as Escrituras permite que nós a guardemos na mente para nos precavermos contra os ataques de Satanás (Efésios 6:10-18). Por exemplo, quando o diabo tentou Jesus no deserto, Ele resistiu recitando as Escrituras (Mateus 4:1-11). Do mesmo modo, quando somos tentadas a desobedecer a Deus, podemos trazer à lembrança o que já aprendemos e escolher obedecer. Podemos também compartilhar os ensinamentos da Palavra com outros para encorajá-los a confiar no Senhor também.

—Anne Cetas

Não importa qual a hora do dia, devemos sempre nos revestir com a armadura espiritual da Palavra de Deus.

28 de dezembro
Amigos na luta

Leitura:
2 Samuel 21:15-22

Mas Abisai, cuja mãe era Zeruia, socorreu Davi...
—2 Samuel 21:17

Tim Kreider, cartunista, escreveu sobre uma experiência pessoal em que tentava marcar um encontro com um amigo. O amigo dizia que estava ocupado, mas poderia "deixar o trabalho por poucas horas se algo estivesse acontecendo". Kreider nem forçou o encontro.

Quanto mais ocupadas nos tornamos, mas difícil é chegar às pessoas que precisam do nosso companheirismo, cuidado e ajuda. O guerreiro Abisai (1 Crônicas 11:20) ofereceu-se para ajudar Davi quando "Davi e seus soldados foram e lutaram" (2 Samuel 21:15). Posso pensar em poucas cenas que sejam mais agitadas do Antigo Testamento do que este confronto contra os filisteus. Deve ter sido impressionante, rápido e repleto de adrenalina.

Na batalha, "Davi ficou muito cansado" (v.15), e um inimigo forte e armado o encurralou. Este homem estava armado com uma lança que pesava uns 5 quilos e uma espada nova. Assim que ele se aproximou para matar Davi, Abisai o socorreu "...atacou o filisteu e o matou" (v.17). Ele tinha um histórico de lealdade ao rei de Israel (2 Samuel 16:9). Assim, não é surpresa que tenha escolhido o bem-estar de Davi em vez do seu próprio quando a batalha se intensificou.

As ações de Abisai podem nos inspirar a ver além do que está acontecendo ao nosso redor para ajudar os nossos colegas. Quando a vida se torna agitada, e as exigências nos atacam, a correria pode testar nossa lealdade. —Jennifer Benson Schuldt

Sejamos fiéis às pessoas que mais nos importam e não às coisas que ocupam o nosso tempo.

29 de dezembro
O caminho do aprendizado

Leitura:
Lucas 9:10-17

Mas Jesus respondeu: —Deem vocês mesmos comida a eles...
—Lucas 9:13

Jesus tinha enviado os discípulos para os vilarejos a fim de proclamarem o reino de Deus e para curar os enfermos (Lucas 9:1-6). Eles não levaram pão ou dinheiro, mas Deus os proveu e os usou. No retorno, Jesus se retirou com eles (v.10), mas como a grande multidão os seguiu, o Senhor os acolheu. Ensinou-lhes sobre o reino de Deus e curou os enfermos. Embora cansados, os discípulos assentaram-se entre a multidão e o ouviram. Quando a luz do sol declinou, provavelmente, os estômagos começaram a roncar.

Diante disso, os discípulos vieram ao Senhor e lembraram-no de que estavam em lugar remoto. Pedro, André e Filipe sabiam que enfrentariam desafios, pois pertenciam àquela região (João 1:44). Sugeriram a Jesus que despedisse a multidão para que pudessem encontrar comida e hospedagem em locais próximos. Mas o Senhor lhes disse: "...Deem vocês mesmos comida a eles...".

Os discípulos lembraram o Mestre que tinham apenas cinco pães e dois peixes para alimentar 5 mil pessoas.

Era necessário adquirir comida para aquela multidão, mas Jesus os instruiu a assentá-las em grupos de 50. Eles o obedeceram. Somente quando todos estavam sentados Jesus realizou o milagre: todos comeram até se satisfazer, e ainda sobrou comida!

Como aqueles discípulos, nós também caminhamos com Cristo. Ele tem muito a nos mostrar sobre si mesmo e sobre o que pode fazer em nós e por nosso intermédio. —*Poh Fang Chia*

Ponha a sua vida nas mãos do Senhor, confie nele, e ele o ajudará. —Salmo 37:5

30 de dezembro
Sem corrupção

Leitura:
Salmo 26:1-12

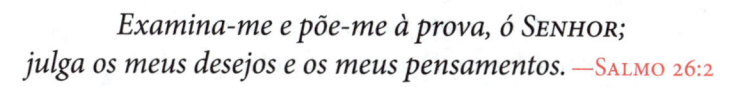

Examina-me e põe-me à prova, ó Senhor;
julga os meus desejos e os meus pensamentos. —Salmo 26:2

Certa vez, consultei um conselheiro altamente recomendado por uma organização cristã tradicional. De início, a experiência foi positiva, ele me ajudou a decifrar as complicadas leis de imigração de Uganda. Na segunda vez, ele literalmente fugiu com meu dinheiro. O representante da organização que o recomendara me disse: "Ele começou bem, mas perdeu o rumo. Afaste-se dele, pois é perigoso."

Sua escolha pela corrupção demonstrou a verdade de Êxodo 23:8 — "Não aceite dinheiro para torcer a justiça, pois esse dinheiro faz com que as pessoas fiquem cegas e não vejam o que é direito, prejudicando assim a causa daqueles que são inocentes."

O suborno afeta negativamente as pessoas, seja qual for a sua ocupação. Quando alguém tenta obter ganhos por meios desonestos, seus atos levam a um caminho traiçoeiro. Os que nos roubam, acreditando ser o suborno a única forma de atingir o resultado desejado, abraçam o pecado. Não há como encobrir. O salmista escreve: "…vivem fazendo o mal e [que] estão sempre prontos para receber suborno. Eu, porém, faço o que é certo. Tem compaixão de mim e salva-me" (Salmo 26:10,11).

Não negocie desonestamente nem se envolva com suborno, rejeite isso imediatamente e confie em Deus.

Clame a Deus, dizendo: "Manda a tua luz e a tua verdade para que elas me ensinem o caminho e me levem […] ao teu Templo, onde vives" (43:3). —*Roxanne Robbins*

Ensina-me a viver de acordo com a tua verdade,
pois tu és o meu Deus, o meu Salvador… —Salmo 25:5

31 de dezembro

Paz relativa

Leitura:
Gênesis 13:1-18

*Nós somos parentes chegados,
e não é bom que a gente fique brigando...*
—Gênesis 13:8

Certo homem avançou com o trator sobre seu cunhado que também colhia com o seu trator. Essa colisão proposital acabou em prisão do ofensor. O policial comentou: "Não é novidade atendermos chamados devidos a divergências entre famílias." Embora não saibamos a intenção final do ofensor, essa história mostra que contendas familiares podem atingir níveis absurdos se não forem resolvidas.

Abrão e seu sobrinho Ló precisaram resolver um problema relacionado à pecuária, porque na região onde viviam, "não havia pastos que dessem para os dois ficarem juntos..." (13:6). Seus empregados brigavam entre si. E Abrão disse a Ló: "...não é bom que a gente fique brigando" (v.8). Abrão deu o primeiro passo para a paz, pois entendeu a necessidade de harmonia, pelo fato de serem parentes chegados.

Humildemente, Abrão disse a Ló: "Vamos nos separar. Escolha! A terra está aí, toda ela..." (v.9). Para Abrão, os relacionamentos familiares eram mais importantes do que satisfazer seu próprio interesse. Imagine o que teria ocorrido se ele tivesse deixado Ló numa nuvem de pó, gritando sobre seu ombro: *Suma, garoto. Sou mais velho e tenho primazia aqui!* Abrão manteve sua palavra e deixou Ló se instalar no exuberante vale do Jordão, onde se estabeleceu em Canaã (vv.11,12).

Abrão demonstra como a humildade, generosidade e altruísmo ajudam a contornar situações com nossos parentes. —*Jennifer Benson Schuldt*

*Felizes as pessoas que trabalham pela paz,
pois Deus as tratará como seus filhos.* —Mateus 5:9